Beck'sche Schwarze Reihe
Band 121

Inhalt

Vorbemerkung

Wendet man sich, von der nachkantischen und insbesondere der Hegelschen dialektischen Philosophie kommend, der materialistischen Dialektik bei Marx und seinen Nachfolgern zu, wird man sich des Eindrucks nicht erwehren können, die Grenze zwischen zwei Epochen überschritten zu haben. Es verhält sich jedoch mit dieser Grenze wie mit allen Zäsuren in der Entwicklung des philosophischen Denkens: sie hebt den Zusammenhang der Denkentwicklung nicht auf, ja sie läßt sich nur als Zäsur begreifen, wenn zugleich das Moment der Kontinuität berücksichtigt wird. So zeigt sich, daß der dialektische Ansatz beim jungen Marx noch deutlich von Voraussetzungen abhängig war, die sich mit wesentlichen, wenn auch selbstverständlich nicht mit allen Voraussetzungen der Hegelschen Dialektik berühren. Marx entfernte sich im Verlauf seiner Denkentwicklung immer weiter von jenen Voraussetzungen, und erst recht gilt von Engels und Lenin, daß ihre Konzeptionen der Dialektik ungeachtet ihrer wiederholten Versicherungen, Hegels Auffassung nur durch materialistische „Umstülpung" rationalisiert zu haben, mit dieser letzteren nicht mehr allzu viel zu tun haben.

Die durch Marx und Engels gesetzte Zäsur bedeutet auch darum keine absolute Epochengrenze, weil sie nur in einem beschränkten Bereich wirksam war. Neben der materialistischen bestand nämlich auch noch im ausgehenden 19. und beginnenden 20. Jahrhundert eine idealistische Tradition der Dialektik, die ihren größten Einfluß im ersten Viertel unseres Jahrhunderts erreichte, danach jedoch rasch an Boden verlor. Die Hegel-Renaissance der letzten Jahrzehnte führte dagegen nicht zu einer Erneuerung der idealistischen Dialektik im eigentlichen Sinne.

Für den orthodoxen dialektischen Materialismus seit Lenin gilt die Dialektik als Element einer militanten Weltanschauung, das losgelöst von den revolutionären Zielen des Kommunismus keine Bedeutung hat. Ein rein theoretisches Interesse an der Dialektik kann es im Rahmen dieser Weltanschauung daher nicht geben. Das

hatte zur Folge, daß die Theorie der Dialektik in der russischen
Philosophie nach Lenin keine wesentliche Weiterentwicklung er-
fuhr, zumal mit der Kanonisierung von Lenins (und zeitweise Stalins) Lehrsätzen zur Dialektik die offene philosophische Diskussion
unmöglich wurde. Versuche einer unorthodoxen Rekonstruktion
der (im weitesten Sinne) marxistischen Dialektik konnten daher
nur außerhalb des kommunistischen Machtbereichs unternommen
werden, wo ein differenziertes philosophisches Milieu solche Versuche nicht nur zuließ, sondern forderte, wenn die Dialektik ernst
genommen werden sollte. Bei allen derartigen Versuchen einer
Rekonstruktion der marxistischen Dialektik fällt auf, daß sie von
den jeweils einflußreichsten philosophischen Ideen inspiriert waren,
nämlich zu Beginn unseres Jahrhunderts vom Kantischen Kritizis-
mus, später von der Phänomenologie und der Existenzphilosophie
oder vom erneuerten Hegelianismus.

Die Tendenz, die marxistische Dialektik durch Verbindung mit
aktuellen philosophischen Auffassungen zeitgemäß zu machen,
scheint auch den gegenwärtigen Bemühungen zugrunde zu liegen,
den Marxismus im Sinne des Strukturalismus zu interpretieren.
Dasselbe dürfte hinsichtlich der gelegentlich zu bemerkenden Versuche gelten, die materialistische Dialektik als eine Art Wissenschaftstheorie zu deuten, wobei zum Beispiel Engels' Dialektik der
Natur als ein seiner selbst nicht klar bewußter Ansatz einer wissen-
schaftstheoretischen Durchdringung der Struktur der Naturwissenschaften erscheint.

Unübersehbar ist bei den meisten Formen der dialektischen Philosophie die Herkunft von der Subjekt-Objekt-Dialektik, wie sie
in Band I skizziert worden ist. Selbst da, wo jene ursprüngliche
Dialektik – wie in der Engels-Leninschen Naturdialektik – verdrängt
wird, läßt sie sich nicht vollkommen unterdrücken. Daß sie auch
in der materialistischen Dialektik immer wieder zum Vorschein
kommt, beweist indirekt, daß sie der Kern des dialektischen Denkens in der Neuzeit ist. Die Entscheidung, im folgenden wie schon
in Band I die zu untersuchenden dialektischen Konzeptionen im
Lichte der dialektischen Erfahrungstheorie und der für diese maß-
geblichen methodischen Prinzipien zu betrachten, hat also ihren
Grund in der Struktur des dialektischen Denkens selbst.

Wie im ersten Band, der die dialektische Philosophie von Kant bis Hegel behandelte, wird auch im zweiten die Untersuchung auf den Bereich der Dialektik *als Philosophie* beschränkt. Das bedeutet, daß nicht nur von allen (vorgeblichen) einzelwissenschaftlichen Dialektiken (z. B. in den Sozialwissenschaften), sondern auch von der politischen Dimension gewisser dialektischer Positionen abgesehen wird. Ebenso kann auf den geschichtsphilosophischen Aspekt der Dialektik nicht eingegangen werden. Schließlich bleiben, um die Darstellung nicht ins Uferlose geraten zu lassen, alle nur in einem vagen Sinne „dialektisch" genannten Auffassungen außer Betracht. Die Aufgabe einer Darstellung der Dialektik als Philosophie ist groß genug, zumal wenn sie mit dem Blick auf Möglichkeiten der Kritik in Angriff genommen wird.

I. Die Dialektik bei Marx, Engels und im späteren dialektischen Materialismus

Die materialistische Dialektik wurde von ihren Vertretern stets als Ergebnis einer Umdeutung der Hegelschen Dialektik verstanden, wobei jedoch bald die Subjekt-Objekt-Dialektik der „Phänomenologie des Geistes" – so in *Marx*ens „Philosophisch-ökonomischen Manuskripten" von 1844 (im folgenden kurz als „Pariser Manuskripte" bezeichnet) – bald die Dialektik der Hegelschen Logik – so vor allem im „Kapital" –, und bald die in Hegels Naturphilosophie entwickelte Dialektik im Vordergrund stand, wie in *Engels'* „Dialektik der Natur".

Die entscheidende Frage, die angesichts der materialistischen Dialektik in allen ihren Varianten zu stellen ist, lautet: Welche Konsequenzen hat die materialistische Umdeutung der (Hegelschen) Dialektik?

Hinsichtlich der idealistischen Dialektik, namentlich in der Gestalt, die sie in Hegels Philosophie angenommen hatte, wurde in Band I gezeigt, daß sie auf einer Reihe erkenntnismetaphysischer Voraussetzungen beruht. Die Auseinandersetzung mit der idealistischen Dialektik wird daher weniger auf deren Durchführung im einzelnen, als vielmehr auf jene für die Rechtfertigung des grundsätzlichen Anspruchs der dialektischen Philosophie wesentlichen Voraussetzungen zu richten sein. Da mit der materialistischen Umdeutung der Dialektik eine Reihe von Voraussetzungen der idealistischen Erkenntnismetaphysik hinfällig wird, muß gefragt werden, wie sich die Ansprüche der umgestülpten Dialektik rechtfertigen lassen. Im folgenden wird sich zeigen, daß die materialistische Dialektik – insbesondere bei Marx sowie (was später zu erörtern sein wird) bei gewissen an Marx anknüpfenden Dialektikern unseres Jahrhunderts – keineswegs alle idealistischen Voraussetzungen der Dialektik eliminiert hat. In dem Maße, in dem sich die materialistische Dialektik von dem Boden, auf dem die Dialektik erwachsen ist, entfernt hat, änderte sie ihren Charakter: Sie näherte

sich entweder der üblichen wissenschaftlichen Methode oder aber
sie verzichtete darauf, ihren Anspruch in prinzipieller Weise zu
rechtfertigen, und wurde Dogmatismus. Das erstere läßt sich von
*Marx*ens „Dialektik" im „Kapital", das letztere von *Engels'* „Dialektik der Natur" konstatieren.

1. *Entwicklung der dialektischen Methode bei Karl Marx*

*a) Dialektik der Praxis in den Ökonomisch-philosophischen Manu-
skripten.*[1] In den Ökonomisch-philosophischen Manuskripten von
1844 vertrat Marx die Auffassung, daß die Dialektik in *Hegels*
„Phänomenologie des Geistes" wurzle; mit dieser, nicht mit der
„Wissenschaft der Logik" müsse infolgedessen begonnen werden.
Unter dem Einfluß *Feuerbachs* unternahm es der junge Marx, die
in der „Phänomenologie" analysierten Beziehungen in der Weise
umzudeuten, daß sie nicht mehr als Beziehungen des spiritualistisch
aufgefaßten menschlichen Wesens, sondern als Beziehungen erscheinen, die aus der gesellschaftlichen, vor allem durch praktische Verhältnisse bestimmten Natur des Menschen hervorgehen. Mit Feuerbach will Marx somit „das gesellschaftliche Verhältnis ‚des
Menschen zum Menschen' ... zum Grundprinzip der Theorie"
(XXXIV a, 570)[2] machen. Die von Marx in den Pariser Manuskripten entwickelte Dialektik der Praxis involviert immer noch die Subjekt-Objekt-Dialektik der idealistischen Philosophie, allerdings
nicht mehr als eine Beziehung zwischen einem rein spirituellen Subjekt und dessen gegenständlichen Setzungen, sondern als Beziehung
eines Subjekts, das insofern materiell ist, als es sich als Subjekt durch
die Bearbeitung einer vorgefundenen materiellen Umwelt, auf die
es angewiesen ist, bestimmt. Nicht die Auffassung, daß sich das
in die Gegenständlichkeit entäußerte Subjekt durch Aufhebung der
Entäußerung befreit, wird von Marx kritisiert, sondern lediglich
die idealistische Wendung, die diese Auffassung in Hegels „Phänomenologie", namentlich in deren letztem Teil („Das absolute Wissen"), erhalten hatte. Marx war 1844 von der Möglichkeit, diese
Umdeutung ohne Schaden für den dialektischen Charakter der analysierten Beziehungen vornehmen zu können, überzeugt, d. h. er
hielt es für möglich, die Dialektik als Dialektik der Entäußerung

bzw. Entfremdung des Subjekts in der gegenständlichen Wirklichkeit mit gleichzeitiger Ablehnung derselben als einer Logik des Begriffs zu entwickeln (cf. IV, 129–130).

Marx wendete sich ausdrücklich dagegen, daß die Entäußerung des Subjekts zur Gegenständlichkeit als idealer Prozeß verstanden wird, und betonte, daß es sich um eine materiale („gegenständliche") Beziehung handle, d. i. um eine Beziehung, deren Fundament der Mensch als ein Wesen mit Fleisch und Blut, mit Bedürfnissen und Energien ist, die zum Zweck der Bedürfnisbefriedigung in der Arbeit verausgabt werden, wobei Veränderungen in der umgebenden Dingwelt entstehen, d. h. Produkte, in die die verausgabte Arbeitskraft eingegangen ist. Dennoch ist nicht zu übersehen, daß in dieser Auffassung des praktischen Verhältnisses von Ich und Gegenstand noch gewisse „ideale" Momente enthalten sind. Die Entfremdung, die darin besteht, daß die menschliche Arbeitskraft dem Ich im Arbeitsprodukt, in dem sie vergegenständlicht ist, als etwas Fremdes gegenüber tritt, kann ebenso wie die Aufhebung der Entfremdung nur begriffen werden, wenn man die Praxis, die Arbeit, nicht von der theoretischen Subjekt-Objekt-Beziehung des „Wissens" löst. Ein Roboter dient der Herstellung von Dingen, aber er „setzt" keinen „Gegenstand" als etwas ihm selbst Entfremdetes.

Zwischen den von *Hegel* angenommenen Beziehungen von Subjekt, durchs Subjekt gesetztem Objekt und spekulativer Aufhebung des gegenständlichen Andersseins, und den Beziehungen von Subjekt, durch die Arbeit des Subjekts gesetztem Objekt und Aufhebung der hierbei erfolgenden Entfremdung, wie sie Marx interpretierte, besteht formale Übereinstimmung. Namentlich ist in beiden Fällen die Aufhebung keine inhaltliche Änderung auf der Seite des Gegenstands, sondern eine Umdeutung des Verhältnisses von Objekt und Subjekt, freilich eine Umdeutung mit jeweils verschiedenen Mitteln. Die Differenz zwischen Hegel und Marx tritt in der inhaltlichen Bestimmung der Begriffe „Subjekt", „Objekt" (bzw. „Gegenstand"), „Setzen" (bzw. „Produzieren") sowie „Aufheben" zutage.

(a) *Das Subjekt* wird von Marx nicht als spirituelles, sondern „als ein gegenständliches sinnliches Wesen" (XXXIVa, 579) bestimmt, d. i. als Wesen, das Gegenstände außer seiner selbst hat und das für andere Gegenstand ist. Nur ein solches Wesen ist ein „natürliches", wogegen das Subjekt der Hegelschen Philosophie als „Unwesen" gilt.

„Gegenständliches Wesen" bedeutet bei Marx „materielles Wesen", d. i. Wesen, dessen Natur nicht der Geist ist. Die Identifikation von „gegenständlich" und „materiell" kommt deutlich zum Ausdruck, wenn Marx erklärt, der Mensch sei ein „mit gegenständlichen, i. e. materiellen Wesenskräften ausgerüstetes und begabtes Wesen" (XXXIV a, 577). Analog bedeutet „ungegenständlich" so viel wie „immateriell" bzw. „spirituell". Da Marx voraussetzte, daß nichts wirklich ist, was nicht den Charakter eines materiellen Wesens hat, konnte er sagen:

„... ein *ungegenständliches* Wesen ist ein unwirkliches, unsinnliches, nur gedachtes, d. h. nur eingebildetes Wesen, ein Wesen der Abstraktion. *Sinnlich* sein, d. h. wirklich sein, ist Gegenstand des Sinns sein, *sinnlicher* Gegenstand sein, also sinnliche Gegenstände außer sich haben, Gegenstände seiner Sinnlichkeit haben" (XXXIV a, 579).

Hand in Hand mit der Kritik am Hegelschen Spiritualismus geht bei Marx die Kritik an Hegels „Mystizismus", worunter er die Auffassung versteht, daß das Subjekt der in der „Phänomenologie" entwickelten Dialektik im Grunde nicht das endliche Ich, sondern Gott, der absolute Geist ist (XXXIV a, 584).

(b) *Der Gegenstand* stellt sich für Marx, anders als für Hegel, nicht als dem Bewußtsein verschwindend dar (XXXIV a, 576), sondern als vom Subjekt seinem Sein nach unanhängig, diesem äußerlich, nicht nur als „der *Schein* eines Gegenstandes", vielmehr als etwas, „das Gegenständlichkeit außer dem Wissen" hat (XXXIV a, 580). „Gegenstand" bedeutet für Marx mit einem Worte „denkunabhängiger Gegenstand", so daß der idealistisch interpretierte Gegenstand lediglich als Schein eines Gegenstands bezeichnet werden kann. Es liegt auf der Hand, daß ein idealistischer Theoretiker umgekehrt die von Marx behauptete „Gegenständlichkeit außer dem Wissen" für eine Fiktion erklären müßte. Die Differenz ist offensichtlich eine solche der Verwendung des Ausdrucks „Gegenstand", der einmal „denkunabhängiges Ding", das andere Mal „objektiver Inhalt der Wissensbeziehung" bedeutet.

(c) *Die Beziehung des Subjekts auf den Gegenstand* ist nach Marx nicht eine rein ideale Beziehung gedanklichen „Setzens", sondern „gegenständlicher" Art:

„Wenn der wirkliche, leibliche, auf der festen wohlgerundeten Erde stehende, alle Naturkräfte aus- und einatmende *Mensch* seine wirklichen, gegenständlichen *Wesenskräfte* durch seine Entäußerung als fremde Gegenstände *setzt,* so ist nicht das *Setzen* Subjekt; es ist die Subjektivität *gegenständlicher* Wesenskräfte, deren Aktion daher auch eine *gegenständliche* sein muß" (XXXIV a, 577).

Hier charakterisiert Marx also die Subjekt-Objekt-Beziehung als eine Relation im Bereich der materiellen Natur. Das Subjekt „setzt *nur Gegenstände, weil* es durch Gegenstände gesetzt ist, weil es von Haus aus *Natur* ist. In dem Akt des Setzens fällt es also nicht aus seiner ‚reinen Tätigkeit' in ein *Schaffen des Gegenstandes,* sondern sein *gegenständliches* Produkt bestätigt nur *seine gegenständliche Tätigkeit,* seine Tätigkeit als eine Tätigkeit eines gegenständlichen natürlichen Wesens" (XXXIV a, 577). Die Beziehung des Ich auf das Ding ist dieser Äußerung zufolge offenbar als eine kausale Beziehung zwischen dem Menschen als Träger materieller Eigenschaften, Kräfte usw., und dem materiellen Produkt der Auswirkung jener Eigenschaften, der Betätigung jener Kräfte, zu verstehen. Daß die Subjekt-Objekt-Relation, da durch das Moment der Intentionalität charakterisiert, nicht ernstlich als Kausalrelation verstanden werden kann, bedarf keines besonderen Nachweises; sie wurde freilich auch von Marx selbst letzten Endes nicht in dieser Weise aufgefaßt wie der weitere Kontext deutlich macht. Generell darf festgehalten werden, daß einzelne Sätze oder Textpassagen der Pariser Manuskripte stets mit dem Vorbehalt zu interpretieren sind, daß es sich um einen nicht druckfertig gemachten Entwurf handelt, an dem vor einer Publikation noch Änderungen vorgenommen worden wären.

Die Beziehung des Menschen als eines materiellen Wesens zur materiellen Wirklichkeit hängt mit seiner Triebstruktur zusammen. Der Mensch als „tätiges Naturwesen" ist durch Triebe bzw. Bedürfnisse bestimmt, die auf von ihm unanhängige, ihm äußerliche und für die Triebbefriedigung unentbehrliche Gegenstände gerichtet sind, wie z.B. der Hunger „das gegenständliche Bedürfnis meines Leibes nach einem außer ihm seienden, zu seiner Integrierung und Wesensäußerung unentbehrlichen *Gegenstand*" (XXXIV a, 578) ist. Die Beziehung des Menschen zu den materiellen Gegenständen ist wesentlich *Arbeit,* wie schon *Hegel,* allerdings im Rahmen seiner idealistischen Konzeption des Menschen, erkannt hatte, wenn er von der Selbsterzeugung des Menschen im Prozeß der Vergegenständlichung und Entgegenständlichung, der Entäußerung und Aufhebung der Entäußerung sprach. Hegel hat damit, wie Marx meint, das Wesen der Arbeit erfaßt und zugleich deren Bedeutung für den „wahren, weil wirklichen" Menschen, der „Resultat seiner *eigenen Arbeit"* ist (XXXIV a, 574), gesehen.

Die durch die Arbeit erzeugte Beziehung des Menschen zu den Produkten seiner Arbeit ist nach Marx als dialektische Beziehung zu begreifen, so daß er an Hegels Auffassung anknüpfen konnte, derzufolge die Arbeit das Fürsichwerden des Menschen innerhalb der Entäußerung ist. Auch hier kam es seiner Ansicht nach darauf an, die für Hegel kennzeichnende idealistische und individualistische Auffassung der Arbeit zu überwinden. Die Arbeit wird von Marx als Aktion gegenständlicher Wesenskräfte, damit als selbst gegenständlich, aufgefaßt, d. h. als Tätigkeit eines mit materiellen Wesenskräften ausgestatteten und in diesem Sinne materiellen Subjekts, für das es natürlich ist, „daß seine Selbstentäußerung die Setzung einer *wirklichen,* aber unter der Form der *Äußerlichkeit,* also zu seinem Wesen nicht gehörigen und übermächtigen, gegenständlichen Welt ist" (XXXIV a, 577). Da gleichzeitig der Mensch durch die Ergebnisse seiner Arbeit bedingt ist, kann die Arbeit von Marx als *Selbsterzeugungsakt* des Menschen verstanden werden (XXXIV a, 584).

(d) *Die Setzung* des Gegenstands durch das Subjekt ist Vergegenständlichung des Subjekts, das sich im Setzen des Objekts selbst bestimmt, und zwar in Form einer „gegenständlichen" Tätigkeit im oben angegebenen Sinn. Die Arbeit als „inhaltsvolle, lebendige, konkrete Tätigkeit der Selbstvergegenständlichung" (XXXIV a, 585) ist *Schaffen des Gegenstands,* der, als Produkt einer „gegenständlichen" Tätigkeit, selbst „gegenständlich" sein muß (XXXIV a, 577).

Diese Argumentation verdient Beachtung. Marx folgert aus der Materialität der Arbeit, die als Betätigung materieller Kräfte verstanden wird, die Materialität des Gegenstands als Arbeitsprodukt, so wie *Hegel* daraus, daß der Gegenstand gewußter Gegenstand ist, abzuleiten suchte, daß er selbst im Grunde Bewußtsein sei. Marxens Gedankengang beruht offensichtlich auf der Voraussetzung, daß der Mensch als Angehöriger der materiellen Welt materielle Kräfte habe, d. h. Kräfte, die in materiellen Dingen Veränderungen hervorrufen können. Was immer in der Arbeit verändert werden kann, ist, wie Marx stillschweigend annimmt, rein materieller Natur. Indem der Mensch einen Teil seiner materiellen Kräfte arbeitend verausgabt, geht – so wie schon *Locke* gelehrt hatte – etwas von ihm, ein Teil seines Selbst, in die äußere Wirklichkeit über: die Arbeit ist Selbstentäußerung.

(e) *Die Subjekt-Objekt-Beziehung* läßt sich nicht vollständig als Beziehung zwischen einem materiellen, physische Energie verausgabenden arbeitenden Subjekt und den Dingen der materiellen Welt beschreiben. Die Setzung des Gegenstandes, die Entäußerung von menschlicher Kraft, die Selbsterzeugung des Menschen in der Arbeit kann nur behauptet werden, wenn neben der von Marx herausgearbeiteten materiellen auch die (von ihm nicht geleugnete) ideelle Komponente der Gegenstandserfahrung anerkannt wird. Marx insistierte auf dem dialektischen Charakter der Subjekt-Objekt-Beziehung, indem er weder den Gegenstand noch das Subjekt als etwas einfach Vorhandenes betrachtete. In gewisser Weise existiert das Subjekt nur durch seine Beziehung auf die von ihm erzeugten Gegenstände, so wie umgekehrt etwas nur dadurch Gegenstand ist, daß es durch das Subjekt „gesetzt" wird. Subjekt und Objekt entstehen zwar nach Marx nicht schlechthin in der „Setzung", sondern sind als Naturwesen von einander unabhängig vorhanden; aber als solche interessieren sie in der Theorie der Entfremdung nicht. Als das, was sie im Zusammenhang dieser Theorie sind, entstehen Subjekt und Gegenstand in der Tat erst mit ihrer Beziehung, die mit Marx zwar auch als „gegenständliche" Relation zu charakterisieren ist, durch diese jedoch nicht konstituiert sein kann. Wenn auch die Subjekt-Objekt-Beziehung wesentlich eine Relation der *Praxis* ist, so muß doch beachtet werden, daß „Praxis" hier nicht nur „Entäußerung von physischer Energie" bedeuten kann, sondern auch jenes Moment enthalten muß, das *Hegel* mit dem Ausdruck „Wissen" bezeichnet hatte. Weil es sich so verhält, konnte Marx die Hegelsche Dialektik, wie sie in der „Phänomenologie des Geistes" entwickelt wurde, weitgehend positiv bewerten, ohne damit die

Dialektik als Bewegung „der Vernunft" zu deuten, die einen Purzel-
baum schlägt und sich selbst poniert, opponiert und komponiert.
Die Dialektik von These, Antithese und Synthese war Marx suspekt
(cf. IV, 127).

Marx hat das Moment des „Wissens" keineswegs übersehen,
wie eine nachträglich gestrichene Stelle der Pariser Manuskripte
zeigt, in der er betont, der Mensch sei nicht als Naturwesen einfach-
hin zu verstehen, sondern müsse immer als menschliches Naturwesen begriffen werden, als „für sich selbst seiendes Wesen", „als
welches er sich sowohl in seinem Sein als in seinem Wissen bestätigen und betätigen muß" (XXXIV a, 579). Der dialektische Charakter der Subjekt-Objekt-Relation in der soeben angedeuteten Form
wird deutlich ausgesprochen:

„Weder sind ... die *menschlichen* Gegenstände die Naturgegen-
stände, wie sie sich unmittelbar bieten, noch ist der *menschliche*
Sinn, wie er unmittelbar *ist,* gegenständlich ist, *menschliche* Sinnlichkeit, menschliche Gegenständlichkeit. Weder die Natur – objektiv – noch die Natur subjektiv ist unmittelbar dem *menschlichen*
Wesen adäquat vorhanden" (XXXIV a, 579).

Sein und Wissen sind also in der Analyse der menschlichen Tätigkeit zu berücksichtigen. Das Wissen wird in der Theorie der Gegenständlichkeit nicht übersehen, wenn Marx auch gegen Hegel betont,
daß es eine unerlaubte Abstraktion sei, den Gegenstandsbezug auf
das Wissen zu reduzieren; er ist in concreto zugleich als Bedürfnis-
und Triebbeziehung, als „sinnliche", als „praktische" Beziehung
bestimmt. Innerhalb dieser Beziehung sind weder der Gegenstand
noch das Subjekt etwas unmittelbar Vorhandenes. Der Mensch als
Subjekt ist ein für-sich-seiendes Wesen, und man darf annehmen,
daß Marx hier noch den Hegelschen Sinn dieses Ausdrucks, der
„Vermittlung" involviert, präsent hatte. Wenn Marx Hegels idealistische Einseitigkeit bekämpfte, d. h. die Auffassung kritisierte, das
Wissen sei der einzige Akt des Subjekts (XXXIV a, 580), so bewahrte er doch selbst in seiner Lehre von der Entfremdung und
deren Aufhebung noch einen idealistischen Rest, der ausreicht, um
die Subjekt-Objekt-Beziehung dialektisch zu deuten.[3] Mit der Eliminierung dieses Restbestandes einer idealistischen Theorie der
Erfahrung wurde der Dialektik, wie sie in den Pariser Manuskripten
zutage tritt, der Boden entzogen. Es wird sich zeigen, daß Marxens

Dialektik in den Werken der Reifezeit von anderer Art als die 1844 skizzierte war.

Marxens Auffassung kann dahingehend zusammengefaßt werden, daß der Mensch als nicht nur Gegenstände wissendes, sondern auch begehrendes, ihrer bedürfendes, sie sinnlich erfahrendes und sie bearbeitendes Wesen diese Gegenstände nicht als von der Beziehung auf das Subjekt losgelöste oder auch nur loslösbare vor sich hat, sondern immer als Gegenstände für den Menschen in seiner konkreten Bestimmtheit und daß umgekehrt der Mensch sich nicht erfassen kann, losgelöst von seinen konkreten Beziehungen auf Gegenstände. So erklärte Marx: „... die *Natur,* abstrakt genommen, für sich, in der Trennung vom Menschen fixiert, ist für den Menschen *nichts*" (XXXIV a, 587). Für die abstrakte Betrachtungsweise gibt es „nur das *Gedankending* der Natur" (ibid.). Ebenso gilt in bezug auf den Menschen, daß er nur in abstrakter Einseitigkeit als durch das Wissen bestimmtes Subjekt aufgefaßt werden kann.

Wird die „idealistische" Komponente der Subjekt-Objekt-Dialektik, die sich in Marxens Denken zunächst feststellen läßt, eliminiert, so reduziert sich das Verhältnis des Subjekts zu den Gegenständen auf Beziehungen kausaler Art: Der Mensch formt einen Teil der außermenschlichen Natur und wird von den geformten Gegenständen seinerseits bestimmt. Die Beschreibung dieses Zusammenhangs mit Hilfe der dialektischen Terminologie würde zur verbalen Verschleierung der Tatsache, daß es sich um kausale Beziehungen, eventuell um Wechselbeziehungen, aber nicht mehr um dialektische Beziehungen i. e. S. handelt.

b) Die Methode der politischen Ökonomie. (1) Die Methodologie in der Einleitung zur Kritik der politischen Ökonomie. Mit der Entfernung von den stillschweigenden idealistischen Voraussetzungen, auf denen die Lehre von der Entfremdung in den Pariser Manuskripten beruhte, trat die Dialektik in der oben angedeuteten Gestalt in den Hintergrund. Es ist höchst aufschlußreich, daß Marx da, wo er am ausführlichsten zu methodologischen Fragen Stellung genommen hat, nämlich in dem der Methode der politischen Ökonomie gewidmeten Abschnitt der Einleitung zur „Kritik der politischen Ökonomie" überhaupt nicht von Dialektik spricht. (In der gesamten

Einleitung kommt der Ausdruck „dialektisch" nur beiläufig vor.) Dagegen äußerte sich Marx hier ausführlich über das Verhältnis von analytischer und synthetischer Methode, wobei sich nicht nur zeigt, daß er sich mit der klassischen wissenschaftlichen Methodologie auseinandergesetzt hat, sondern daß er *Hegels* Ausführungen in der „Wissenschaft der Logik" bzw. in der „Enzyklopädie" vor Augen hatte, wo, wie in Bd. I erwähnt, das Verhältnis von Analyse und Synthese erörtert wird. Wenn auch Marx sich nunmehr an der Hegelschen Logik, und nicht mehr an der „Phänomenologie des Geistes" orientiert, so mußte es ihm infolge der Ablehnung der spekulativ-idealistischen Dialektik Hegels verwehrt bleiben, die dialektische Methode als „Aufhebung" von Analyse und Synthese zu begreifen. Um so wichtiger ist es, sich über das Verhältnis von analytischer, synthetischer und dialektischer Methode in Marxens Denken von 1858–59 klar zu werden.

Marx beginnt im dritten Abschnitt der „Einleitung" mit der Zurückweisung der Forderung, „mit dem Realen und Konkreten ... zu beginnen" (XIII, 631). Die vom Konkreten ausgehende Analyse setzt bei der chaotischen Vorstellung eines Ganzen an und gelangt zu einfachen Begriffen, die als solche Abstracta sind. Aus diesen abstrakten Bestimmungen soll dann das ursprüngliche Ganze wieder begrifflich „zusammengesetzt" werden, so daß die dasselbe charakterisierenden Bestimmungen und Beziehungen klar hervortreten.

Das Verfahren, das Marx als Aufsteigen zum Begriff eines Ganzen (z. B. des Staates, internationaler Wirtschaftsbeziehungen bzw. des Weltmarkts) mit Hilfe einfacher abstrakter Momente beschreibt (XIII, 632), wird als die adäquate sozialwissenschaftliche Methode bezeichnet. Marx hat hier offensichtlich den kompositiven Aspekt der analytischen Methode vor Augen, nicht die im engeren Sinn so genannte Synthese, d. i. die axiomatische Methode. Die Komposition setzt aber die von Marx „Analyse" genannte Resolution als erste Phase der analytischen Methode voraus, weshalb deren Ablehnung zu Beginn des fraglichen Abschnittes nicht zu verstehen ist, es sei denn, Marx habe nicht die Resolution überhaupt, sondern eine fehlerhafte Resolution zurückweisen wollen. Zugunsten dieser letzteren Annahme spricht das von Marx gewählte Beispiel, das die Verfehltheit der herkömmlichen Analyse in der bisherigen politischen Ökonomie deutlich machen soll: Die frühere politische Ökonomie begann mit der Abstraktion „Bevölkerung" als einem Ganzen, ohne zu bemerken, daß die Bevölkerung in concreto aus Klassen besteht, die ihrerseits durch eine Reihe von Momenten, wie „Lohnarbeit", „Kapital" usw. charakterisiert sind (XIII, 631). Das scheint zu besagen, daß die herkömmliche Analyse in fehlerhafter Weise ein Abstractum als konkretes Ganzes betrachtet und deshalb ihr Ziel nicht erreicht hat. Nicht der resolutive Aspekt der analytischen Methode würde demgemäß von Marx abgelehnt, sondern nur eine fehlerhafte Anwendung der resolutiven Methode. Durchaus im Sinne der analytischen Methode forderte Marx, nicht mit abstrakten Begriffen, sondern mit dem Konkreten (d. h. mit der Beschreibung konkreter Tatsachen) zu beginnen:

„Das Konkrete ist konkret, weil es die Zusammenfassung vieler Bestimmungen ist, also Einheit des Mannigfaltigen. Im Denken erscheint es daher als Prozeß der Zusammenfassung, als Resultat, nicht als Ausgangspunkt, obgleich es *der wirkliche Ausgangspunkt* und daher auch *der Ausgangspunkt der Anschauung und der Vorstellung* ist" (XIII, 632; Hervorh. vom Vf.).

Die beiden von Marx unterschiedenen Wege entsprechen genau den mit den Ausdrücken „Resolution" und „(Re-)Komposition" bezeichneten Aspekten der analytischen Methode, wie sie mindestens seit *Galilei* in Wissenschaft und Philosophie zugrunde gelegt wurde. Marxens Interesse galt aber nicht primär der formalen Kennzeichnung des analytischen Verfahrens, sondern in erster Linie der Abwehr der idealistischen, namentlich Hegelschen Deutung desselben. In diesem Sinne betonte er, daß die (kompositive) Methode, „vom Abstrakten zum Konkreten aufzusteigen" (XIII, 632), nur die Reproduktion des Konkreten im Denken ist, mit dem Ziel, sich das Konkrete begreifend anzueignen, und nicht – wie *Hegel* meinte – der realen Entwicklung des Konkreten entspricht. Es handelt sich mit anderen Worten um die Art und Weise, das Konkrete zu begreifen, nicht um die Entstehung des Konkreten in der Selbstbewegung des „Begriffs". Die konkrete Totalität ist nicht Produkt des sich selbst gebärenden „Begriffs", sondern der begrifflichen Verarbeitung anschaulicher Vorstellungen. Das begriffene Ganze ist als solches nur gedachtes Ganzes, und die dem Gedanken entsprechende Wirklichkeit ist in ihrer Denkunabhängigkeit und Selbständigkeit davon nicht berührt (cf. XIII, 632–633).

Damit erhebt sich die Frage nach dem Verhältnis von begrifflicher und realer Ordnung, d. h. von Beziehungen, wie sie zum Zweck der Erklärung angenommen werden, und Beziehungen der Wirklichkeit selbst. Marxens Frage, ob die logische Priorität der einfachen Kategorien, mit denen die politische Ökonomie operiert, gegenüber den weniger einfachen einer historischen Priorität entspricht, betrifft die von *Hegel* behauptete Parallelität von systematischer und geschichtlicher Entwicklung. Marx erklärte – offenbar gegen *Hegel* –, daß es zwar Fälle gebe, in denen der historische Prozeß dem Gang des abstrakten Denkens entspreche (XIII, 633), daß aber diese Entsprechung keine notwendige sei, weil (wie sich vor allem anhand des Beispiels des abstrakten Begriffs der Arbeit zeigen läßt) die realen Entsprechungen der abstrakten Kategorien das Produkt kontingenter Verhältnisse sind (XIII, 636).

„Es wäre ... untubar und falsch, die ökonomischen Kategorien in der Folge aufeinander folgen zu lassen, in der sie historisch die bestimmenden waren. Vielmehr ist ihre Reihenfolge bestimmt durch die Beziehung, die sie in der modernen bürgerlichen Gesellschaft aufeinander haben, und die genau das umgekehrte von dem ist, was als ihre naturgemäße erscheint oder der Reihe der historischen Entwicklung entspricht" (XIII, 638).

Obwohl Marx im vorliegenden Zusammenhang *Hegel* nur in polemischer Absicht erwähnt, kann nicht übersehen werden, wie sehr er von ihm abhängig ist, wenn er die sozialwissenschaftliche Methode als analytische Isolation abstrakter einfacher Bestimmungen und Reproduktion der Vorstellung des ursprünglichen Ganzen mit Hilfe jener Bestimmungen charakterisiert. Die analytische Methode als ein Verfahren der Begriffszergliederung und Begriffskombination darzustellen, entspricht offensichtlich der Hegelschen Auffassung, die ebenso wie die Marxsche durch Vernachlässigung des hypothetischen Elements der analytischen Methode charakterisiert ist. Marx verkannte wie Hegel die Rolle der Hypothese in der wissenschaftlichen Erklärung bzw. in der Aufstellung von Theorien, während er als Wissenschaftler ständig mit Hypothesen arbeitete. Die Wissenschaft verfährt seiner Ansicht nach so, daß sie einseitige Aspekte eines konkreten Ganzen heraushebt und die hierdurch bedingte Einseitigkeit sukzessive zu überwinden sucht. Darin besteht, obwohl der Ausdruck hier noch nicht vorkommt, der dialektische Charakter des Verfahrens. In diesem Sinne erklärte Marx:

„Wie überhaupt bei jeder historischen, sozialen Wissenschaft, ist bei dem Gange der ökonomischen Kategorien immer festzuhalten, daß, wie in der Wirklichkeit, so im Kopf, das Subjekt, hier die moderne bürgerliche Gesellschaft, gegeben ist, und daß die Kategorien daher Daseinsformen, Existenzbestimmungen, oft nur einzelne Seiten dieser bestimmten Gesellschaft, dieses Subjekts, ausdrücken ..." (XIII, 637).

So ist etwa die ökonomische Kategorie des Tauschwerts insofern eine „abstrakte, *einseitige* Beziehung eines schon gegebenen konkreten, lebendigen Ganzen" (XIII, 632), als sie durch Absehung von den sozialen Beziehungen, innerhalb deren sich der Tausch vollzieht, gebildet wird. Sie verlangt daher nach Einbeziehung in einen Zusammenhang, der durch Beziehungen der Produktion in bestimmten sozialen Verhältnissen gegeben ist. In ähnlicher Weise muß die Kategorie des Besitzes auf konkrete Familien-, Herrschafts-bzw. Knechtschaftsverhältnisse bezogen werden. „Das konkrete Substrat, dessen Beziehung der Besitz ist, ist ... immer vorausgesetzt" (XIII, 633). Von den ökonomischen Begriffen eignen sich nicht alle gleicherweise als Ausgangspunkt der Erklärung, sondern gegenüber den komplexen sind die einfachen, gegenüber den logisch abhängigen die unabhängigen Kategorien zu bevorzugen. Daher kommt z.B. „Grundrente" nicht als Ausgangspunkt in Betracht, da von der Grundrente nur in Beziehung auf das Kapital gesprochen werden kann, wogegen von Kapital ohne Beziehung auf die Grundrente die Rede sein kann. Mit dem Begriff „Kapital" ist daher zu beginnen, wobei allerdings im Sinne der Einbeziehung in immer konkretere Zusammenhänge später auch das Verhältnis von Kapital und Grundrente untersucht werden muß.

Mit den ökonomischen Kategorien verhält es sich insofern ähnlich wie mit den Kategorien der (Hegelschen) Logik, als die abstrakteren Bestimmungen innerhalb eines Zusammenhangs, dem ein weniger abstrakter Begriff entspricht, „vermittelt" werden müssen, wobei das Denken auf das „höhere" Niveau einer konkreteren Betrachtungsweise gehoben wird. Die jeweils erreichte relativ kon-

krete Gestalt enthält dann die früheren Bestimmungen als aufgehobene Momente, wie Marx im Hinblick auf gesellschaftliche Entwicklungsstufen feststellt, deren jede die vorangegangenen als
„aufgehobene" enthält. Von der bürgerlichen Gesellschaft gilt das
allerdings nur mit einer Einschränkung: Sie enthält die früheren
gesellschaftlichen Formen nur in „verkümmerter" Gestalt. Das erklärt sich daraus, daß sie eine „gegensätzliche Form der Entwicklung" darstellt (XIII, 636), d. h. daß sie dem Moment der Antithesis
im dialektischen Schema entspricht. Sie ist durch immanente
„Widersprüche" gekennzeichnet und daher zur „Aufhebung" in
einer zukünftigen Gesellschaftsform bestimmt, von der dann gelten
wird, daß sie alle vorangegangenen sozialen Formen als aufgehobene Momente enthält.

Das hier skizzierte Verfahren der Einbeziehung einzelner Begriffe
in einen umfassenden Zusammenhang, innerhalb dessen sie in
Wechselbeziehung stehen, wurde oben als „dialektisch" bezeichnet,
weil es von Marx wie von Hegel so aufgefaßt wurde. Es kann aber
nicht verschwiegen werden, daß diese sehr allgemeine Charakteristik ohne weiteres auch zur vagen Kennzeichnung des Verfahrens
dienen kann, das der Wissenschaftler bei der Erklärung von Tatsachen anwendet.

Die Übereinstimmung mit *Hegel*s Konzeption der analytischen
Methode, die, wie oben erwähnt, in der dialektischen Methode
„aufgehoben" sein soll, bedeutet nicht, daß Marx methodologisch
ausschließlich von Hegel abhängig gewesen sei. Zweifellos hatte
Marx das Verfahren der Wissenschaft, namentlich der zeitgenössischen Sozialwissenschaft, vor Augen, bzw. dessen Deutung in der
herkömmlichen Methodologie, bei der sich bereits die oben er-
wähnte Vernachlässigung des hypothetischen Moments der Analyse
nachweisen läßt. Im dritten Abschnitt der Einleitung zur „Kritik
der politischen Ökonomie" wollte Marx offensichtlich die von ihm
akzeptierte wissenschaftliche Methode charakterisieren, nicht die
Grundzüge einer sozialwissenschaftlichen Dialektik im Anschluß
an die Methode der Hegelschen Logik skizzieren. Wenn manche
Züge seiner Methode, namentlich soweit sie in den von Marx gewählten Beispielen zutage treten, die Verwandtschaft der Marxschen mit der Hegelschen Konzeption deutlich machen, so lag das
aller Wahrscheinlichkeit nach nicht in Marxens Absicht, sondern

ergab sich aus der Abhängigkeit des Verfassers der „Kritik der politischen Ökonomie" von dem Autor der „Wissenschaft der Logik" und der „Enzyklopädie".

(2) *Die Methode des „Kapitals".* Es ist bedauerlich, daß Marxens 1858 geäußerter (XXIX, 260) und noch zehn Jahre später gehegter Vorsatz (XXXII, 547), eine Abhandlung über die dialektische Methode zu verfassen, unausgeführt blieb, und wir daher gezwungen sind, das Verhältnis von analytischer und dialektischer Methode, wie es sich Marx gegen Ende der fünfziger Jahre darstellte, auf Grund eher beiläufiger Bemerkungen zu bestimmen. Der Ausdruck „Dialektik" findet sich im 4. Abschnitt der Einleitung zur Kritik der politischen Ökonomie (XIII, 640) in der Bedeutung „Abgrenzung aufeinander bezogener und gleichzeitig real unterschiedener Begriffe". Von dialektischen Verhältnissen war, ohne Verwendung des Terminus, auch sonst die Rede. Was aber unbestimmt bleibt, ist das Verhältnis zwischen dialektischer und analytischer Methode. Obwohl Marx überzeugt war, daß die Methode, deren er sich bediente, früher noch nicht auf ökonomische Probleme angewandt wurde (XXXIII, 434), ist nicht auszuschließen, daß er die dialektische Methode immer als für im Grund mit der analytischen identisch angesehen hat, gebrauchte er doch noch in den Jahren 1881/82 in den Randglossen zu Adolph Wagners „Lehrbuch der politischen Ökonomie" die Wendung „meine *analytische* Methode", um sein Verfahren von der „professoral-deutschen Begriffsanknüpfungs-Methode" abzugrenzen (XIX, 371). Und im Vorwort zur ersten Auflage des „Kapitals" finden sich Wendungen wie „Analyse der Ware", „Analyse der Wertsubstanz" (XXIII, 11), mit denen Marx den Inhalt des ersten Kapitels des Werkes, in dem auf Schritt und Tritt von Analyse die Rede ist, charakterisiert. In der Tat wurde das analytische Verfahren in der politischen Ökonomie von Marx ausdrücklich mit der analytischen Methode des Naturwissenschaftlers in Zusammenhang gebracht. Der optischen Auflösung von Objekten durch das Mikroskop oder der chemischen Zerlegung von Substanzen in ihre Elemente entspricht bei der sozialwissenschaftlichen Analyse die „Abstraktion", die die Zellen ökonomischer Gebilde zu erfassen gestattet (XXIII, 12). Wenn man sich erinnert, daß auch *Fichte* von „Abstraktion" sprach, wo gewöhnlich von „Resolution" die Rede ist, dann wird man nicht zwei-

feln, welche Methode Marx vor Augen hatte.[4] An wichtiger Stelle
des Werkes spricht Marx wiederum von der „abstrakten" Betrachtungsweise, deren Gegenstände die „Momente" eines gegebenen
Ganzen sind: „Wir betrachten … die Akkumulation *abstrakt*, d. h.
als bloßes Moment des unmittelbaren Produktionsprozesses"
(XXIII, 590). Die „reine Analyse" des Akkumulationsprozesses erheischt „vorläufiges Wegsehn von allen Phänomenen, welche das
innere Spiel seines Mechanismus verstecken" (XXIII, 590).

Wenn Marx 1873 im Nachwort zur zweiten Auflage des „Kapitals" erklärt: „Die Forschung hat den Stoff sich im Detail anzueignen, seine verschiedenen Entwicklungsformen zu analysieren und
deren inneres Band aufzuspüren" und hinzufügt, daß erst nach
Bewältigung dieser Aufgabe „die wirkliche Bewegung" dargestellt
werden kann (XXIII, 27), so sind wiederum Resolution und
Rekomposition als die beiden Phasen der Analyse gemeint. Es verdient Beachtung, daß Marx in unmittelbarem Anschluß an diese
Andeutungen über sein wissenschaftliches, unverkennbar als analytisch gekennzeichnetes Verfahren von *seiner dialektischen Methode*
spricht (XXIII, 27). Er scheint somit die analytische mit der dialektischen Methode ohne weiteres identifizieren zu wollen, sofern nur
die letztere nicht, wie bei Hegel, „auf dem Kopf" steht, sondern
im materialistischen Sinne interpretiert („umgestülpt") wird. Wenn
es sich so verhält, dann wäre die von *Althusser* offen gelassene
Frage nach der Herkunft von Marxens Untersuchungsmethode im
Prinzip beantwortet.[5]

Die Methode, mit deren Hilfe die Erklärungen der Zusammenhänge der kapitalistischen Wirtschafts- und Gesellschaftsform gewonnen werden, ist die analytische Methode der neuzeitlichen Wissenschaft,[6] die allerdings bei Marx in einer an Hegel orientierten
Weise metaphysisch gedeutet wird. Weit davon entfernt, die
Methode der bürgerlichen politischen Ökonomie restlos zerschlagen zu haben, wie *M. M. Rosental* meint, hat sich Marx dieser
Methode ohne Bedenken bedient und sich in den angeführten methodologischen Passagen der Einleitung zur „Kritik der politischen
Ökonomie" sowie in späteren, gelegentlichen Bemerkungen wiederholt, wenn auch nicht immer deutlich, zu ihr bekannt.

Hier ist, was genau zu beachten ist, zunächst von der Methode
die Rede und nicht von der metaphysischen Deutung ihrer Prinzi-

pien. Es wird zu zeigen sein, daß der von Marx wiederholt behauptete dialektische Charakter seiner ökonomischen Theorie mit der letzteren zu tun hat. Berücksichtigt man diesen Unterschied zwischen der Methode und ihrer metaphysischen Interpretation, so wird verständlich, wie Marx erklären konnte, er habe *Engels'* Rat, in der Darstellung der Wertform einer dialektischen Linie zu folgen, befolgt und nicht befolgt (XXXI, 306). Dialektisch ist der metaphysische Interpretationsrahmen, nicht dagegen die Methode als solche. Interpreten, die die im „Kapital" angewandte Methode als durch und durch dialektisch betrachten, haben sich begreiflicherweise an Marxens Äußerung gestoßen, er habe in der Darstellung der Werttheorie mit Hegels Ausdrucksweise „kokettiert", – eine Äußerung, die geeignet ist, die These vom dialektischen Charakter des „Kapitals" zu erschüttern, zumal Marx sein Bekenntnis, Hegel-Schüler zu sein, auf ein äußerliches Motiv zurückführte: Die Empörung darüber, Hegel wie einen toten Hund behandelt zu sehen, habe ihn veranlaßt, sich offen als dessen Schüler zu deklarieren (XXIII, 27). In der Tat verhält es sich so, daß Marx Theorien aufstellt, um mit Hilfe geeigneter Hypothesen gewisse ökonomische Sachverhalte zu erklären. Achtet man nur auf die Form der Erklärung, so kann die Verwendung Hegelscher Termini in der Tat nur als „Koketterie" gelten. Marx hat jedoch das wissenschaftliche Verfahren im Rahmen einer Metaphysik interpretiert, die in einer Reihe von Punkten mit der Hegelschen koinzidiert, und in dieser Hinsicht sind seine Bekundungen, an Hegel angeknüpft und nach Abstreifung der mystischen Hülle den „rationellen Kern" der Hegelschen Dialektik ergriffen zu haben, durchaus ernst zu nehmen. Darüber hinaus wird zuzugeben sein, daß mit der Übernahme der Lehre von der Entfremdung ins „Kapital" die derselben eigene Dialektik zur Geltung kommt. Das Kapital ist Ergebnis der äußersten Entfremdung des Menschen von sich selbst. „Das Kapital, Produkt des Menschen, produziert seinerseits den Menschen" wie *J. Hyppolite* formuliert hat.[7]

Hinsichtlich der Methode gilt jedoch offensichtlich, daß sich Marx im „Kapital" an die Prinzipien der in der Einleitung zur „Kritik der politischen Ökonomie" skizzierten Methode gehalten hat. Gemäß der dort dargelegten Auffassung vom Verhältnis der Analyse zur Synthese stellte er im Nachwort zur zweiten Auflage seines

Hauptwerkes klar, daß die Darstellungsweise von der Forschungs-
weise zu unterscheiden sei, sofern in der ersteren die analytische
Erforschung der Zusammenhänge vorausgesetzt und die „wirkliche
Bewegung" (d. i. der synthetische Ableitungszusammenhang) beschrieben werde. Ähnlich hatte schon *Hobbes* den resolutiven
Aspekt der analytischen Methode als für die Forschung unentbehrlich, für die didaktischen Zwecken dienende Darstellung jedoch
ungeeignet erklärt. In diesem Sinne beginnt Marxens Darstellung
im „Kapital" mit dem relativ einfachen Begriff „Ware" als dem
Resultat der nicht in die Darstellung eingehenden, nichtsdestoweniger jedoch vorausgesetzten Resolution der kapitalistischen Produktionsweise. Marx war sich aber zweifellos des Primats des Gesamtzusammenhangs bewußt, demgegenüber die Elemente durch
„Abstraktion" isoliert werden.[8] Der Begriff der Ware ist die „Elementarform" (XXIII, 49) des Reichtums kapitalistisch produzie-
render Gesellschaften. Er ist in bezug auf die noch einfacheren
begrifflichen Elemente, die sich bei der Analyse von „Ware"
ergeben, Begriff des „einfachsten ökonomischen Konretum".
In diesem Sinne erklärte Marx in den Randglossen zu A. Wagners
„Lehrbuch der politischen Ökonomie": „Wovon ich ausgehe, ist
die einfachste gesellschaftliche Form, worin sich das Arbeitsprodukt in der jetzigen Gesellschaft darstellt, und dies ist als
‚Ware'" (XIX, 369).

Im gleichen Zusammenhang verwahrte sich Marx gegen die Auffassung, den Ausgangspunkt des „Kapitals" bildeten *Begriffe* (und
namentlich der Wertbegriff). Nun wäre es abwegig anzunehmen,
Marx habe leugnen wollen, daß bei der Aufstellung der ökonomischen Theorie mit Begriffen operiert werde; offenbar lehnte er lediglich die Deutung der Begriffe als der „wahren Wirklichkeit" ab
und betonte deren empirischen Charakter. Die realen gesellschaftlichen Formen sind das Erste, die Begriffe bilden diese lediglich ab.
Demgemäß ist nicht mit dem Abstractum „Wert", sondern mit der
konkreten gesellschaftlichen Gestalt des Arbeitsprodukts, der Ware,
zu beginnen; und nicht „der Wert" wird eingeteilt in Gebrauchs-
und Tauschwert, sondern die Ware *ist* Gebrauchs- und Tauschwert
zugleich. Man wird Marx dahingehend verstehen dürfen, daß
Beschreibungen beobachtbarer Tatsachen den Ausganspunkt zu
bilden haben, und nicht „Begriffe" in der Hegelschen Bedeutung

des Wortes. Selbstverständlich baute Marx, wie jeder Wissenschaftler, seine Theorie mit Hilfe von Begriffen auf; die angeführten Äußerungen sollen lediglich klar machen, daß die fraglichen Begriffe durch Resolution von Beschreibungsaussagen gewonnen und nicht unabhängig von diesen gegeben sind. Um die erstrebte Erklärung der wesentlichen Verhältnisse innerhalb der kapitalistischen Wirtschaftsform geben zu können, müssen die elementaren Begriffe zueinander in Beziehung gesetzt und die Beziehungen in Gestalt von Gesetzesaussagen formuliert werden, wobei das Wertgesetz als fundamental zu gelten hat. Auf ihm baut die Theorie vom Mehrwert auf, derzufolge die Produktion von Mehrwert mit der Ausbeutung des Arbeiters durch den Kapitalisten zusammenhängt. Hier ist auf die Theorie inhaltlich nicht einzugehen, da die Aufgabe der vorliegenden Untersuchung in erster Linie in der Analyse der Form dialektischer Zusammenhänge besteht. Das inhaltliche Detail wird daher nur so weit zu berücksichtigen sein, als das zur Aufhellung der formalen Zusammenhänge notwendig ist.

(a) Die Einheit der Gegensätze. Die These, daß die Wirklichkeit selbst durch innere Gegensätze bzw. Widersprüche bestimmt sei, gilt allgemein als Bestandteil der dialektischen Philosophie. So hat z. B. *Engels* das „Gesetz von der Durchdringung der Gegensätze" zu den Grundgesetzen der materialistischen Dialektik gezählt. Es soll daher zunächst geprüft werden, ob bzw. in welchem Sinne Marx diese These übernommen hat.

Nach Marx ist die Entwicklung der Widersprüche einer geschichtlichen Produktionsform der einzig geschichtliche Weg ihrer Auflösung. Namentlich galt ihm die kapitalistische Produktionsweise als in sich widersprüchlich, was sich seiner Ansicht nach in den Wirtschaftskrisen manifestiert. Die innere Widersprüchlichkeit des Kapitalismus läßt sich nach Marx analytisch bereits im Begriff von dessen „Elementarform", der Ware, aufweisen, sofern diese als Einheit der gegensätzlichen Bestimmungen „Gebrauchswert" und „Tauschwert" bestimmt ist, und dieser Gegensatz drückt sich im Verhältnis von relativer Wertform und Äquivalentform der Ware aus:

„Der in der Ware eingehüllte innere Gegensatz von Gebrauchswert und Wert wird ... dargestellt durch einen äußeren Gegensatz, d. h. durch das Verhältnis zweier Waren, worin die eine Ware, *deren*

Wert ausgedrückt werden soll, unmittelbar nur als Gebrauchswert, die andere Ware hingegen, *worin* Wert ausgedrückt wird, unmittelbar nur als Tauschwert gilt" (XXIII, 75–76).[9]

Der Gegensatz von Gebrauchs- und Tauschwert stellt sich nach Marx im Verlauf der Entwicklung äußerlich durch das Verhältnis von Ware und Geld dar (XXIII, 101–102; cf. 118). In den „Grundrissen der Kritik der politischen Ökonomie" hatte Marx die Frage aufgeworfen, ob nicht die Existenz des Geldes neben den Waren Widersprüche „einhülle", die mit diesem Verhältnis selbst gegeben seien, und bemerkt:

„Das einfache Faktum, daß die Ware doppelt existiert, einmal als bestimmtes Produkt, das seinen Tauschwert in seiner natürlichen Daseinsform ideell enthält (latent enthält), und dann als manifestierter Tauschwert (*Geld*), der wieder allen Zusammenhang mit der natürlichen Daseinsform des Produkts abgestreift hat, diese doppelte *verschiedene* Existenz muß zum *Unterschied,* der Unterschied zum *Gegensatz* und *Widerspruch* fortgehen".[10]

Mit der Einführung des Geldes wird eine neue Phase der Entwicklung eingeleitet, sofern das Geld nicht nur als Tauschmittel fungiert, sondern zu Kapital werden kann, womit die Stufe der einfachen Warenproduktion und -zirkulation verlassen wird. Die kapitalistische Produktionsweise ist gekennzeichnet durch die Produktion von Mehrwert, d. i. durch die Ausbeutung der Arbeitskraft der Lohnarbeiter, die als Klasse der Klasse der kapitalistischen Unternehmer gegenüber- und entgegenstehen. Die in der Ware enthaltenen Widersprüche werden so zu Widersprüchen der kapitalistischen Wirtschafts- und Gesellschaftsordnung überhaupt.[11] Diese Widersprüche lassen sich nicht in Form von These und Antithese formulieren und in einer Synthese versöhnend aufheben, sondern sie machen die Überwindung des Kapitalismus durch Beseitigung der Bedingungen, unter denen die Widersprüche auftraten, d. i. die Ersetzung der kapitalistischen durch die sozialistische Produktionsweise, notwendig.

In dem von Marx behaupteten Widerspruch im Begriff der Ware hat W. *Becker* das entscheidende Motiv für Marxens Entscheidung gesehen, die Wertlehre mit Hilfe der dialektischen Methode zu entwickeln.[12] Nach Becker bot sich Marx die Dialektik als Mittel an, die Behauptung der Einheit gegensätzlicher Bestimmungen im

Begriff der Ware vom Vorwurf der Inkonsistenz und damit vom Odium der Irrationalität zu entlasten.[13] Es muß jedoch gefragt werden, ob die Behauptung der Widersprüchlichkeit des Begriffs „Ware" überhaupt gerechtfertigt ist. Es liegt auf der Hand, daß „Gebrauchswert" etwas anderes bedeutet als „Tauschwert", doch genügt die Feststellung der Verschiedenheit selbstverständlich nicht zur Konstatierung eines Widerspruchs. Untersucht man den Unterschied der genanten Begriffe genauer, so findet man, daß es sich nicht nur um verschiedene, sondern um verschiedenartige Begriffe handelt, da „Gebrauchswert" bei Marx offenbar als deskriptiver, „Tauschwert" dagegen als theoretischer Begriff verwendet wird. „Wert" im Sinne von „Tauschwert" wird innerhalb der Arbeitswerttheorie bestimmt, derzufolge zwischen Gebrauchswert schaffender und (Tausch-)Wert schaffender Arbeit zu unterscheiden und die letztere als „menschliche Arbeit überhaupt" bzw. als „abstrakte Arbeit" aufzufassen ist. „Gebrauchswert" und „Tauschwert" gehören verschiedenen Ebenen an, in Marxens Terminologie: der Ebene der Erscheinung und der Ebene des Wesens. Es ist daher nicht einzusehen, wie in der Ware selbst ein Widerspruch enthalten sein soll, wenn nur – wie bei Marx der Fall – daran festgehalten wird, daß die Beschreibung, in deren Zusammenhang der Begriff „Gebrauchswert" vorkommt, korrekt und die Theorie, mit deren Hilfe „Tauschwert" erklärt werden soll, richtig ist. Das Verhältnis von Gebrauchs- und Tauschwert ist ein Anwendungsfall der Unterscheidung von Erscheinung und Wesen und daher höchstens insofern dialektisch, als diese Unterscheidung als eine dialektische gekennzeichnet wird.

(b) Das Umschlagen der Quantität in Qualität. Seit *Engels* haben die Vertreter einer dialektischen Deutung der im „Kapital" zur Geltung gebrachten Methode immer wieder darauf hingewiesen, daß Marx Hegels Gesetz des Umschlagens quantitativer in qualitative Veränderungen aufgenommen habe. Das geschah im Zusammenhang mit der Feststellung, daß nicht jede beliebige Geld- oder Wertsumme in Kapital verwandelbar, hierzu vielmehr ein bestimmtes Minimum von Geld oder Tauschwert in der Hand des einzelnen Geld- oder Warenbesitzers nötig sei, wozu Marx bemerkte: „Hier, wie in der Naturwissenschaft, bewährt sich die Richtigkeit des von Hegel in seiner ‚Logik' entdeckten Gesetzes, daß bloß *quantitative*

Veränderungen auf einem gewissen Punkt in *qualitative* Unterschiede umschlagen" (XXIII, 327). Wie im nächsten Abschnitt auszuführen sein wird, hat sich *Engels* nachdrücklich auf diese Stelle berufen, und in der Tat mußte ihm Marxens Behauptung eines für die Logik, die politische Ökonomie und die Naturwissenschaft gleicherweise gültigen dialektischen Gesetzes im Hinblick auf seine Idee eines dialektischen Materialismus sehr wichtig erscheinen.

Die Berufung auf *Hegel* ist in diesem Zusammenhang durchaus angebracht, heißt es doch in der „Wissenschaft der Logik", näherhin in dem Abschnitt über die „Knotenlinie von Maßverhältnissen", quantitative Änderungen berührten nur innerhalb gewisser Grenzen die Qualität nicht, doch gebe es einen Punkt, in dem das veränderte quantitative Verhältnis in eine neue Qualität umschlage.[14] Die von Marx hervorgehobene Parallele betrifft jedoch eine spezielle Frage, so daß es nur unter der Voraussetzung möglich erscheint, auf Grund der Erwähnung des Gesetzes vom Umschlagen der Quantität in Qualität auf den durchgehenden dialektischen Charakter des „Kapitals" zu schließen, daß dieses Gesetz nicht nur im erwähnten besonderen Fall, sondern allgemein als Marxens Mittel zur Deutung von Übergängen nachgewiesen wird. In diesem Sinne hat *M. M. Rosental* geglaubt, die Übergänge von der einfachen zur entfalteten und weiter zur allgemeinen Wertform ebenso wie die Übergänge von einfacher Kooperation zur Manufaktur und weiter zur Maschinenindustrie mit Hilfe des Gesetzes des Umschlagens von quantitativen in qualitative Änderungen interpretieren zu können.[15] Eine solche Extrapolation entbehrt jedoch der Stütze durch den Text. Auch wenn Marx ausführt, daß innerhalb der kapitalistischen Produktionsweise die Elemente ihrer Aufhebung im Sozialismus, nämlich Vergesellschaftlichung der Produktion bei gleichzeitiger Konzentration, geschaffen würden, mag die Versuchung bestehen, den Übergang vom Kapitalismus zum Sozialismus im Sinne des Umschlagens von Quantität in Qualität zu deuten; dennoch würde eine solche Deutung unter dem Mangel leiden, daß sie nicht belegbar ist. Marx hat lediglich festgestellt: „Die Zentralisation der Produktionsmittel und die Vergesellschaftung der Arbeit erreichen einen Punkt, wo sie unverträglich werden mit ihrer kapitalistischen Hülle" (XXIII, 791). Die Sprengung dieser Hülle, die Expropriie-

rung der Expropriateurs, läßt sich nur gewaltsam mit Hilfe des
in Frage stehenden dialektischen Gesetzes erklären. Außerdem
scheint dieses „Gesetz" vor allem deshalb als „dialektisch" bezeichnet worden zu sein, weil es in der Hegelschen Logik vorkommt.
Mindestens im vorliegenden Fall könnte *Althussers* Vermutung zu-
treffen, daß sich Marx im Gefühl seiner Einsamkeit auf einen Ver-
bündeten stützen wollte und daß sich als solcher in erster Linie
Hegel anbot.[16]

(c) Wesen und Erscheinung. Als dialektisches Moment von Marxens ökonomischer Theorie gilt ferner die Bestimmung des Verhältnisses von Wesen und Erscheinung, von „wahrer Wirklichkeit" und
„Schein der Oberfläche". Obwohl offensichtlich die Unterscheidung von Wesen und Erscheinung als solche nicht hinreicht, um
die entsprechende Denkweise als „dialektisch" zu charakterisieren,
wird sich doch zeigen, daß sie notwendig zur Marxschen Dialektik
gehört, die sich als eine bestimmte Art des Essentialismus erweist,
wobei auf die spezifische Differenz von Marxens Essentialismus
hier noch nicht einzugehen ist.

Die Unterscheidung von Wesen und Erscheinung beherrscht die
Darstellungsweise im „Kapital". So erscheint nach Marx im Wert
die abstrakte Arbeit, Wert gilt ihm als „Gallerte" menschlicher
Arbeit überhaupt (XXIII, 77); der Wert der Ware erscheint im Geld
als dem Wertmaß (XXIII, 109), sofern von allen Randbedingungen,
wie dem Einfluß der Konkurrenz oder den Produktionskosten, abgesehen wird; und im Profit erscheint in mystifizierter Form der
Mehrwert (XXV, 46).

Von den besonderen, qualitativ verschiedenen Arbeiten erklärt
Marx, sie seien Erscheinungsformen menschlicher Arbeit überhaupt
(XXIII, 78), weshalb die Vergleichung verschiedenartiger Arbeiten
und somit die Formulierung von Wertgleichungen möglich ist (z. B.
„20 Ellen Leinwand = 1 Rock"). Erst durch ihre „Reduktion auf
den gemeinsamen Charakter, den sie als ... abstrakt menschliche
Arbeit besitzen" (XXIII, 87–88), können Werte in Form einer Glei-
chung identifiziert werden, denn was der Wert ist – nämlich gegenständlich gewordene Arbeit überhaupt –, das läßt sich nicht durch
Beobachtung allein erkennen, es ist, wie Marx sagt, „dem Wert
nicht auf die Stirn geschrieben" (XXIII, 88). Man muß den „Sinn
der Hieroglyphe" enträtselt haben, um zu begreifen, worin das

Wesen des Wertes besteht. Man muß mit anderen Worten über eine Theorie verfügen, um die Tatsache erklären zu können, daß Produkte in bestimmten Verhältnissen ausgetauscht werden. Der Begriff „Wert" ist kein deskriptiver Begriff, sondern gehört zum Vokabular einer ökonomischen Theorie, die als fundamentale Prämisse die Annahme enthält, daß Beziehungen des Tauschwertes im Grunde, ihrem „Wesen" nach, Beziehungen zwischen den Arbeitsquanten sind, die in den getauschten Gütern materialisiert sind. Indem die Produzenten ihre Produkte im Austausch als Werte gleichsetzen, setzen sie, dieser Annahme zufolge, ihre Arbeit unter dem Gesichtspunkt menschlicher Arbeit überhaupt gleich, freilich zumeist ohne diesen Zusammenhang zu durchschauen. Erst die Arbeitswerttheorie ermöglicht es, den Sinn ihres Tuns zu erfassen, ohne daß hierdurch der „Schein" der beobachtbaren Verhältnisse verschwände: „Die späte wissenschaftliche Entdeckung, daß die Arbeitsprodukte, soweit sie Werte, bloß sachliche Ausdrücke der in ihrer Produktion verausgabten menschlichen Arbeit sind, macht Epoche in der Entwicklungsgeschichte der Menschheit, aber verscheucht keineswegs den gegenständlichen Schein der gesellschaftlichen Charaktere der Arbeit" (XXIII, 88).

Die beobachtbaren Tatsachen werden also dadurch, daß sie im Rahmen der Theorie eine Erklärung finden, inhaltlich nicht verändert; wohl aber bewirkt die Einbeziehung in den Rahmen einer Theorie eine veränderte metaphysische Deutung: Sie stellen sich als „Schein" bzw. als „Erscheinung", d. i. als Äußerung der in den Grundsätzen der Theorie vermeintlich erfaßten Wesensbeziehungen dar.

Marx erweist sich somit als Vertreter jener essentialistischen Position, die von *Platon* bis *Hegel* und über diesen hinaus eine Grundposition der abendländischen Metaphysik darstellte. Es bedarf kaum einer Erwähnung, daß das Wesen bei Marx nicht in der Art einer von den konkreten Dingen getrennten, an einem überhimmlischen Ort befindlichen Idee aufgefaßt werden darf, sondern als eine Seite der Wirklichkeit, deren andere Seite die Erscheinung ist. Man kann daher, wie es *Althusser* vorschlägt, anstelle des Ausdrucks „Wesen" den modernen Terminus „Struktur" verwenden, um zum Ausdruck zu bringen, daß das „Wesen" von den Phänomenen nicht getrennt zu denken ist.[17] Es muß jedoch bezweifelt werden, daß die essentialistische Postition durch die Verwendung des Ausdrucks „Struktur" klarer wird, zumal die von Althusser angenommene „metonyme Kausalität" der Struktur in bezug auf die Elemente, die als Wirkungen der Struktur bezeichnet werden, keineswegs leicht zu begreifen ist.

Um Marxens Auffassung vom Wesen sowie vom Verhältnis zwischen Wesen und Erscheinung gerecht zu werden, ist es nötig, seinen Begriff des Gesetzes zu berücksichtigen. „Gesetz" bedeutet nach Marx einen „inneren und notwendigen Zusammenhang" zwischen Erscheinungen (XXV, 235), der nicht nur zwecks Erklärung der Erscheinungen hypothetisch angenommenen, sondern als Zusammenhang der Wirklichkeit selbst mit Gewißheit erkannt wird. Marxens Auffassung von der Funktion von Gesetzesaussagen in wissenschaftlichen, namentlich in ökonomischen, Erklärungen läßt sich demgemäß dahingehend charakterisieren, daß den zufällig scheinenden Tatsachen notwendige Gesetze der in der wissenschaftlichen Analyse zu entdeckenden, nicht direkt beobachtbaren Wirklichkeit zugrunde liegen. So erklärt Marx, daß sich

„in den zufälligen und stets schwankenden Austauschverhältnissen Arbeitszeit als regelndes Naturgesetz gewaltsam durchsetzt, wie etwa das Gesetz der Schwere, wenn einem das Haus über dem Kopf zusammenpurzelt" (XXIII, 89).

Und er fährt fort:

„Die Bestimmung der Wertgröße durch die Arbeitszeit ist daher ein unter den erscheinenden Bewegungen der relativen Warenwerte verstecktes Geheimnis. Seine Entdeckung hebt den Schein der bloß zufälligen Bestimmungen der Wertgrößen der Arbeitsprodukte auf, aber keineswegs ihre sachliche Form" (XXIII, 89).

Als „wesentlich" gelten sonach objektive Zusammenhänge, die in Form von Gesetzen ausgesprochen werden können, z.B. der vom Wertgesetz behauptete Zusammenhang von abstrakter Arbeit und Wert. Alle anderen Beziehungen gelten dagegen als „zufällig" bzw. als „äußerlich", wie etwa der Zusammenhang von Agrikultur als konkreter Form der Arbeit und Mehrwert gemäß der physiokratischen Vorstellung vom „pur don de la nature". Die Erklärung beobachtbarer Tatsachen des ökonomischen Bereichs erfolgt dadurch, daß man sie als Fälle unter die „wesentlichen" Gesetzesbeziehungen subsumiert, die den wirtschaftlich-sozialen Bereich beherrschen. So wird z.B. die Ware mit ihrem Fetisch-Charakter erklärt, indem gezeigt wird, daß sie die Natur entfremdeter Arbeit hat und daß die Gesetzmäßigkeiten, denen sie unterworfen ist und die vom Menschen unabhängige, quasi-mechanische Gesetze zu sein scheinen, in Wirklichkeit sozial bedingte Gesetzmäßigkeiten sind.

Marx hat argumentiert, daß der Fetisch „Ware" nur unter ganz bestimmten – den kapitalistischen – Bedingungen entsteht, da hier, anders als unter primitiven oder unter sozialistischen Produktionsbedingungen, die „wahren" (d.i. die wesentlichen) Zusammenhänge durch einen trügerischen Schein verschleiert werden. Die sich in der Erscheinung äußernden Wesensbeziehungen können unerkannt bleiben, dann wird die Erscheinung zum trügerischen Schein, oder sie können durch Analyse erkannt werden, dann läßt sich die Erscheinung als das, was sie ist, korrekt erklären.[18]

Hierbei soll es sich nicht darum handeln, Gesetzesaussagen hypothetisch zum Zweck der Erklärung einzuführen, sondern, wie Marx meint, darum, objektive Gesetzesbeziehungen und damit das Wesen der Wirklichkeit selbst zu entdecken. Eine derartige Auffassung ist eindeutig essentialistisch; unter den Bedingungen eines nicht-essentialistischen Gesetzesbegriffs können dagegen Gesetze nur als Annahmen gelten, die zum Zweck der Erklärung beobachtbarer Tatsachen gemacht werden. Marxens Behauptung, daß es objektive, wesentliche Gesetzeszusammenhänge gebe, stellt sich vom nicht-essentialistischen Standpunkt aus als Ausdruck einer Hypostasierung von zum Behuf der Erklärung angenommenen Beziehungen dar, d.h. den Gesetzeshypothesen werden reale Beziehungen zugeordnet und als „Wesen" bezeichnet. Aus Annahmen, deren Funktion darin besteht, Erklärungen im Rahmen von Theorien möglich zu machen, werden hinter den Erscheinungen versteckte Geheimnisse (XXIII, 89). Insbesondere ist das „Wesen" des Werts Resultat einer solchen Hypostasierung von Annahmen, mit deren Hilfe Verhältnisse des Warentauschs erklärt werden sollen (worauf zurückzukommen sein wird). „Wert", für sich selbst betrachtet, ist ein bedeutungsloses Wort,[19] das, nach der Art theoretischer Begriffe, nur im Zusammenhang der fraglichen Theorie Bedeutung erlangen kann, und das kein irgendwie erfaßbares „Inneres" der Dinge designiert. In die Richtung der hier angedeuteten Auffassung scheint auch *Althussers* Feststellung zu weisen, „daß das *Innere* nichts anderes ist als der ‚Begriff‘, daß es nicht das wirkliche ‚Innere‘ des Phänomens, sondern dessen Erkenntnis ist".[20]

Im vorliegenden Zusammenhang darf die Tatsache nicht übergangen werden, daß Marx selbstverständlich im besonderen Fall Erklärungen mit Hilfe von Hypothesen gegeben hat, wie zum Beispiel Bemerkungen in seinem Brief vom 7.1.1851 an Engels zeigen, wo es in bezug auf die Erklärung der Grundrente heißt: „In allen Fällen handelt es sich hier nur um die ökonomische Möglichkeit dieser Hypothese" (XXVII, 161). Es ist aber wahrscheinlich, daß Marx, so wie es H. *Korch* im Anschluß an *Lenin* sieht, von der Möglichkeit überzeugt war, den hypothetischen Charakter der ursprünglichen Annahmen durch deren Verifikation beseitigen zu können, insbesondere wenn sich die fraglichen Annahmen als die einzigen darstellen, mit deren Hilfe der jeweilige Erklärungszweck erreicht werden kann.[21] Diese Auffassung, die Marx mit vielen Methodologen vor und gleichzeitig mit ihm teilte, beruht auf der irrigen Annahme, daß es möglich sei, hypothetisch eingeführte Gesetzesaussagen in abschließender Weise zu verifizieren und damit zu endgültig gesicherten Wahrheiten zu machen.

Die „Dialektik" von Wesen und Erscheinung gehört also zu den durchgehenden Charakteren der marxschen ökonomischen Theorie im „Kapital", aber es muß festgehalten werden, daß sie nicht methodologischer, sondern metaphysischer Natur ist.

(d) Der dynamische Essentialismus. Wenn Marx die „Metaphysik" kritisiert, so meint er stets einen ganz bestimmten Typus von Metaphysik, nämlich jene Variante des Essentialismus, die durch die Annahme unveränderlicher, ewiger Wesenheiten und entsprechend unveränderlicher, ewiger Wahrheiten charakterisiert ist. Seine Kritik betrifft aber nicht die essentialistische, sondern nur die statische Komponente jener von ihm „Metaphysik" genannten Position. Wie dargelegt, war auch Marx Vertreter des Essentialismus, allerdings, wie jetzt zu zeigen ist, einer Variante dieser Position, die durch die Annahme gekennzeichnet ist, daß sich das Wesen der Dinge notwendig entwickelt und daß die entsprechenden Gesetze veränderlich sind. Es handelt sich bei Marx mit einem Wort nicht um den Essentialismus der aristotelisch-platonischen, sondern um den Hegelschen Essentialismus, der im folgenden kurz als „dy-

namischer Essentialismus" bezeichnet wird. So gibt es nach Marx kein außerzeitliches und damit unveränderliches Wesen des Menschen oder der Gesellschaft, sondern nur ein Wesen des Menschen in der Sklavenhalter-Gesellschaft, von dem das Wesen des Menschen in der feudalen, der bürgerlichen, der sozialistischen bzw. kommunistischen Gesellschaft unterschieden ist. Marxens dynamischem Essentialismus zufolge gibt es zwar Wesensformen der jeweiligen Gesellschafts- und Wirtschaftsordnung, aber diese Wesensformen sind wandelbar, weshalb keine Produktionsweise für alle Zeiten etabliert werden kann. Insbesondere sind die Gesetze der bürgerlichen Produktionsweise und namentlich das Wertgesetz nicht „ewige" Gesetze, sondern durch eine ganz bestimmte Gesellschafts- und Wirtschaftsform bedingt. Infolgedessen konnte die Werttheorie, in deren Rahmen Marx die ökonomischen Verhältnisse des Kapitalismus interpretiert, erst aufgestellt werden, nachdem die wirtschaftliche Entwicklung die Stufe erreicht hatte, die durch die Herrschaft der Warenproduktion charakterisiert ist. Erst bei entsprechend entwickelten Produktionsverhältnissen kann nämlich die Arbeit in abstracto, d. i. als gegenüber jeder besonderen Form der Arbeit indifferent, erfaßt werden, weil hier nicht mehr bestimmte Arbeiten, sondern Arbeit überhaupt, Arbeit hinsichtlich ihrer Quantität und mit Vernachlässigung ihrer qualitativen Differenzen, entscheidend wird.[22]

Die politische Ökonomie ist in diesem Sinne eine historische Disziplin. Das kommt deutlich zum Ausdruck, wenn Marx, die besten Repräsentanten der klassischen politischen Ökonomie, wie A. *Smith* and D. *Ricardo,* kritisierend, erklärt:

„Die Wertform des Arbeitsprodukts ist die abstrakteste, aber auch allgemeinste Form der bürgerlichen Produktionsweise, die hierdurch als eine besondere Art gesellschaftlicher Produktion und damit zugleich historisch charakterisiert wird. Versieht man sie daher für die ewige Naturform gesellschaftlicher Produktion, so übersieht man notwendig auch das Spezifische der Wertform, also der Warenform, weiter entwickelt der Geldform" (XXIII, 95 Anm. 32).

Ungeachtet der Relativität der ökonomischen Gesetze auf die Produktionsweise wird die Entwicklung von der feudalen zur bürgerlichen, von der bürgerlichen zur sozialistischen Produktionsweise von einem unbedingt notwendigen Gesetz beherrscht. Marx spricht von „mit eherner Notwendigkeit wirkenden und sich durchsetzenden Tendenzen" (XXIII, 12) und erklärt die Erkenntnis des „Naturgesetzes" der Bewegung der Gesellschaft zum Endzweck seines Werkes, das lehren könne, die in der Reihenfolge der Phasen unabänderliche Entwicklung in kürzerer Zeit zu durchlaufen und daher deren Auswirkungen zu mildern (XXIII, 15–16). Die jetzige Gesellschaft ist „kein fester Kristall, sondern ein umwandlungsfähiger und beständig im Prozeß der Umwandlung begriffener Organismus" (XXIII, 16). Die Umwandlung dieses Organismus gehorcht einem unverbrüchlichen Gesetz, dem gemäß jeder seiner Zustände durch den folgenden aufgehoben wird. Marx wies dieses Bewegungsgesetz der Gesellschaft der rationellen Gestalt der Dialektik zu, die „in dem positiven Verständnis des Bestehenden zugleich auch das Verständnis seiner Negation, seines notwendigen Untergangs einschließt, jede gewordne Form im Flusse der Bewegung, also auch nach ihrer vergänglichen Seite auffaßt, sich durch nichts imponieren läßt, ihrem Wesen nach kritisch und revolutionär ist" (XXIII, 28). Damit ist auch die praktische Bedeutung des dialektischen Dynamismus, namentlich hinsichtlich der revolutionären Praxis, hervorgehoben. Es liegt auf der Hand, daß die Überzeugung, Gesetz und Ziel der sozialen Entwicklung zu kennen und mit ihnen im Einklang zu stehen, von gewaltiger Motivationskraft sein muß.

Das unter (a) bis (d) Gesagte zusammenfassend, läßt sich konstatieren, daß sich Marxens Verständnis der Methode der Ökonomie in formaler Hinsicht nicht prinzipiell vom Verständnis der Methode der neuzeitlichen Naturwissenschaft seit Galilei unterscheidet; sie wird jedoch bei Marx innerhalb eines metaphysischen Rahmens zur Geltung gebracht, der sich deutlich von demjenigen unterscheidet, der bei *Galilei, Descartes* oder *Newton* vorausgesetzt ist. Marx war überzeugt, daß den Gesetzesannahmen, mit deren Hilfe Tatsachen wissenschaftlich erklärt werden sollen, gesetzesartige Beziehungen der Wirklichkeit selbst als deren „Wesen" zuzuordnen und als veränderlich, als in notwendiger Entwicklung befindlich zu denken sind.[23] Gleichzeitig ist diese Position durch die Annahme charakterisiert, daß auch die Begriffe und die Gesetzesaussagen als Widerspiegelungen der Wirklichkeit im Bewußtsein nicht unveränderlich, sondern flüssig und in notwendiger Entwicklung begriffen sind.

Es ist ungenügend, den dialektischen Charakter von Marxens ökonomischer Theorie darauf zu reduzieren, daß in ihr die einzelnen Tatsachen oder Vorgänge im Zusammenhang eines Ganzen begriffen werden, das selbst nur als Ganzes dieser Tatsachen und Vorgänge verstanden wird; es ist ebenso ungenügend, das „Kapital" darum als dialektisch zu bezeichnen, weil in diesem Werk genetische Erklärungen eine wichtige Rolle spielen: beide Züge, obwohl gelegentlich zugunsten der Auffassung des „Kapitals" als Niederschlag dialektischen Denkens in Anspruch genommen, sind für die Dialektik nicht spezifisch. Wenn Marxens ökonomische Theorie als dialektisch gelten kann, dann wohl nur in dem Sinne, daß der Ausdruck „Dialektik" gleichbedeutend mit dem Ausdruck „dynamischer Essentialismus" gebraucht wird. Kurz: Die Dialektik des „Kapitals" ist nicht primär Methode, sondern Ontologie.[24]

Das soll abschließend anhand von Beispielen konkretisiert werden.

Bei der Formulierung der Werttheorie ist der erste Schritt die Beschreibung dessen, was erklärt werden soll, nämlich der Tatsache, daß Waren in bestimmten Verhältnissen getauscht werden. Die Ware ist *zunächst* „ein Ding, das durch seine Eigenschaften menschliche Bedürfnisse irgendeiner Art befriedigt" (XXIII, 49). Sie hat auf Grund ihrer Nützlichkeit Gebrauchswert. *Sodann* ist die Ware zu beschreiben als etwas, das dazu bestimmt ist, getauscht zu werden, denn ein Ding, das lediglich zur Befriedigung der eigenen Bedürfnisse, zum eigenen Konsum produziert wird, heißt nicht Ware. Der Tausch einer Ware gegen eine andere vollzieht sich in bestimmten Verhältnissen, die nicht konstant sind, sondern mit Zeit und Ort wechseln (XXIII, 50).

Die letztere Tatsache ist das, was mit Hilfe der ökonomischen Theorie erklärt werden soll. Sobald die Beschreibung geleistet ist, wird dadurch zur Erklärung übergegangen, daß die zu erklärende Tatsache durch Abstraktion aus dem Zusammenhang der Erscheinung „Ware" herausgelöst wird, indem vom Gebrauchswert abgesehen und nur das Austauschverhältnis berücksichtigt wird (XXIII, 51–52). „Als Gebrauchswerte sind die Waren vor allem verschiedner Qualität, als Tauschwerte können sie nur verschiedner Quanti-

tät sein, enthalten also kein Atom Gebrauchswert" (XXIII, 52).
Die Tatsache, daß Waren Gebrauchswert haben, ist m. a. W. innerhalb der politischen Ökonomie nicht erklärungsbedürftig, sondern
nur die Tatsache, daß Waren in bestimmten Verhältnissen getauscht
werden, d. h. einen Tauschwert darstellen: Ein gewisses Quantum
der Ware A ist ein gewisses Quantum der Ware B wert.

Um die erstrebte Erklärung geben zu können, bedient sich Marx
einer Theorie: der Arbeitswerttheorie. Waren sind, dieser Theorie
zufolge, nach der Abstraktion von ihrem Gebrauchswert, d. h. von
den konkreten Formen nützlicher Arbeit, „eine bloße Gallerte un-
terschiedsloser menschlicher Arbeit". „Diese Dinge stellen nur noch
dar, daß in ihrer Produktion menschliche Arbeitskraft verausgabt,
menschliche Arbeit aufgehäuft ist. Als Kristalle dieser ihnen ge-
meinschaftlichen gesellschaftlichen Substanz sind die Werte –
Warenwerte" (XXIII, 52). Wenn eine Ware nur Wert hat, sofern
abstrakt menschliche Arbeit in ihr vergegenständlicht oder materialisiert ist, dann wird die Größe des Wertes durch das Quantum
der zu ihrer Produktion erforderlichen Arbeit, näherhin durch die
Arbeitszeit, zu messen sein, und zwar nicht der individuellen, sondern der gesellschaftlich notwendigen Arbeitszeit (XXIII, 53).

Es kann kein Zweifel sein, daß der zuletzt beschriebene Schritt
nicht in einer bloßen Abstraktion oder Begriffsexplikation, sondern
in der Formulierung einer Theorie besteht. Der Satz, daß Tauschwert „festgeronnene Arbeitszeit" sei (XXIII, 54), ist eine Annahme
zum Zweck der Erklärung der oben beschriebenen Tatsache. Daß
es sich so verhält, geht aus Marxens eigener Darstellung hervor,
wenn er nämlich in der Ware ein „sinnliches" und ein „übersinnli-
ches" Moment unterscheidet (XXIII, 85). Das erstere ist dasjenige,
das in der anfänglichen Beschreibung erfaßt wurde; das letztere
entspricht der theoretischen Deutung der beschriebenen Tatsache.
Das Verhältnis zwischen den Prämissen der Theorie (den Annahmen
über die „Substanz" des Tauschwerts bzw. des Preises) und den
aus ihnen ableitbaren Aussagen über prinzipiell beobachtbare Aus-
tauschverhältnisse von Waren wird nun mit Hilfe des Schemas von
Wesen und Erscheinung gedeutet. Von den Prämissen der Theorie
wird angenommen, daß sie das „Wesen" der erklärungsbedürftigen
Verhältnisse ausdrücken und daß diese „Erscheinungen" des
Wesens sind. Der Umstand, daß die Erscheinung das Wesen nicht

rein manifestiert, d.h. sich nicht genau so verhält, wie es gemäß der Theorie der Fall sein soll, wird mit Hilfe des Hinweises erklärt, daß in der Theorie von gewissen Randbedingungen abgesehen wird. Ähnliches gilt auch für die Erklärung anderer ökonomischer Tatsachen, etwa für die Erklärung des Profits mit Hilfe der Theorie vom Mehrwert, d.h. der Annahme über die Ausbeutung der Lohnarbeiter durch die Unternehmer bzw. der Auffassung der Lohnarbeit als einer Ware, die dem Wertgesetz unterworfen ist. Auch hier drückt Marx den Umstand, daß die Entstehung von Profit mit Hilfe der Theorie vom Mehrwert erklärt wird, dadurch aus, daß er sagt, im Profit erscheine der Mehrwert. Die Prämissen der fraglichen Theorie werden also als Aussagen über das „Wesen" des kapitalistischen Profits interpretiert.

Wiederum darf auf L. *Althusser* verwiesen werden, der die erörterten Zusammenhänge in seiner Terminologie durch die Feststellung ausdrückt, Marx habe „die wissenschaftstheoretische Differenzierung zwischen der Erkenntnis einer Realität und der Realität selbst auf die Wirklichkeit übertragen".[25] Auch Althusser gelangt zum Ergebnis, daß Marx, der einen neuen Begriff des Ökonomischen hervorbrachte und in diesem Sinne mit der Tradition brach, keinen Bruch mit der wirklichen wissenschaftlichen Praxis vollzog.[26] Er sieht das Neue in Marxens Denken in einer Veränderung der theoretischen Basis, in einer theoretischen Revolution,[27] d.h. offenbar in dem, was *Th. S. Kuhn* „Paradigmawechsel" nennt.[28] Althusser stützt sich hierbei vor allem auf *Engels'* Ausführungen im Vorwort zum II. Band des „Kapitals", wo die durch Marx bewirkte wissenschaftliche Revolution mit der in der Chemie durch *Lavoisier* herbeigeführten in Parallele gesetzt wird (XXIV, 22–23). Es verdient, angemerkt zu werden, daß die von Engels als Beispiel gewählte Überwindung der Phlogiston-Theorie auch von Kuhn zur Veranschaulichung seiner Deutung herangezogen wird.[29] Der Versuch, den von Marx über die klassische politische Ökonomie hinaus getanen Schritt als „Paradigma-Wechsel" darzustellen, verdient zweifellos Interesse; da er jedoch nur in Form einer wissenschaftshistorischen Untersuchung diskutiert werden könnte, ist hier nicht der Ort, zu ihm Stellung zu nehmen. Wenn Althusser recht hat, dann stützt seine Auffassung die in der vorliegenden Arbeit vertretene Ansicht, daß Marx entweder eine vollkommen neuartige Theorie entworfen oder die Theorie der klassischen politischen Ökonomie weitergebildet, jedoch keine von der in dieser angewendeten Verfahrensweise prinzipiell verschiedene wissenschaftliche Methode zur Geltung gebracht hat, die es verdiente, als „dialektisch" bezeichnet zu werden.

2. Die Grundlagen des dialektischen Materialismus bei Friedrich Engels

Mit dem dialektischen Materialismus, wie er von Engels entwickelt wurde, beginnt eine neue Phase in der Geschichte der Dialektik. Gestützt auf gewisse Resultate der Hegelschen und Marxschen Dialektik, versucht Engels die Dialektik als eine Art von Ontologie darzustellen, in der die allgemeinsten Gesetze der Wirklichkeit entwickelt werden. Obwohl Engels gelegentlich die Auffassung vertrat, daß die Dialektik die Aufgabe habe, Kategorienlehre nach Art der Aristotelischen Ersten Philosophie oder der Hegelschen Logik zu sein (507),[30] betrachtete er im allgemeinen die Dialektik nicht als deskriptive Metaphysik, sondern als induktive Disziplin, die Gesetze von der Art der Gesetze der Naturwissenschaft, wenn auch von höherer Universalität, zu formulieren habe. Damit tritt bei Engels an die Stelle der Grundlegung der Dialektik durch Analyse der Erfahrung, wie sie in Hegels „Phänomenologie des Geistes" erstrebt, bzw. durch Analyse der Praxis, wie sie in Marxens Pariser Manuskripten in Angriff genommen worden war, der Versuch, die Dialektik als eine Wissenschaft in Parallele zu den induktiven Naturwissenschaften aufzubauen. Hierbei stützte sich Engels auf eine Reihe von Voraussetzungen, für die er keine Begründung anzubieten hatte, die er aber auch nicht als Voraussetzungen kenntlich machte. Seine Dialektik, wie sie in der Streitschrift „Herrn Eugen Dührings Umwälzung der Wissenschaft" (1877–1878) und in den unter dem Titel „Dialektik der Natur" zusammengestellten Entwürfen (1873–1883 und teilweise 1885–1886) enthalten ist, muß daher als dogmatisch bezeichnet werden[31]. Gelegentliche Ansätze einer Auffassung der Dialektik als metatheoretischer Disziplin fallen demgegenüber nicht ins Gewicht.

Im Mittelpunkt der Engelsschen Dialektik steht die Aufstellung dreier fundamentaler Gesetze, die als Gesetze der Natur und der gesellschaftlichen Wirklichkeit gelten. Engels hat darauf verzichtet, eine systematische Verknüpfung dieser Gesetze untereinander herzustellen (349). Es muß dahingestellt bleiben, ob er eine solche Verknüpfung für möglich gehalten hat bzw. ob sie unter seinen Voraussetzungen überhaupt möglich ist. Ausdrücklich hat er den Anspruch eines abschließenden Systems, wie ihn Hegel erhoben hatte, abgelehnt (24).

Die Grundgesetze der Dialektik sind die folgenden:

1. Das Gesetz des Umschlagens von Quantität in Qualität und umgekehrt;
2. das Gesetz von der Durchdringung der Gegensätze; und
3. das Gesetz von der Negation der Negation (348).

Mit der Aufstellung dieser Gesetze meinte Engels, den wesentlichen Gehalt der Hegelschen Dialektik erfaßt zu haben. Mehrfach gab er seiner Überzeugung Ausdruck, daß Marx und er die einzigen gewesen seien, die an der revolutionären Seite der Hegelschen Philosophie, nämlich der Dialektik, angeknüpft hätten; sie hätten diese jedoch nicht im Sinne der Selbstbewegung des Begriffs, sondern der Bewegung der realen Welt, also im Sinne der materialistischen Deutung von Natur und Geschichte, aufgefaßt (10; cf. 235; cf. XXI, 291–293). Engels nahm für seine (und Marxens) Konzeption den Charakter einer Synthese von idealistischer Dialektik im Sinne Hegels und materialistischer Denkweise im Sinne Feuerbachs in Anspruch, ähnlich wie Hegel seinen Standpunkt als Synthese der wesentlichen Positionen der Philosophiegeschichte darzustellen gesucht hatte.

Engels bezeichnete es als sein Ziel, zu zeigen, „daß in der Natur dieselben dialektischen Bewegungsgesetze im Gewirr der zahllosen Veränderungen sich durchsetzen, die auch in der Geschichte die scheinbare Zufälligkeit der Ereignisse beherrschen"(11). Die Dialektik ist demgemäß wesentlich *objektive* Dialektik, und die Dialektik als Denkbewegung (die sog. subjektive Dialektik) „ist nur Reflex der in der Natur sich überall geltend machenden Bewegung in Gegensätzen, die durch ihren fortwährenden Widerstreit und ihr schließliches Aufgehen ineinander, resp. in höhere Formen, eben das Leben der Natur bedingen" (481). Es wäre verfehlt, Natur und Denken als einander ausschließende Gegensätze zu behandeln; ihr Verhältnis ist vielmehr selbst ein dialektisches, sofern die Natur

nicht unvernünftig und die Vernunft nicht widernatürlich sein kann
(490). Vor allem ist zu beachten, daß die Natur, mit der es der
Mensch – handelnd und erkennend – zu tun hat, nicht „die Natur
als solche", sondern die durch die menschliche Praxis bedingte
Natur ist, weshalb es zwar zutrifft, daß der Mensch durch die Natur
bedingt ist, aber nur insofern, als die Natur ihrerseits durch die
menschliche Praxis bedingt erscheint (498). In dieser Äußerung,
die eine gewisse Verwandtschaft mit dialektischen Gedankengängen
bei Marx erkennen läßt, berücksichtigt Engels die Subjekt-Objekt-
Dialektik, die von der bei ihm sonst beherrschenden Idee der Naturdialektik deutlich verschieden ist. Es handelt sich jedoch lediglich
um ein Einsprengsel in der im übrigen weitgehend homogenen
Masse von Engels' Überlegungen zur Naturdialektik.

Hegel hatte die durch Analyse der Erfahrung gefundenen dialektischen Strukturen als Formen der Selbstbewegung des Begriffs bzw.
der Bewegung der begrifflich bestimmten Wirklichkeit gedeutet.
Eine solche Deutung mußte sich Engels versagen, da sie idealistisch
bzw. (in seiner Terminologie) mystisch war. Da es Engels wie Marx
als seine Aufgabe ansah, die Dialektik von der „mystifizierten
Form", in der sie von Hegel entwickelt worden war, abzulösen
(11), mußte er nach einer anderen Art von Begründung für die dialektischen Gesetze suchen.

Engels war überzeugt, daß die Aufstellung der dialektischen
Grundgesetze formal in derselben Weise erfolgt wie die Aufstellung
naturwissenschaftlicher Gesetze im allgemeinen. In beiden Fällen
muß man von Tatsachen (was offenbar heißt: von der Beschreibung
von Tatsachen) ausgehen, sodann allgemeine Gesetze formulieren
und schließlich diese empirisch zu bestätigen suchen. So erklärte
Engels in der Alten Vorrede zum „Anti-Dühring":

„Darüber sind wir alle einig, daß auf jedem wissenschaftlichen
Gebiet in Natur wie Geschichte von den gegebenen *Tatsachen* aus-
zugehn ist, in der Naturwissenschaft also von den verschiedenen
sachlichen und Bewegungsformen der Materie; daß also auch in
der theoretischen Naturwissenschaft die Zusammenhänge nicht in
die Tatsachen hineinzukonstruieren, sondern aus ihnen zu entdek-
ken und, wenn entdeckt, erfahrungsmäßig soweit dies möglich
nachzuweisen sind" (334).

Die Grundgesetze der Dialektik bedürfen der Verifikation, wie

Engels zu erkennen gibt, wenn er schreibt: „Wir haben hier kein Handbuch der Dialektik zu verfassen, sondern nur nachzuweisen, daß die dialektischen Gesetze wirkliche Entwicklungsgesetze der Natur, also auch für die theoretische Naturforschung gültig sind" (349). Der Zusammenhang zwischen dialektischer Philosophie und theoretischer Naturwissenschaft ist demnach für Engels ein sehr enger, da die Dialektik die Aufgabe hat, die allgemeinsten Gesetze der Wirklichkeit, unter die die allgemeinsten Naturgesetze zu subsumieren sind, zu formulieren. Diese Gesetze hätten demnach den Charakter von Prinzipien einer Theorie, die allen spezielleren wissenschaftlichen Theorien übergeordnet wäre, wobei die letzteren als Spezialisierungen der ersteren aufgefaßt werden müßten. Verhält es sich so, dann ist klar, daß mit Hilfe der dialektischen Grundgesetze Erklärungen spezieller Tatsachen nicht gegeben werden können, wie Engels ausdrücklich einräumt:

„Es versteht sich von selbst, daß ich über den *besonderen* Entwicklungsprozeß, den z. B. das Gerstenkorn von der Keimung bis zum Absterben der fruchttragenden Pflanze durchmacht, gar nichts sage, wenn ich sage, es ist Negation der Negation … Wenn ich von all diesen Prozessen sage, sie sind Negation der Negation, so fasse ich sie allesamt unter dies eine Bewegungsgesetz zusammen, und lasse ebendeswegen die Besonderheiten jedes einzelnen Spezialprozesses unbeachtet" (131).

Auf Grund des so aufgefaßten Verhältnisses von theoretischer Naturwissenschaft und Dialektik konnte Engels die Hoffnung äußern, daß der Fortschritt der ersteren seine dialektischen Bemühungen eines Tages überflüssig machen werde. „Denn die Revolution, die der theoretischen Naturwissenschaft aufgezwungen wird durch die bloße Notwendigkeit, die sich massenhaft häufenden, rein empirischen Entdeckungen zu ordnen, ist der Art, daß sie den dialektischen Charakter der Naturvorgänge mehr und mehr auch dem widerstrebendsten Empiriker zum Bewußtsein bringen muß" (13). Darum meinte Engels auch, daß „nur die Dialektik der Naturwissenschaft über den theoretischen Berg helfen könne", denn der dialektische Charakter der Naturvorgänge sei nicht mehr zu leugnen (332; cf. 475–476). Wenn sich die Naturwissenschaften der Notwendigkeit, dialektisch zu verfahren, entziehen, verfehlen sie also den wahren Charakter der Erscheinungen, die sie zu erklären haben.

Wenn die Wissenschaft dagegen dialektisch wird, verschwindet die
Metaphysik in der positiven Wissenschaft (480).

Ungeachtet dieses engen Zusammenhangs besteht nach Engels
ein wesentlicher Unterschied zwischen Naturwissenschaft und Dialektik: Die naturwissenschaftlichen Gesetze haben den Charakter
von Hypothesen, die Grundgesetze der Dialektik dagegen nicht.
Engels beschreibt den Prozeß der Aufstellung und Korrektur von
Hypothesen, die dem Zweck naturwissenschaftlicher Erklärung
dienen, indem er feststellt, daß Hypothesen, mit deren Aufstellung
in der Naturwissenschaft begonnen werde, entweder fallen gelassen
oder modifiziert würden, sobald man auf Tatsachen stößt, die mit
Hilfe der fraglichen Hypothesen nicht erklärt werden können (507).
Das in diesem Falle entstehende Bedürfnis nach einer neuen Erklärungsweise kann aber, wie Engels im Gegensatz zu modernen wis-
senschaftstheoretischen Auffassungen meinte, solange nicht endgültig befriedigt werden, als man im Bereich hypothetischer
Erklärungen verbleibt. Man kann zwar die Forschung nicht so lange
suspendieren, bis „reine" (d. h. nicht-hypothetische) Gesetze gefunden seien; nichtsdestoweniger sind hypothetische wissenschaftliche
Erklärungen grundsätzlich provisorisch und dazu bestimmt, durch
nicht-hypothetische Erklärungen verdrängt zu werden. Obwohl
Engels an der Annahme „ewiger Naturgesetze" Kritik übte, indem
er auf die historische Bedingtheit ihrer Gültigkeit hinwies (505)
– was ohne weiteres als Umschreibung dafür aufgefaßt werden
kann, daß Naturgesetze Hypothesen sind –, hielt er es für möglich,
ja im Hinblick auf das Ziel einer Wissenschaft im prägnanten Wor-
sinn sogar für notwendig, die Naturtatsachen (und die gesellschaftlichen Tatsachen) mit Hilfe „reiner", d. i. nichthypothetischer
Gesetze zu erklären. Offensichtlich stand auch Engels noch unter
dem Eindruck des rationalistischen Wissenschaftsideals, dem zufolge „Wissenschaft" im prägnanten Wortsinn nur ein System von
Sätzen heißen kann, dessen Prämissen nicht den Charakter von
Hypothesen, sondern von unbedingt wahren Axiomen haben.[32]
Fragt man, wie der Übergang von hypothetischen zu nichthypothe-
tischen Erklärungen, von Gesetzen hypothetischer Art zu „reinen"
Gesetzen zu erklären sei, so wird man nicht argumentieren können,
daß das verifizierte Gesetz ein „reines" sei, da Engels ja mit der
Möglichkeit rechnet, daß sich immer neue Tatsachen zeigen kön-

nen, weshalb eine endgültige Verifikation von Naturgesetzen ausgeschlossen ist. Vielmehr unterscheidet sich nach Engels ein „reines" vom unreinen Gesetz dadurch, daß es eine *Widerspiegelung
des Wesens* der Erscheinungen, auf die es sich bezieht, ist. In diesem
Sinne verwahrte sich Engels gegen die Behauptung, daß aus der
Austauschbarkeit von Hypothesen auf die Unerkennbarkeit des
Wesens der Dinge geschlossen werden könne (507), so wie er betonte, daß es sich für ihn nicht darum handle, „die dialektischen
Gesetze in die Natur hineinzukonstruieren, sondern sie in ihr aufzu-
finden und aus ihr zu entwickeln" (12). Die Verwendung von
Hypothesen findet eine relative Rechtfertigung durch den Aufweis
ihrer Tauglichkeit zum Zweck der Erklärung der jeweils vorliegenden Tatsachen; die Prinzipien nicht-hypothetischer Erklärungen
werden jedoch nicht deshalb akzeptiert, weil sie für wissenschaftliche Erklärungen geeignet sind, sondern weil sie das Wesen eines
bestimmten Wirklichkeitsbereichs widerspiegeln.

Damit zeigt sich die erste der Voraussetzungen, auf denen Engels'
Dialektik der Natur beruht: Die Grundgesetze der Dialektik können
nur deshalb als nicht-hypothetische Ergebnisse einer „Abstraktion"
aus Beobachtungen im Bereich der Geschichte der Natur und der
Gesellschaft dargestellt werden (348), weil sie als Ausdruck des
in der Erkenntnis widergespiegelten Wesens der Wirklichkeit selbst
gedeutet werden. Engels befand sich hinsichtlich der Bestimmung
des Charakters dieser Gesetze offenbar in einem Dilemma: Die
Grundgesetze der Dialektik sollen einerseits den Charakter „wissenschaftlicher" Gesetze haben und wurden daher von Engels im
Sinne der zeitgenössischen Methodologie als Resultat empirischer
Generalisation aufgefaßt; sie sollten andererseits nicht Hypothesen
sein und konnten daher nicht als Resultat empirischer Generalisation dargestellt werden.[33] Um sie als Gesetze nicht-hypothetischer
Natur deuten zu können, mußte Engels auf die Widerspiegelungstheorie des Erkennens rekurrieren, derzufolge sich das Subjekt in
der Erkenntnis im wesentlichen rezeptiv verhält bzw. das Denken
(die Begriffe und Urteile) die Strukturen der Wirklichkeit prinzipiell
korrekt abbildet. So wie die Ideen und Begriffe Abbilder der wirklichen Dinge und ihrer Verhältnisse sein sollen, so müssen nach
Engels die Wissenschaften als ganze „Spiegelbilder" der Beziehungen zwischen Bewegungsformen sein (515).

Zu dieser Voraussetzung tritt als zweite die Annahme, daß alles Wirkliche materiell und als dritte die These, daß das Wesen der Wirklichkeit in der Bewegung bestehe. Die Dinge erscheinen zwar, wenn man sie innerhalb eines relativ kurzen Zeitraums betrachtet, als gleichbleibend, und sie können auch – für den Hausgebrauch im Alltag – so betrachtet werden; in Wirklichkeit gibt es aber nichts, das sich nicht permanent ändert. Der Satz der Identität, von Engels als „a = a" formuliert, jedoch nicht als logisches, sondern als metaphysisches, die Konstanz der Dinge und Arten behauptendes Prinzip gedeutet, ist grundsätzlich falsch. „Dieser Satz ist von der Naturforschung in jedem einzelnen Fall Stück für Stück widerlegt" (484).

Die herkömmliche Metaphysik, zu deren obersten Prinzipien der Satz der Identität (oder der Permanenz) gehört, wurde von Engels (wie von seinen Nachfolgern) schlechthin als „Metaphysik" bezeichnet, wodurch der metaphysische Charakter seiner eigenen Position verdunkelt wird. Näherhin ist diese Position als dynamischer Essentialismus zu kennzeichnen, der dem statischen Essentialismus der (aristotelischen) Tradition lediglich in konträrer Weise, d.h. auf der gemeinsamen Ebene der essentialistischen Metaphysik, entgegengesetzt ist. Letzten Endes beruht der Engelssche wie jeder Essentialismus auf Annahmen erkenntnismetaphysischer Natur: Ein der Erkenntnis bis zu einem gewissen Grade zugängliches „Wesen" der Wirklichkeit wird postuliert, um die geforderte Erkenntnis im Sinne des Ideals eines perfekten Wissens begreiflich zu machen. Je nachdem, ob dieses Wissen in den Bereich konstanter oder in den Bereich dialektisch fließender Beziehungen verlegt wird, ist das Wesen der Wirklichkeit als statisch oder als dynamisch zu konzipieren.

Mit Hilfe der genannten Voraussetzungen kann begreiflich gemacht werden, daß die Erkenntnis der Wirklichkeit mit der Beobachtung einzelner Tatsachen beginnt und zur Formulierung von Gesetzen in bezug auf diese Tatsachen gelangt, die nicht den Charakter von Hypothesen haben, sondern das „Wesen" der Tatsachen ausdrücken. In derselben Weise hatte schon *Aristoteles* den Zusammenhang von Beobachtungen und allgemeiner Einsicht in Wesenszusammenhänge behauptet. Es ist aufschlußreich, daß Engels ebenso wie Aristoteles den Weg, der zu den obersten Gesetzen führt, als „Abstraktion" bezeichnet.

Die Annahme der Erkennbarkeit des „Wesens" der Wirklichkeit veranlaßte Engels, ähnlich wie Hegel, zur Ablehnung des Kantischen Begriffs eines Dinges an sich, so wie er sich auch der Hegelschen Kritik der (Kant zugeschriebenen) Forderung anschloß, der Erkenntnis müsse eine Untersuchung des Erkenntnisinstruments vorangehen (506–507). Die Behauptung, „hinter" den Erscheinungen gebe es ein unerkennbares Ding an sich, ist nach Engels zu verwerfen, weil sie unserer wissenschaftlichen Kenntnis nichts hinzufügt (Ähnlich wurde bekanntlich später von positivistischer Seite argumentiert). Bei der Rede von unerkennbaren Dingen an sich handelt es sich somit um eine reine Phrase.[34] In der Wissenschaft werden die Bewegungsformen der Materie erkannt; sofern das geleistet ist, „haben wir die Materie selbst erkannt, und damit ist die Erkenntnis fertig". Für Engels ist (wie für Hegel) die Wirklichkeit (d. i. die materielle Wirklichkeit) als universale Wechselwirkung zu begreifen. Einzelne Kausalbeziehungen sind das Ergebnis einer abstrahierenden Betrachtungsweise, bei der sozusagen isolierte Fäden des Wechselwirkungsgeflechts in einer einzigen Richtung verfolgt werden. „Weiter zurück als zur Erkenntnis dieser Wechselwirkung können wir nicht, weil eben dahinter nichts zu Erkennendes liegt" (499).

Ist die Wirklichkeit als dynamisches Ganzes von Wechselwirkungsbeziehungen aufzufassen, so muß auch das System unserer Begriffe gemäß der Abbildtheorie als dynamisches Ganzes gelten. Die statische Wirklichkeits- und Wissenschaftskonzeption der „Metaphysik" ist daher abzulehnen:

„Für den Metaphysiker sind die Dinge und ihre Gedankenabbilder, die Begriffe, vereinzelte, eins nach dem andern und ohne das andre zu betrachten, feste, starre, ein für allemal gegebne Gegenstände der Untersuchung. Er denkt in lauter unvermittelten Gegensätzen: seine Rede ist ja, ja, nein, nein, was darüber ist, ist vom Übel" (20–21).

„Für die Dialektik dagegen, die die Dinge und ihre begrifflichen Abbilder wesentlich in ihrem Zusammenhang, ihrer Verkettung, ihrer Bewegung, ihrem Entstehn und Vergehn auffaßt, sind Vorgänge wie die obigen [scil. die Embryonalentwicklung, der Tod, der Stoffwechsel, kausale Zusammenhänge überhaupt] ebensoviel Bestätigungen ihrer eigenen Verfahrensweise" (22).

Sieht man von der anfechtbaren Behauptung ab, die herkömmliche Metaphysik habe sich auf die Betrachtung isolierter Begriffe konzentriert, so bleibt als Kern der angeführten Charakteristik die These, daß die Wirklichkeit ein Ganzes von materiellen, wesentlich bewegten und untereinander in Beziehungen der Wechselwirkung stehenden Elementen ist. Da, wie gesagt, jede Wissenschaft das Ziel verfolgt, die Struktur der Wirklichkeit oder eines Wirklichkeitsbereichs korrekt abzubilden, ergibt sich ohne weiteres die folgende Definition der Dialektik:

„Die Dialektik ist ... nichts als die Wissenschaft von den allgemeinen Bewegungs- und Entwicklungsgesetzen der Natur, der Menschengesellschaft und des Denkens" (131–132; cf. XXI, 293).

Da Engels alles andere als ein Apriorist sein oder als ein solcher erscheinen wollte, widmete er der empirischen Bestätigung der von ihm aufgestellten Grundgesetze der Dialektik größte Aufmerksamkeit. Geleitet von der Überzeugung, daß die Natur die Probe auf die Dialektik sei (22), war es Engels darum zu tun, möglichst viele und zugleich möglichst eindrucksvolle Beispiele für jene Gesetze beizubringen. Da diese Beispiele in den meisten Fällen alles andere als glücklich gewählt sind und in den seltensten Fällen dem von Engels verfolgten Beweisziel in akzeptabler Weise dienlich gemacht werden können, soll auf sie nur kurz eingegangen werden, da es in der vorliegenden Untersuchung um die Klärung der Grundidee der Engelsschen Dialektik, nicht um den Aufweis der Schwäche der Induktionsbasis, auf die sich Engels stützt, geht.

1. Zum Gesetz des Umschlagens von Quantität in Qualität und umgekehrt: Dieses auf *Hegel* zurückgehende, von *Marx* im Bereich der politischen Ökonomie angewendete und von Engels als Fundamentalgesetz der Dialektik formulierte Prinzip beruht auf der Voraussetzung, „daß in der Natur, in einer für jeden Einzelfall genau feststehenden Weise, qualitative Änderungen nur stattfinden können durch quantitativen Zusatz oder quantitative Entziehung von Materie oder Bewegung (sog. Energie)" (349). Während Engels den vorliegenden Satz in der Hegelschen Fassung für „mysteriös" erklärt, glaubt er ihn „rationell" gemacht zu haben, indem er formuliert:

„Alle qualitativen Unterschiede in der Natur beruhen entweder

auf verschiedner chemischer Zusammensetzung oder auf verschied-
nen Mengen resp. Formen der Bewegung (Energie) oder, was fast
immer der Fall, auf beiden. Es ist also unmöglich, ohne Zufuhr
resp. Hinwegnahme von Materie oder von Bewegung, d.h. ohne
quantitative Änderung des betreffenden Körpers, seine Qualität zu
ändern" (349).

Nach Engels bezeichnen die Konstanten der Physik (wie Gefrier-
und Siedepunkt) „Knotenpunkte" – vgl. Hegels Knotenlinie von
Maßverhältnissen –, an denen die quantitative eine qualitative
Änderung hervorruft, also Quantität in Qualität umschlägt (351).
Engels' bevorzugte Beispiele entstammen dem Bereich der Chemie,
wo z.B. die Methanreihe, ausgehend vom Methan (CH_4), über das
Äthan (C_2H_6), das Propan (C_3H_8) usw., durch sukzessive Hinzufü-
gung von CH_2 gebildet werden kann. Obwohl sich der Unterschied
der einzelnen Glieder dieser Reihe in rein quantitativer Weise ange-
ben läßt, sind die in der Methanreihe vorkommenden Verbindungen
qualitativ deutlich verschieden. Die Reihe beginnt mit gasförmigen
Verbindungen und endet mit festen, zugleich steigt mit der Komple-
xität der Verbindungen die Anzahl der Isomeren. Der Gedanke,
daß der in dem erwähnten wie in ähnlichen Beispielen der Chemie
dargestellte Zusammenhang von Quantität und Qualität eine allgemeine Gesetzmäßigkeit der Chemie sei, wird nach Engels in ein-
drucksvoller Weise durch Mendelejews periodisches System der
Elemente bestätigt (cf. 117–119; 351–353).

Obwohl die Plausibilität der angedeuteten Überlegungen durch den
Hinweis auf weitere Tatsachen, wie Quantensprünge oder Muta-
tionen, noch erhöht werden könnte, ist es fraglich, ob das Tatsa-
chenmaterial nur eine dialektische Interpretation zuläßt. Im übrigen
kam es Engels offensichtlich nicht auf das Umschlagen von Quantität in Qualität als solches, sondern auf die Deutung dieses Verhältnisses im materialistischen Sinne an. Es scheint, daß das Gesetz
des Umschlagens von Quantität in Qualität (für das Umschlagen
von Qualität in Quantität finden sich bei Engels, obwohl in der
Formulierung des ersten dialektischen Fundamentalgesetzes ein
Umschlagen in beiden Richtungen behauptet worden war, keine
Beispiele), nur darum unter die Grundgesetze der Dialektik gerech-
net wurde, weil es sich bei *Hegel* findet und von *Marx* übernommen
wurde. Mag es aber auch bei Hegel dialektischen Charakter gehabt

haben, so folgt doch nicht, daß es diesen Charakter nach der materialistischen Umstülpung der Dialektik behält.

Engels' Lehre vom Übergang quantitativer in qualitative Veränderungen scheint eine Umkehrung der wissenschaftlichen Erklärungsweise zugrunde zu liegen. Die Chemie erklärt die qualitativen Unterschiede z.B. der kettenförmigen Paraffine mit Hilfe der *Annahme,* daß sie auf bestimmten quantitativen Unterschieden beruhen. Engels dagegen *weiß* schon, daß die Verhältnisse zwischen den Verbindungen der Methanreihe quantitativ dargestellt werden können, und erblickt in den qualitativen Verhältnissen etwas Abgeleitetes, obwohl deren Konstatierung der Formulierung der Theorie der molekularen Struktur chemischer Verbindungen im allgemeinen und derjenigen der Paraffine im besonderen vorangeht. Erst vom Standpunkt der Theorie aus können die anfänglich konstatierten Unterschiede als „Sprünge" interpretiert werden.

In der Auseinandersetzung mit *Dühring* spielt allerdings das Gesetz vom Umschlagen quantitativer in qualitative Veränderungen vor allem als Gesetz des sozio-ökonomischen Bereichs eine Rolle (116–117), während seine Geltung im naturwissenschaftlichen Bereich, die in den Entwürfen zur „Dialektik der Natur" im Vordergrund steht, erst an zweiter Stelle erörtert wird. Im „Anti-Dühring" ging es um die Abwehr der Kritik an Marxens Verwendung des fraglichen Gesetzes, das, unter Berufung auf Hegel, im „Kapital" gelegentlich herangezogen wurde. Engels wollte diesem Gesetz aber eine universale Anwendbarkeit vindizieren, weshalb er es als Naturprinzip formulierte und als solches induktiv zu stützen suchte, wobei sein dialektischer Charakter jedoch lediglich dekretiert wurde.

2. Zum Gesetz von der Durchdringung der Gegensätze: Auch dieses Fundamentalgesetz der Dialektik wird von Engels wie ein durch induktive Generalisation gewonnenes Gesetz behandelt, wobei er den Erfahrungsbereich, aus dem die Daten der Verallgemeinerung stammen sollen, so erweitert, daß auch Sätze der Mathematik unter ihn fallen. Der Versuch, Begriffe wie „$\sqrt{} - 1$" und Sätze wie „$A^{1/2} = \sqrt{A}$" als widerspruchsvoll darzustellen (113), ist so offenkundig verunglückt, daß sich eine Kritik erübrigt. Engels beruft sich darauf, daß in der Differentialrechnung unter gewissen Umständen gerade und krumm in widerspruchsvoller Weise als

gleich behandelt werden (111), wie er auch den Differentialquotien-
ten als widerspruchsvoll betrachtete. Er ist ein „Verhältnis zwischen
zwei verschwundnen Größen, der fixierte Moment ihres Ver-
schwindens, ein Widerspruch" (128). Vom Standpunkt der elementaren Mathematik aus ist nach Engels die Infinitesimalrechnung
in gewissem Sinne falsch.

Vermutlich hat Engels die Beispiele aus der Mathematik erst
nachträglich ausgesucht, um die universale Geltung des fraglichen
Grundsatzes behaupten zu können. Den ursprünglichen Gedanken
wird man in der Annahme erblicken dürfen, daß die Wirklichkeit,
da veränderlich bzw. bewegt, widerspruchsvoll sei. Engels sagt
nicht, daß der Begriff „Bewegung" widerspruchsvoll sei, sondern
ausdrücklich: „Die Bewegung selbst ist ein Widerspruch" (112).
Dieser Widerspruch ist seiner Ansicht nach objektiv, d.h. er liegt
in den Dingen selbst.

„Solange wir die Dinge als ruhende und leblose, jedes für sich,
neben- und nacheinander, betrachten, stoßen wir allerdings auf
keine Widersprüche an ihnen … Aber ganz anders, sobald wir die
Dinge in ihrer Bewegung, ihrer Veränderung, ihrem Leben, in ihrer
wechselseitigen Einwirkung aufeinander betrachten. Da geraten wir
sofort in Widersprüche" (112).

Engels schließt sich hier der Hegelschen Auffassung, deren Herkunft bis zu den Eleaten zurückzuverfolgen ist, an, was zeigt, daß
er von derselben Voraussetzung ausging, auf die sich auch noch
Hegel gestützt hatte, daß nämlich die Bewegung als kontinuierliche
Reihe unendlich vieler sukzessiver Zustände des bewegten Dings
nicht rational ausgedrückt werden könne, da die Abbildung auf
die unendliche Reihe der rationalen Zahlen nicht durchführbar,
dies aber die einzige Möglichkeit sei, eine unendliche Reihe begrifflich zu erfassen. Solange nicht die Abbildung des Kontinuums auf
die Reihe der reellen Zahlen in Betracht gezogen werden konnte,
mußte die Bewegung als etwas Irrationales, „Widerspruchsvolles",
daher nur dialektisch Begreifliches erscheinen. Wie der Eleate
Zenon meinte auch Engels, ein bewegter Körper sei in ein und demselben Zeitmoment an einem Ort und zugleich an einem anderen,
an einem und demselben Ort und nicht an ihm. „Und die fortwäh-
rende Setzung und gleichzeitige Lösung dieses Widerspruchs ist eben
die Bewegung" (112). Besonders augenfällig ist das nach Engels'

Überzeugung im Bereich des Organischen, zu dessen Wesen die Entwicklung, die Veränderung, und das heißt letzten Endes: die Bewegung gehören.

Gegen Engels ist zu bemerken, daß die „Widersprüchlichkeit der Bewegung", mithin die in ihr liegende „Durchdringung von Gegensätzen" keine Beobachtungstatsache, sondern Ergebnis einer Analyse des Begriffs „Bewegung" ist, – einer Analyse, die auf ganz bestimmten, alles andere als selbstverständlichen Voraussetzungen beruht, mit denen sie steht und fällt. Die These von der objektiven Widersprüchlichkeit der Realität, die mit der Notwendigkeit in Verbindung gebracht wurde, über die formale Logik in Richtung auf eine dialektische Logik hinaus zu gehen, hat dem dialektischen Materialismus große Schwierigkeiten bereitet, wie die zu dieser Frage bis in die Gegenwart geführte Diskussion zeigt. Hierzu werden im letzten Abschnitt des vorliegenden Kapitels einige Andeutungen zu machen sein. Im vorliegenden Zusammenhang genügt es zunächst, darauf hinzuweisen, daß Engels' zweites Grundgesetz der Dialektik ein metaphysisches Prinzip ist, das das „Wesen" der Wirklichkeit als dynamisch bestimmt.

Schließlich ist festzuhalten, daß „Gegensatz" in der Wendung „Durchdringung der Gegensätze" nicht in eindeutiger Weise verwendet wird. Bald bedeutet dieser Ausdruck soviel wie „Verhältnis antagonistischer Kräfte", bald soviel wie „existierender Widerspruch". Nur in der zweiten Bedeutung hat er etwas mit Dialektik i. e. S. zu tun, in der ersten dagegen betrifft er Wirkungs- bzw. Wechselwirkungszusammenhänge, die nicht eigentlich als dialektisch zu bezeichnen sind.

3. Zum Gesetz von der Negation der Negation: Dieses Gesetz wird in Anknüpfung an *Hegels* Konzeption des Verhältnisses von verständigem, negativ-vernünftigem bzw. dialektischem und positiv-vernünftigem Moment, d. i. des Verhältnisses von Position, Negation und Negation der Negation formuliert, wiederum ohne die idealistische „Hülle", in der es bei Hegel aufgetreten war. Das hat einschneidende Konsequenzen. Während nach *Hegel* das dialektische Moment „das eigene Sichaufheben" der endlichen Bestimmungen ist, kann auf dem Boden der materialistisch umgedeuteten Dialektik eine derartige Interpretation des negativen Moments nicht akzeptiert werden.[35] In der Tat erweist sich „Negation" bei Engels

als vieldeutiger Ausdruck, und infolgedessen ermangelt auch die
Wendung „Negation der Negation" einer einheitlichen Bedeutung.
So gilt z. B. die Pflanze als Negation des Samenkorns und die vielen
Samenkörner, die die Pflanze liefert, als Negation der Pflanze, mit-
hin als Negation der Negation (126). Das Samenkorn kann aber
auch dadurch „negiert" werden, daß man es zermahlt, wie nach
Engels in der Tat im Bereich der Geologie die Zertrümmerung von
Gesteinen als deren Negation bezeichnet wird (127). Die dem biolo-
gischen Bereich entnommenen Beispiele (der Vermehrung bzw. der
Züchtung) zeigen sogar zum Teil Verhältnisse, die als „Aufhebung"
– in der von Hegel zugrunde gelegten Mehrdeutigkeit des Ausdrucks
– charakterisiert werden können: Das Samenkorn wird im Vorgang
des Keimens aufgehoben sowohl im Sinne von tollere wie im Sinne
von conservare, und im Falle der Züchtung läßt sich das Produkt
– die Negation der Negation – als „Aufhebung auf ein höheres
Niveau" kennzeichnen. Diese verbale Übereinstimmung mit Hegel
kann jedoch über die tiefgreifenden Differenzen nicht hinwegtäu-
schen, die sogar bei Berücksichtigung paralleler Beispiele zutage
treten. Wenn etwa Hegel das Verhältnis von Knospe, Blüte und
Frucht als dialektisches charakterisiert, so meint er – wie A. *Schmidt*
bemerkt – nicht (wie Engels) ein rein natürliches, sondern ein be-
griffliches Verhältnis.[36]

　　Auch bei der Erörterung des dritten Gesetzes der Dialektik stellen
die Überlegungen in bezug auf die Mathematik die partie honteuse
dar. Die Negation einer Zahl a wird mit $-a$ angegeben, die Negation der Negation mit $+a^2$. Nun ist zwar a^2 auch das Resultat
von $a.a$, aber das entkräftet nach Engels den Satz von der Negation
der Negation nicht. „Denn die negierte Negation sitzt so fest an
dem a^2, daß es unter allen Umständen zwei Quadratwurzeln hat,
nämlich a und $-a$" (127). Daher sei es nicht möglich, die negierte
Negation loszuwerden. Die Haltlosigkeit des angeführten Beispiels
kann aus dem Umstand erkannt werden, daß als erste Negation
die Multiplikation mit -1, als zweite Negation aber die Multiplikation mit $-a$ gilt. Es liegt auf der Hand, daß hier lediglich mit
Zahlen gespielt wird. Nicht anders denn als Spiel mit Begriffen ist
die Behauptung anzusehen, das Differenzieren stelle einen Vorgang
der Negation, das Integrieren einen solchen der Negation der Negation dar (128). Dagegen ist das Schema von Position, Negation

und Negation der Negation innerhalb gewisser Grenzen bei der Deutung historischer bzw. sozialer Entwicklungszusammenhänge brauchbar, wie sich den von Engels herangezogenen Beispielen entnehmen läßt. Die Entwicklung der Eigentumsverhältnisse wird als Durchlaufen der durch Gemeineigentum, Privateigentum und soziales Eigentum bestimmten Phasen beschrieben und die zweite und dritte derselben als Negation der jeweils vorangehenden Phase bestimmt, so daß der entwickelte Gemeinbesitz als Negation der Negation erscheint und damit als Synthese, die die positiven Elemente der als selbständige negierten Entwicklungsstufen „aufgehoben" enthält. Ähnlich wird der moderne Materialismus als Negation des Idealismus, und somit – da dieser Negation des älteren Materialismus ist – als Negation der Negation gekennzeichnet. Er ist, wie Engels ausführt, „nicht die bloße Wiedereinsetzung des alten Materialismus, sondern fügt zu den bleibenden Grundlagen desselben noch den ganzen Gedankeninhalt einer zweitausendjährigen Entwicklung der Philosophie und Naturwissenschaft, sowie dieser zweitausendjährigen Geschichte selbst. Es ist überhaupt keine Philosophie mehr, sondern eine einfache Weltanschauung" (129).

Der entscheidende Einwand gegen Engels' drittes Gesetz stützt sich auf die Vieldeutigkeit des Ausdrucks „Negation". Engels hat klar gesehen, daß „Negation" in den von ihm gewählten Beispielen Verschiedenes bedeutet. So erklärte er ausdrücklich: „Ich soll nicht nur negieren, sondern auch die Negation wieder aufheben. Ich muß also die erste Negation so einrichten, daß die zweite möglich bleibt oder wird. Wie? Je nach der besonderen Natur jedes einzelnen Falls" (132).

Es ist merkwürdig, daß Engels die Erörterung spezieller Beispiele so nachdrücklich in den Mittelpunkt seiner Überlegungen gestellt und darüber die Auffassung der „Dialektik als Wissenschaft des Gesamtzusammenhangs" (307), die ihm nicht fremd war, vernachlässigt hat. Wie bereits im ersten Kapitel von Band I ausgeführt, ist eine der wesentlichen Voraussetzungen der Dialektik die Idee des Primats des „Ganzen" gegenüber dem Besonderen, und zwar eines Ganzen von der Art des Geistes (des Ichs, der Einheit der transzendentalen Apperzeption). In der Bestimmung der Dialektik als „Wissenschaft des Gesamtzusammenhangs" könnte die Idee eines solchen Ganzen enthalten sein, sofern zum Gesamtzusammenhang auch die Beziehung zwischen dem erfahrenden Subjekt und der erfahrenen Wirklichkeit resp. die Beziehung zwischen dem tätigen Subjekt und der Wirklichkeit als dem Objekt seiner Praxis gehören zu müssen scheint. Engels hat sich jedoch auf die Betrachtung des objektiven Zusammenhangs der Natur beschränkt, den er durch die erörterten Gesetze der Dialektik gesichert glaubte, wobei er den Zusammenhang selber kaum, die dialektischen Gesetze jedoch ausführlich, wenn auch in erster Linie mit dem Blick auf spezielle Fälle ihrer vermeintlichen Anwendung, berücksichtigte. Diese Gesetze sind von Engels offensichtlich als Gesetze der Wirklichkeit, d.h. als Gesetze von derselben Art wie die Gesetze der Objektwissenschaften, aufgefaßt worden. Es mag verlockend erscheinen, in Engels' Dialektik nach Ansätzen einer Auffassung derselben als Metadisziplin zu suchen; es scheint aber, als böten Engels' Äußerungen hierfür kein hinreichendes Fundament. Engels erklärte unmißverständlich, die Dialektik sei „die Wissenschaft von den allgemeinen Bewegungs- und Entwicklungsgesetzen der Natur, der Menschengesellschaft und des Denkens" (131–132), und er verwahrte sich dagegen, im dialektischen Materialismus eine Wissenschaft der Wissenschaft zu erblicken. Er ist vielmehr Weltanschauung, „die sich nicht in einer aparten Wissenschaftswissenschaft, sondern in den wirklichen Wissenschaften zu bewähren und zu bestätigen hat" (129). Engels ist sich darüber im klaren, daß die Fundamentalgesetze der Dialektik weder geeignet sind, spezielle Tatsachen zu erklären, noch als Anweisungen für die Praxis verstanden werden können (132). Sie haben vielmehr, wie es die angeführte Äußerung über den Weltanschauungscharakter des dialektischen Materialismus erkennen läßt, die Funktion, wissenschaftliche Theorien aus dem Bereich der Natur wie aus dem der Gesellschaft im Rahmen eines dynamisch-materialistischen „Weltbildes" untereinander in Zusammenhang zu bringen.

Würden die Gesetze der Dialektik (zusammen mit den oben erwähnten metaphysischen Voraussetzungen der materialistischen Dialektik) als Hypothesen aufgefaßt, so wären sie einerseits Falsifikationsversuchen ausgesetzt, andererseits könnten ihnen konkurrierende Hypothesen gegenüber gestellt und eventuell vorgezogen werden. Selbst wenn das erstere wegen des metaphysischen Charakters der Voraussetzungen und Gesetze nicht zu befürchten sein sollte, käme doch das letztere in Betracht. Angesichts des von Engels erhobenen Wahrheitsanspruchs müßte es als fatal erscheinen, wenn Annahme oder Ablehnung des dialektischen Materialismus zu einer Sache der Entscheidung für oder gegen gewisse spekulative Hypothesen gemacht würde.

Der dogmatische Charakter der Engelsschen Naturdialektik zeigt sich in aller Deutlichkeit, wenn man das Gesetz von der Durchdringung der Gegensätze ins Auge faßt. Nur unter der Voraussetzung, daß Teile der Wirklichkeit als Einheit von Gegensätzen bzw. von Widersprüchen aufgefaßt werden, läßt sich von „Dialektik" im eigentlichen Wortsinn sprechen. Nun ist eine solche Einheit, wenn von „Materie" in der im naturwissenschaftlichen Bereich üblichen Bedeutung die Rede ist, unvorstellbar, da die Einheit von Entgegengesetztem nur im Ich oder in etwas, das von der Art des Ich ist (wie die Natur bei Schelling oder das absolute Subjekt bei Hegel) möglich ist. Daher ist *A. Schmidt* zuzustimmen, wenn er von Engels feststellt: „er kann diese Befunde [scil. der Naturwissenschaft], wenn anders er streng naturwissenschaftlich bleiben will, nicht auf ihren dialektischen ‚Begriff' bringen, weil das letztlich einschlösse, sie auf einen göttlichen Logos zu reduzieren".[37] Die Natur, von der Engels spricht, ist der Inbegriff der Gegenstände, auf die sich wissenschaftliche Sätze beziehen, und nicht eine Natur, die im Grunde von der Art des Ichs ist. Umgekehrt gehört auch das Subjekt nach Auffassung des dialektischen Materialismus zum Bereich der Natur, der durch kausale bzw. durch Relationen der Wechselwirkung charakterisiert ist und in dem es wohl Antagonismen von Kräften, nicht aber strikte Einheit des Entgegengesetzten gibt. Engels' gelegentliche Bemerkung über die Einheit von Natur und Geist, die eingangs erwähnt wurde, gewinnt in der „Dialektik der Natur" keine Bedeutung.

Wegen der fundamentalen Schwierigkeit, der sich eine materialistisch umgestülpte Dialektik gegenüber gestellt sieht, fanden sich ihre Vertreter mit der Alternative konfrontiert, entweder die Methode der wissenschaftlichen Erklärung zu übernehmen und sich damit zu begnügen, gewisse dialektische Elemente im einzelnen zu bewahren, oder aber die Dialektik zu dogmatisieren, sie als Ontologie zu verstehen und ebenfalls auf eine selbständige dialektische Methode zu verzichten. *Marx,* der zugunsten des ersten Teils der

Alternative optierte, bewahrte zwar gewisse Züge der dialektischen Philosophie, von der er ausgegangen war, aber seine Methode in der politischen Ökonomie ist die Methode der zeitgenössischen Wissenschaft. *Engels,* der sich für den zweiten Teil der Alternative entschied, bezeichnete als „Dialektik" den Inbegriff von Prinzipien, die den allgemeinsten natur- und sozialwissenschaftlichen Grundsätzen übergeordnet sein, im Unterschied zu diesen aber nicht den Charakter von Hypothesen haben sollen. Diese Prinzipien treten, da als Ergebnisse empirischer Generalisation eingeführt, nicht als Resultate einer besonderen dialektischen Methode auf. Erst jüngere Theoretiker des dialektischen Materialismus haben sich bemüht, auf Engels gestützt, eine dialektische Logik und eine dialektische Methodologie zu entwickeln, wie im letzten Abschnitt dieses Kapitels gezeigt werden soll.

3. Der dialektische Materialismus Lenins und seiner Nachfolger

In Rußland kam der dialektische Materialismus in erster Linie durch *V. I. Lenin* (1870–1924) zum Durchbruch, der die von *Marx* und *Engels* entwickelte dialektische Konzeption gegen kritizistische und positivistische Tendenzen innerhalb des russischen Marxismus selbst erfolgreich verteidigte, namentlich in dem Werk „Materialismus und Empiriokritizismus" aus dem Jahre 1908. Lenin bekannte sich von seinen ersten Arbeiten an zur materialistischen Dialektik, ohne aber zunächst eine präzise Charakteristik dessen zu geben, was er unter „Dialektik" verstand. Erst nach und nach und vor allem im Zusammenhang mit der während des ersten Weltkrieges erfolgenden gründlicheren Auseinandersetzung mit *Hegel* erarbeitete Lenin eine umfassende Konzeption der materialistischen Dialektik, während in „Materialismus und Empiriokritizismus" der Ausdruck „Dialektik" im wesentlichen als Bezeichnung für seine ontologische und erkenntnistheoretische Auffassung im allgemeinen verwendet wird,[38] die sich durch die folgenden Punkte charakterisieren läßt:

a) Der dialektische Materialismus ist eine *Ontologie,* der zufolge die Wirklichkeit mit der Materie identifiziert wird. Die materielle Wirklichkeit wird als wesentlich dynamisch bestimmt, d. h. es wird geleugnet, daß es unbewegte, unveränderliche Elemente der Wirklichkeit geben könne. Die Elemente der Wirklichkeit haben nach Lenin Prozeßcharakter, wobei „Prozeß" nicht als mechanische Bewegung verstanden wird, sondern als diskontinuierliche, durch „Sprünge" gekennzeichnete Entwicklung zu qualitativ höheren Wirklichkeitsformen. Alle Elemente der Wirklichkeit stehen nach Ansicht des dialektischen Materialismus in einem universellen Wechselwirkungszusammenhang. Die Dinge sind, was sie sind, durch ihr Wesen, das im Sinne des dynamischen Essentialismus als notwendig „bewegt", d. i. in innerer Entwicklung begriffen, vorgestellt wird. „Wesen" und „Erscheinung" gehören neben „Quantität" und „Qualität", „Notwendigkeit" und „Zufall" usw. zu den grundlegenden materialistischen Kategorien.

b) Der dialektische Materialismus ist als *Erkenntnistheorie* durch die realistische Annahme gekennzeichnet, daß Erkennen im Widerspiegeln denkunabhängiger Dinge (bzw. Vorgänge) im Bewußtsein bestehe, wobei das Bewußtsein nur als eine besondere Eigenschaft der hochorganisierten Materie des Zentralnervensystems gilt. Als Kriterium der Widerspiegelung, d. i. der korrekten Abbildung realer Sachverhalte im Denken, betrachtet die dialektisch-materialistische Erkenntnistheorie die Bewährung von Erkenntnissen in der Praxis, wobei jedoch hinzugefügt wird, daß jede erreichte Wahrheit stets relativen Charakter habe. Damit soll kein subjektivistischer Relativismus vertreten werden, da nach Lenin in jeder relativ wahren Erkenntnis eine Seite der absoluten Wahrheit erfaßt wird. Im Erkenntnisfortschritt erblickt der dialektische Materialismus eine asymptotische Annäherung an die absolute Wahrheit. Im Fortschritt der Erkenntnis werden m. a. W. immer „tiefere" Schichten des Wesens der Wirklichkeit erreicht.

c) Die materialistische Dialektik beansprucht ferner, eine von der herkömmlichen formalen Logik verschiedene *dialektische Logik* zu besitzen, von der sich zeigt, daß sie weitgehend mit der dialektischen Methodologie koinzidiert.

d) Die unter a) bis c) genannten Bereiche sind nach Ansicht der Vertreter des dialektischen Materialismus von einander nicht zu trennen, sondern bilden einen unauflöslichen Zusammenhang, der dadurch begründet sein soll, daß das Bewußtsein, mit dem es Erkenntnistheorie und Logik zu tun haben, zur Wirklichkeit gehört und daher dialektischen Kategorien und Gesetzen unterworfen sein muß.

e) Die materialistische Dialektik gilt als Instrument der revolutionären Praxis, sofern sie diese durch den Gedanken der Unüberwindlichkeit der revolutionären Klasse nachhaltig motiviert. Der Fortschritt zum Sozialismus soll mit dem Mittel der materialistischen Dialektik als unaufhaltsam und die Individuen bzw. die Klasse, die sich mit den fortschrittlichen Tendenzen identifizieren, als unbesiegbar dargestellt werden.

Lenin und die späteren Vertreter des dialektischen Materialismus entwickelten somit eine Philosophie, die als ganze „dialektisch" heißt, obwohl keineswegs alle ihrer Teile dialektisch im bisher stets vorausgesetzten Wortsinne sind. Für Lenin war zwar in erster Linie die Engelssche Gestalt der Dialektik maßgeblich – daneben beeinflußten ihn J. Dietzgens „Kleinere philosophische Schriften" (1903), in denen er z. B. den „dialektischen" Gedanken finden konnte, daß „Geist und Materie, wenn auch zweierlei, dennoch einerlei" seien (460)[39] –, er übernahm aber die schematische Aufzählung von dialektischen Grundgesetzen nicht, wie er auch stets voll Mißtrauen der Reduktion des Dialektischen auf die triadische Form von Affirmation, Negation und Negation der Negation gegenüberstand (221; cf. I, 156 sqq.). In Lenins Augen waren für die Dialektik die Thesen zentral, daß die Wirklichkeit ein dynamisches, sich entwickelndes Ganzes, eine Einheit von Gegensätzen, sozusagen ein großer, in ständiger Evolution befindlicher Organismus sei und daß nur „konkrete" Begriffe bzw. Urteile als Erkenntnisse der Wirklichkeit gelten dürften. So wie nach Lenin die Wirklichkeit ein universaler Zusammenhang ist, so muß seiner Ansicht nach in der Erkenntnisbemühung der unendlich mannigfaltige Zusammenhang aller Begriffe in seiner Entwicklung berücksichtigt werden, wenn er dialektisch sein soll. Spezielle Aspekte der Wirklichkeit können nur in provisorischer Weise gegenüber dem Ganzen isoliert werden, da jedes Festhalten an vereinzelten Bestimmungen, die auf andere und letzten Endes auf den Gesamtzusammenhang aller Bestimmungen hinweisen, willkürlich und dogmatisch ist. Eine Einstellung, die durch die Tendenz zur Auflösung der Einheit gegensätzlicher Bestimmungen von Gegenständen bzw. der Wirklichkeit insgesamt und durch Beschränkung auf das bloße Neben- und Nacheinander

der Bestimmungen charakterisiert ist, heißt nach Lenin „Eklektizismus". Die Begriffe, mit denen beim so bestimmten dialektischen Denken operiert wird, sind durch die Eigenschaft der „Elastizität" gekennzeichnet, d. h. sie sind nicht ein für allemal fixiert, sondern lassen die Möglichkeit gegensätzlicher Bestimmungen zu, wie Lenin „en lisant Hegel" festgestellt hat:

„Begriffe, die für gewöhnlich tot scheinen, analysiert Hegel und zeigt, daß in ihnen Bewegung *ist* ... Allseitige universelle Elastizität der Begriffe, Elastizität, die bis zur Identität der Gegensätze geht – das ist das Wesentliche. Diese Elastizität, subjektiv angewendet = Eklektizismus und Sophistik. Elastizität, *objektiv* angewendet, d. h. so, daß sie die Allseitigkeit des materiellen Prozesses und seine Einheit widerspiegelt, ist Dialektik, ist die richtige Widerspiegelung der ewigen Entwicklung der Welt" (100).

Die weite Bedeutung von „Dialektik" legt Lenin mit dem Blick auf die Auffassung von *Hegel* und *Marx* folgendermaßen fest:

„Die Dialektik in der Marxschen ebenso wie in der Hegelschen Auffassung schließt ... in sich das ein, was man heute Erkenntnistheorie, Gnoseologie nennt, die ihren Gegenstand gleichfalls historisch betrachten muß, indem sie die Entstehung und Entwicklung der Erkenntnis, den Übergang von der Unkenntnis zur Erkenntnis erforscht und verallgemeinert" (XXI, 42).

Auf „die große Hegelsche Dialektik, die der Marxismus übernahm, nachdem er sie auf die Füße gestellt hatte", wie Lenin schon 1904 sagte (VII, 416), ging er in den Jahren 1914–1915 in wesentlich gründlicherer Weise als vorher ein, vermutlich weil er sich mit der Absicht trug, eine Abhandlung über Dialektik zu verfassen. In den Aufzeichnungen aus jenen Jahren findet sich eine im Anschluß an Hegels „Wissenschaft der Logik" skizzierte Aufzählung der Momente der Dialektik (212–214), in der methodologische, erkenntnistheoretische und ontologische Aspekte gleicherweise berücksichtigt sind. Zunächst betonte Lenin den Charakter der Objektivität, der der Dialektik, wie er sie im Anschluß an Hegel verstand, zukommt: Der Dialektik ist die Konzentration auf das Ding selbst eigentümlich (Punkt 1). Methodologisch läßt sich, wie es bei Hegel der Fall war, die Dialektik auch nach Lenin als „Vereinigung von Analyse und Synthese – das Zerlegen in einzelne Teile und die Gesamtheit, die Summierung dieser Teile" begreifen (Punkt

7). Ontologisch wird die Dialektik mit Hilfe des Verhältnisses von Totalität und Einzelnem, d. i. als Einheit in der „widerspruchsvollen" und zugleich einen universellen Zusammenhang bildenden Mannigfaltigkeit gekennzeichnet (Punkte 2, 5 und 8). Zum Bereich der Ontologie sind ferner jene Elemente zu zählen, die den dynamischen Aspekt der Wirklichkeit betreffen: Lenin spricht von der Bewegung des Dings als einer Eigenbewegung (Punkt 3), von den einander „widersprechenden" Tendenzen im Ding (Punkt 5), vom Kampf dieser Tendenzen (Punkt 6), vom Übergehen jeder Bestimmung in andere (Punkt 9) als einem Übergang der Quantität in Qualität (Punkt 16) und von der scheinbaren Rückkehr zum Alten, als die sich die Entwicklung darstellt (Punkt 14), während die Wiederholung der in der Entwicklung durchlaufenen Bestimmungen in Wirklichkeit auf einer höheren Ebene erfolgt (Punkt 13), es sich somit um einen Fortschritt in Form einer Spirale, nicht um einen sterilen Kreislauf handelt. Das Moment des Fortschreitens tritt auch auf der Ebene der Erkenntnistheorie zutage, wenn das Erkennen als „unendlicher Prozeß der Erschließung *neuer* Seiten, Beziehungen etc." der Wirklichkeit (Punkt 10), als „unendlicher Prozeß der Vertiefung der Erkenntnis des Dinges, der Erscheinungen, Prozesse usw. durch den Menschen, von den Erscheinungen zum Wesen und vom weniger tiefen zum tieferen Wesen" (Punkt 11), bestimmt wird. Derselbe Fortschritt äußert sich dadurch, daß an die Stelle der Feststellung des bloßen Nebeneinander die Behauptung eines kausalen Zusammenhangs der Erscheinungen tritt (Punkt 12), womit erst wissenschaftliche Erklärungen möglich werden.

Zwischen diesen „Elementen" der Dialektik lassen sich offenbar Zusammenhänge der Über- und Unterordnung herstellen. Nach Lenin ist die Lehre von der Einheit der Gegensätze allen anderen dialektischen „Elementen" überzuordnen, wie er selbst im Anschluß an die Aufzählung der sechzehn Elemente der Dialektik erklärt hat: „Die Dialektik kann kurz als die Lehre von der Einheit der Gegensätze bestimmt werden. Damit wird der Kern der Dialektik erfaßt sein ..." (214).

Ähnlich hatte Lenin schon zu einer früheren Stelle der „Wissenschaft der Logik" notiert:

„*Dialektik* ist die Lehre, wie die *Gegensätze identisch* sein können und es sind (wie sie es werden) – unter welchen Bedingungen sie identisch sind, indem sie sich ineinander verwandeln –, warum der menschliche Verstand diese Gegensätze nicht als tote, sondern als lebendige, bedingte, bewegliche, sich ineinander verwandelnde auffassen soll" (99).[40]

Dieses „Element" der Dialektik ist darum so wichtig, weil mit seiner Hilfe die Lehre von der Selbstbewegung aller Dinge begriffen werden kann, eine Lehre, die für den dialektischen Materialismus deshalb von so großer Bedeutung ist, weil sie den Rückgriff auf transzendente Ursachen der Bewegung in der Natur überflüssig, ja unmöglich macht. Ausdrücklich hob Lenin den Zusammenhang zwischen der These von der Selbstbewegung aller Dinge und der These, daß Entwicklung Kampf der Gegensätze ist, hervor, wenn er die letztere den Schlüssel zum Verständnis der Selbstbewegung alles Seienden, der Sprünge, der Diskontinuität der Evolution, sowie des Umschlagens von Bestimmungen in ihr Gegenteil nannte (339). Zugunsten der Auffassung, daß das Ding „als Summe und Einheit der Gegensätze" zu bestimmen sei (213), führte Lenin, ähnlich wie *Engels,* eine Reihe von Beispielen ins Treffen, wie das Verhältnis von „ + " und „ – " in der Algebra, das Verhältnis von Differential und Integral in der Infinitesimalrechnung, das Verhältnis von Wirkung und Gegenwirkung, von positiver und negativer Elektrizität, von Verbindung und Dissoziation der Atome. Schließlich bietet sich im sozialen Bereich der Klassenkampf als ein solches Beispiel an. Lenin bemerkte in diesem Zusammenhang, daß der Satz von der Identität der Gegensätze nicht durch Summierung von Beispielen gewonnen werden kann, selbst wenn es so scheint, als hätte ihn *Engels* auf diese Weise induktiv zu gewinnen gesucht. Lenin vermutete, daß sich Engels lediglich im Interesse der Gemeinverständlichkeit der induktiven Darstellungsweise bedient habe. In Wirklichkeit handelt es sich nach Lenin um ein *Gesetz* sowohl der Erkenntnis als auch der objektiven Welt (und – so muß Lenins Gedankengang ergänzt werden – ein Gesetz im strikten Wortsinn kann nicht Resultat induktiver Verallgemeinerung aus Einzelfällen sein). Lenin meinte also ein nicht-induktives Seins- und Denkgesetz, wenn er (an einer der seltenen Stellen, wo er von dialektischen Gesetzen spricht) erklärte:

„Spaltung des Einheitlichen und Erkenntnis seiner widersprechenden Bestandteile (...) ist das *Wesen* (eine der ‚Wesenheiten‘, eine der grundlegenden, wenn nicht die grundlegende Besonderheit oder Seite) der Dialektik" (338).

Ohne hier zu erörtern, was unter der *Identität* von Gegensätzen verstanden werden kann – Lenin selbst erwog anstatt „Identität": „Einheit" der Gegensätze als möglicherweise besser und interpretierte die „Einheit" bzw. „Identität" der Gegensätze als „Anerkennung (Aufdeckung) widersprechender, *einander ausschließender, gegensätzlicher Tendenzen in* allen Erscheinungen und Vorgängen der Natur" (338–339), was den Ausdruck „Identität" weitgehend entschärft –, und ohne auf die viel diskutierte Frage einzugehen, was unter „Widerspruch" im vorliegenden Zusammenhang zu verstehen sei – ob ein Widerspruch im vollen Wortsinn, oder lediglich ein Polaritätsverhältnis, ein Konflikt von Tendenzen, ein Gegensatz von Bestrebungen –, soll lediglich auf das philosophisch fundamentale Problem der Erkennbarkeit des dialektischen Gesetzes von der Einheit der Gegensätze hingewiesen werden: Die Annahme von Gesetzen, die nicht Resultat empirischer Generalisation sind und nicht hypothetischen Charakter haben, beruht auf zwei weiteren Annahmen: einmal auf der Annahme, daß es Wesensgesetze der Wirklichkeit an sich gebe, und zum anderen auf der Annahme, daß das erkennende Subjekt diese Wesensgesetze denkend „abbilde", „widerspiegle" o. ä. Lenins Konzeption der dialektischen Gesetze hängt mit anderen Worten von seiner esssentialistischen Metaphysik und von seiner realistischen Erkenntnistheorie ab.

Lenins essentialistische Position tritt auch in anderem Zusammenhang zutage, so wenn es in einer Anmerkung zu *Hegels* „Vorlesungen über die Geschichte der Philosophie" heißt, Dialektik sei „die Erforschung des Widerspruchs *im Wesen der Dinge selbst:* Nicht nur die Erscheinungen sind vergänglich, beweglich, fließend, nur durch bedingte Grenzen getrennt, sondern die *Wesenheiten* der Dinge ebenfalls" (240). Den deutlichsten Ausdruck findet Lenins Essentialismus in den Äußerungen über das Gesetz. Hegels Konzeption des Gesetzes zusammenfassend, schrieb Lenin, Gesetz und Wesen seien gleichartige Begriffe, Begriffe gleicher Ordnung bzw. gleicher Potenz, und er notierte: „Das Gesetz ist die Widerspiegelung des Wesentlichen in der Bewegung des Universums" (142).

In *Hegels* Bestimmung des Reichs der Gesetze als des ruhigen Abbildes der erscheinenden Welt fand Lenin „eine ausgezeichnet materialistische und wunderbar treffende (mit einem Wort ‚ruhige‘) Bestimmung" (141). Zugleich hob er den unvollständigen und annähernden Charakter jedes Gesetzes hervor (142), was selbstverständlich im Sinne von Hegels Auffassung und nicht als Ausdruck der Einsicht in den hypothetischen Charakter von Gesetzen zu verstehen ist. Abgesehen aber von der Frage nach der Berechtigung einer solchen materialistischen Deutung, ist an einem entscheidenden Punkte Lenins Übereinstimmung mit Hegel zu konstatieren: Lenin mußte wie Hegel annehmen, daß es möglich sei, die Wesensstruktur der Wirklichkeit selbst in wahrer (wenn auch nicht notwendig adäquater) Weise (sozusagen in einer Art Wesensschau) zu erfassen.

Angesichts des hochspekulativen Charakters dieses Begründungszusammenhangs lag es nahe, nach einem anderen Weg zur Erkenntnis der inneren Widersprüchlichkeit der Natur zu suchen. Ein solcher Weg schien Lenin wie seinen Vorgängern die Analyse des Begriffs der Bewegung zu sein. Im Anschluß an Hegels Ausführungen zu *Zenon*s Bewegungs-Paradoxien notierte Lenin:

„Die Bewegung ist das Wesen von Zeit und Raum. Zwei Grundbegriffe drücken dieses Wesen aus: die (unendliche) Kontinuität und die ‚Punktualität‘ (= Negation der Kontinuität, *Diskontinuität*). Bewegung ist Einheit von Kontinuität (der Zeit und des Raumes) und Diskontinuität (der Zeit und des Raumes). Bewegung ist Widerspruch, ist Einheit von Widersprüchen" (244).

Die vermeintliche Widersprüchlichkeit im Begriff der Bewegung (bzw. in *der* Bewegung selbst, wie es Lenin sah) wird hier wie bei *Zenon* und noch bei *Hegel* oder *Engels* darum behauptet, weil angenommen wird, daß die in der Zeit kontinuierliche Bewegung durch Abbildung der Reihe der Bewegungsmomente auf die Reihe der rationalen (und nicht der reellen) Zahlen zu erfassen ist. Da nun die Reihe der rationalen Zahlen kein Kontinuum darstellt, scheint es, als müsse die Bewegung als Kontinuum vorgestellt werden und könne gleichzeitig doch nicht als ein solches begriffen werden: sie erscheint daher als widerspruchsvoll. Daß Lenins Argumentation in diese Richtung gegangen ist, zeigen die folgenden Sätze:

„Wir können die Bewegung nicht vorstellen, ausdrücken, ausmessen, abbilden, ohne das Kontinuierliche zu unterbrechen, ohne zu versimpeln, zu vergröbern, ohne das Lebendige zu zerstückeln, abzutöten. Die Abbildung der Bewegung durch das Denken ist immer eine Vergröberung, ein Abtöten – und nicht nur die Abbildung durch das Denken, sondern auch durch die Empfindung, und nicht nur die Abbildung der Bewegung, sondern auch die *jedes* Begriffs" (246).

Mit der Annahme, daß die Wirklichkeit selbst wesentlich in Bewegung sei, hängt – vermittelt durch die Widerspiegelungstheorie der Erkenntnis – die Annahme zusammen, daß auch die Begriffe beweglich, elastisch sein müßten. Dieser Zusammenhang kommt in folgender Äußerung Lenins über Hegels „genialen Grundgedanken" deutlich zum Ausdruck, nämlich in der Behauptung:

„des universellen, allseitigen, lebendigen Zusammenhangs von allem mit allem und der Widerspiegelung dieses Zusammenhangs – materialistisch auf den Kopf gestellter Hegel – in den Begriffen des Menschen, die ebenfalls abgeschliffen, zugerichtet, elastisch, beweglich, relativ, gegenseitig verbunden, eins in den Gegensätzen sein müssen, um die Welt umfassen zu können" (136–137).

Der Unterschied gegenüber Hegel ist selbstverständlich nicht mit dem Unterschied zweier spiegelbildlich verkehrten Darstellungen zu vergleichen, sondern ein grundsätzlicher Unterschied, der den Stellenwert jeder philosophischen Teildisziplin verändert. Dieser Tatsache war sich Lenin bewußt. Zu Hegels Behauptung, daß die Bewegung des Bewußtseins wie die Entwicklung alles natürlichen und geistigen Lebens auf der Natur der reinen Wesenheiten als dem Inhalt der Logik beruhe, notierte er: „Umkehren: Logik und Erkenntnistheorie müssen aus der ‚Entwicklung alles natürlichen und geistigen Lebens' abgeleitet werden" (80).

Lenin betrachtete seine Auffassung als das materialistische Gegenstück zur idealistischen („mystischen") Lehre *Hegels* von der „reinen Bewegung des Denkens in Begriffen". Nach Ansicht des dialektischen Materialismus müssen, wie nach Hegels Auffassung, der Lenin im Formalen folgt, die Begriffe beweglich, in einander übergehend, fließend sein, aber nicht wegen ihrer vorgeblichen Selbstbewegung, sondern weil sie Widerspiegelungen der Wirklichkeit sind, die wesentlich bewegt ist (239). Wenn der Satz, daß alles in Entwicklung begriffen ist, universal gilt, dann muß er auch auf die Begriffe und namentlich auf die allgemeinsten Begriffe, die Kategorien, angewendet werden, da andernfalls das Denken dem Sein

dualistisch gegenüber gestellt würde, was durch die Widerspiegelungstheorie ausgeschlossen ist. Der entscheidende Grund der Universalität des Entwicklungsgedankens in bezug auf die Kategorien
ist mit Lenin im Prinzip der Einheit des Seins zu erblicken: Seiner
Ansicht nach „muß das allgemeine Prinzip der Entwicklung vereinigt, verknüpft, zusammengebracht werden mit dem allgemeinen
Prinzip der *Einheit der Welt,* der Natur, der Materie etc." (242)

So deutlich Lenins Abhängigkeit von *Engels* ist, so sehr zeigen
die „Philosophischen Hefte" das Bemühen, die materialistische
Dialektik als Resultat einer Umdeutung der Hegelschen erscheinen
zu lassen.[41] In diesem Sinne betonte Lenin: „Ich bemühe mich im
allgemeinen, Hegel materialistisch zu lesen: Hegel ist auf den Kopf
gestellter Materialismus (nach Engels) – d.h., ich lasse den lieben
Gott, das Absolute, die reine Idee etc. größtenteils weg" (94). Diese
Grundeinstellung hat zur Folge, daß Lenin, wo immer möglich,
Hegels Sätze in materialistischem Sinn zu deuten sucht. Seiner
Ansicht nach ist nicht nur der historische Materialismus eine
Anwendung und Weiterentwicklung „der genialen Ideen, der
Samenkörner, die bei Hegel vorhanden sind" (180), sondern das-
selbe gilt von speziellen dialektischen Sätzen Hegels.[42] So meinte
Lenin von Hegels Deutung der zweckmäßigen Tätigkeit des Menschen als eines „Schlusses", sie sei nicht völlig an den Haaren her-
beigezogen, sondern „hier gibt es einen sehr tiefen, rein materialistischen Inhalt. Man muß die Sache umkehren: Die praktische
Tätigkeit des Menschen mußte das Bewußtsein des Menschen mil-
liardenmal zur Wiederholung der verschiedenen logischen Figuren
führen, damit diese Figuren die Bedeutung von Axiomen erhalten
konnten" (181).

Lenin glaubte offenbar nicht, daß die Hegelsche Philosophie ihrem Inhalt nach durch und durch „mystisch" (d.i. idealistisch) sei,
sondern er unterschied zwischen idealistischen (z.B. dem „Blödsinn
über das Absolute") und materialistischen Elementen derselben.
Insbesondere meinte Lenin in der Form der Hegelschen Philosophie,
d.i. in der dialektischen Methode, einen von jeder inhaltlichen
Deutung unabhängigen Aspekt isolieren zu können, der sich
mit einer materialistischen inhaltlichen Auffassung verbinden lasse.
In bezug auf den Schluß von Hegels „Wissenschaft der Logik"
notierte er:

„Bemerkenswert, daß im ganzen Kapitel über die ‚absolute Idee‘
fast mit keinem Wort Gott erwähnt ist (höchstens, daß da einmal
zufällig ein ‚göttlicher‘ Begriff entschlüpft), und außerdem – dieses
NB – hat das Kapitel fast gar nicht spezifisch den *Idealismus* zum
Inhalt, sondern sein Hauptgegenstand ist die *dialektische Methode*.
Fazit und Resümee, das letzte Wort und der Kern der Hegelschen
Logik ist die *dialektische Methode* ... In diesem *idealistischsten*
Werk Hegels ist *am wenigsten* Idealismus, *am meisten* Materialis-
mus" (226).

Wie verfehlt diese Trennung von methodischer Form und speku-
lativem Inhalt der Hegelschen Philosophie ist, braucht hier nicht
ausgeführt zu werden, da auf die Darstellung von Hegels Dialektik
im ersten Teil verwiesen werden kann, wo gezeigt wurde, daß Hegel
die Dialektik als die Form der Entfaltung des Systems, die unabhängig vom System nicht bestimmt werden kann, begriff.

Der dialektische Materialismus Lenins ist streitbarer Materialismus sowohl im theoretischen als auch im praktischen Sinne. Lenin
forderte einzusehen, „daß sich ohne eine gediegene philosophische
Grundlage keine Naturwissenschaft, kein Materialismus im Kampf
gegen den Ansturm der bürgerlichen Ideen und gegen die Wiederherstellung der bürgerlichen Weltanschauung behaupten kann"
(XXXIII, 219). Die Dialektik ist ein Instrument sowohl des ideolo-
gischen als auch des politischen Kampfes, weshalb nach Lenin die
Philosophie im allgemeinen dem Postulat der Parteilichkeit zu unterwerfen ist. Die Dialektik ist darum ein unentbehrliches Instrument der revolutionären Praxis, weil sie die Notwendigkeit der revolutionären Entwicklung aufzeigt. „Die wahre Dialektik rechtfer-
tigt nicht persönliche Fehler, sie studiert vielmehr die unvermeidli-
chen Wendungen und beweist ihre Unvermeidlichkeit auf Grund
eingehendster Erforschung der Entwicklung in ihrer ganzen Konkretheit" (VII, 416–417), hatte Lenin schon 1904 erklärt. Mehrere
Jahre nach der Revolution bediente sich Lenin der Dialektik zum
Zweck der innerparteilichen Polemik gegen Trotzki und Bucharin,
denen er „Ekletizismus" vorwarf (XXXII, 73–92). Die dialektische
Logik verlangt nach Lenin nicht nur umfassende Berücksichtigung
aller Seiten und Zusammenhänge bzw. die Erforschung aller „Ver-
mittlungen" eines Gegenstandes; sie fordert nicht nur seine genetische Betrachtung, die Darstellung seiner „Selbstbewegung"; sie

erheischt vor allem, um dem Postulat der „Konkretheit" zu genügen, die Heranziehung der menschlichen Praxis „sowohl als Kriterium der Wahrheit wie auch als praktische Determinante des
Zusammenhangs eines Gegenstandes mit dem, was der Mensch
braucht" (XXXII, 85). Bucharin hatte von den Gewerkschaften behauptet, sie seien einerseits eine Schule des Kommunismus,
andererseits ein Bestandteil des Wirtschafts- bzw. Staatsapparates.
In diesem „einerseits – andererseits" drückt sich nach Lenin ein
„toter und inhaltloser Eklektizismus" aus (XXXII, 86), der auf der
„formalen oder scholastischen", nicht aber auf der „dialektischen
oder marxistischen" Logik beruht (XXXII, 84). Nach Lenin sind
die Gewerkschaften nicht eine Schule des Kommunismus *und* ein
Apparat zur Produktionslenkung, wie Bucharin, die Auffassungen
Trotzkis und Sinowjews verbindend, erklärt hatte; sie sind eine
Schule, sofern sie ein Apparat sind. Lenin geht es hier im Grunde
um das Verhältnis zwischen der zentralen und lokalen Staatsver-
waltung, der Volkswirtschaft und den breiten Massen der Werktä-
tigen, d. h. um die Führungsrolle der Partei bzw. ihres Zentralkomi-
tees, namentlich um das Recht, im gewerkschaftlichen Bereich
Ernennungen, Versetzungen und Absetzungen vorzunehmen. Lenin
hat keinen Zweifel daran gelassen, daß es sich bei der Diskussion
über die Gewerkschaften um die politische Frage der Aufrechterhal-
tung der Sowjetmacht und der Diktatur des Proletariats handelt.
Die Dialektik fungiert als ein Mittel zur Abwehr solcher Antworten
auf diese Frage, die nach Lenins Überzeugung politisch negative
Auswirkungen haben. Im übrigen liegt bei Lenin der Hauptakzent
nicht so sehr auf dem dialektischen, als vielmehr auf dem materialistischen Aspekt des dialektischen Materialismus.[43]

Neben Lenin verdient vor allem G. W. *Plechanow* im vorliegenden Zusammenhang Erwähnung. Lenin selbst hat Plechanows
Arbeiten außerordentlich geschätzt. In der Auseinandersetzung mit
russischen Anhängern des Empiriokritizismus, namentlich Bogda-
now, erklärte sich Lenin eindeutig zugunsten von Plechanow. Seine
eigene Polemik gegen die „Machisten" sah Lenin als eine Konkretisierung von Plechanows Argumenten an: „Plechanow ist ihnen [den
Machisten] gegenüber im Grundsätzlichen völlig im Recht, versteht
aber nicht oder will es nicht oder ist zu träge, das *konkret*, ausführlich, einfach darzulegen, ohne das Publikum durch philosophische

Finessen unnötig abzuschrecken. Und ich werde das um jeden Preis *auf meine Art* sagen" (XXXIV, 377). Ungeachtet der Hinwendung Plechanows zum Menschewismus schrieb Lenin mehrere Jahre nach Plechanows Tod (1918), „daß man ein bewußter, *wahrer* Kommunist *nicht* werden kann, ohne alles, was Plechanow über Philosophie geschrieben hat, zu studieren – ich betone, zu *studieren* –, denn es ist das Beste in der ganzen internationalen marxistischen Literatur" (XXXII, 85). Allerdings hatte Lenin gerügt, daß Plechanow seine Auseinandersetzung mit dem Machismus weniger als Kampf gegen Mach, als vielmehr gegen die Bolschewiken geführt hatte (XIV, 360 Anm.).

In seiner Arbeit „Grundprobleme des Marxismus" (1908) hat Plechanow den dialektischen Materialismus als Ergebnis einer philosophischen Entwicklung dargestellt, in deren Zusammenhang er in der Philosophie vor Marx in erster Linie die Leistung Feuerbachs hervorhebt, die in seinen Augen jedoch durch das Verfehlen der dialektischen Methode beeinträchtigt ist. Feuerbach hat nach Plechanow zwar den Ausgangspunkt der Philosophie richtig bestimmt, nicht aber ihre Methode. Diese Lücke in der materialistischen Philosophie haben erst Marx und Engels geschlossen.[44] Plechanow war aber überzeugt, daß nur jemand imstande sein konnte, die Hegelsche Dialektik und damit die Lehre vom diskontinuierlichen Charakter der Entwicklung „auf die Füße zu stellen", der, wie Marx, von Feuerbachs Grundthese der Bedingtheit des Denkens durch das Sein ausging.[45]

Wie die Vertreter des dialektischen Materialismus im allgemeinen erblickte auch Plechanow in der vorgeblichen Widersprüchlichkeit der Bewegung einen entscheidenden Grund zugunsten der Dialektik und damit gegen eine undialektische, auf das Prinzip vom ausgeschlossenen Widerspruch pochende Logik. Allerdings wollte Plechanow das Widerspruchsprinzip (sowie das Identitätsprinzip und das Prinzip vom ausgeschlossenen Dritten) nicht schlechthin außer Geltung gesetzt sehen; die Prinzipien der herkömmlichen Logik sind in gewissem Sinne unanfechtbar. Der Alternative: Anerkennung der Prinzipien der herkömmlichen Logik oder Anerkennung der Bewegung, glaubte Plechanow jedoch dadurch ausweichen zu können, daß er die Gültigkeit des Widerspruchsprinzips für als unverändert betrachtete Einzeldinge, wenn auch mit gewissen Einschränkungen, akzeptierte, für sich verändernde, entstehende, vergehende usw. Gegenstände jedoch bestritt. Unter „Dingen" verstehen wir relativ konstante Komplexe materieller Partikel, die sich in jedem Augenblick ändern, da nichts ewig ist außer der Bewegung selbst.[46] Innerhalb relativ kurzer Zeiträume kann jedoch die Veränderung dieser Komplexe vernachlässigt, d. h. das Ding als gleichbleibend betrachtet werden. In diesem Falle allein kommt das Prinzip vom ausgeschlossenen Widerspruch zur Anwendung, im Falle der dynamischen Wirklichkeitsauffassung dagegen nicht. Plechanow faßt seinen Lösungsvorschlag folgendermaßen zusammen: „Wie die Ruhe ein spezieller Fall der Bewegung, so ist auch das Denken gemäß den Regeln der formalen Logik (entsprechend den ,Grundgesetzen' des Denkens) ein spezieller Fall des dialektischen Denkens".[47]

Sollte hier nicht mehr gemeint sein als die Selbstverständlichkeit, daß der Satz vom ausgeschlossenen Widerspruch nicht auf Prädikate anzuwenden ist, die einem Ding zu verschiedenen Zeitpunkten zukommen, dann wäre der angeführte Lösungsvorschlag trivial. Seit *Aristoteles* wird das Widerspruchsprinzip auf das Verhältnis gleichzeitiger Bestimmungen des Dings eingeschränkt, und schon Leibniz hat die Zeit als Möglichkeitsbedingung der Verbindung inkonsistenter Bestimmungen gekennzeichnet. Es ist daher unzutreffend, wenn Plechanow behauptete, „daß die Dialektik die Formal-Logik nicht aufhebt, vielmehr nur ihre Gesetze der *absoluten Geltung* beraubt, die ihnen von den Metaphysikern zugeschrieben wird".[48] Eine „absolute Geltung" dieser Gesetze in dem von Plechanow gemeinten Sinn wurde wohl von niemand behauptet.

Für Plechanow ist die Dialektik nicht nur unabhängig von ihrer idealistischen und verträglich mit ihrer materialistischen Auffassung, sondern sie „steht und fällt mit dieser Auffassung".[49] Im Mittelpunkt von Plechanows Naturauffassung steht der Begriff der Bewegung, wie etwa aus den folgenden Äußerungen hervorgeht:

„Nach unserer, der *materialistischen* Lehre stellen die in den Begriffen enthaltenen Widersprüche nur die *Übersetzung* anderer Widersprüche in die *Sprache des Denkens* dar, – den Reflex der Widersprüche, die *in den Erscheinungen* enthalten sind: kraft der widerspruchsvollen Natur der allgemeinen Grundlage dieser Erscheinungen, d. h. *der Bewegung*".[50]

Mit der vormarxschen Dialektik seit Kant hat sich in ausführlicher Weise *A. M. Deborin* auseinandergesetzt.[51] Er deutete den dialektischen Materialismus als Synthese der dialektischen Methode Hegels und der materialistischen Auffassung von der Natur und Geschichte, wie sie in der nachhegelschen Philosophie vor allem Feuerbach vertreten hatte. Deborins systematische Darstellungen der materialistischen Dialektik begegneten von seiten der marxistisch-leninistischen Orthodoxie dem Vorwurf des (in der Akzentuierung des methodologischen Aspekts und in der Trennung von Theorie und Praxis zu erblickenden) Formalismus und Idealismus; in ihnen war, wie es hieß, nicht berücksichtigt worden, daß Lenin die dialektische Philosophie auf eine höhere Stufe ihrer Entwicklung gehoben habe.[52] Der letztgenannte Vorwurf traf auch den „Mechanizisten" *Bucharin*.[53]

Mit *J. W. Stalin*s Schrift „Über dialektischen und historischen Materialismus" (1938) wurde eine vergröberte schematische Auffassung des dialektischen Materialismus zur Geltung gebracht und kanonisiert. Stalins Schrift ist insofern von Interesse, als sie in der Sowjetunion wie im gesamten Ostblock zur offiziellen, jeder Korrektur entzogenen Lehre wurde.[54]

Nach Stalin ist die Dialektik dadurch charakterisiert, daß sie 1. die Erscheinungen im Bereich der Natur und der Gesellschaft als „zusammenhängendes einheitliches Ganzes" betrachtet, 2. die Natur als wesentlich in Bewegung und Veränderung begriffen ansieht, 3. die Entwicklung durch Übergänge von quantitativen zu qualitativen Veränderungen kennzeichnet und 4. die Widersprüchlichkeit der Wirklichkeit anerkennt und im Kampf der Gegensätze den Grund der Entwicklung in Natur und Gesellschaft findet.

In allen diesen Zügen unterscheidet sich die Dialektik von der „Metaphysik", wobei Stalin mit diesem Ausdruck eine Auffassung bezeichnet, derzufolge die Wirklichkeit eine zufällige Anhäufung von Dingen bzw. Erscheinungen darstellt und als wesentlich unveränderlich, sprunghafter Übergänge unfähig und frei von inneren Widersprüchen zu betrachten ist. Offensichtlich meinte Stalin nicht die Metaphysik im allgemeinen, denn die von ihm vertretene Position ist selbst metaphysisch, sondern eine ganz bestimmte Gestalt des metaphysischen Denkens, von der allerdings bezweifelt werden muß, daß sie sich historisch nachweisen läßt. An die genannten

Grundzüge, die eine Ontologie in nuce darstellen, schließen sich Postulate der dialektischen Methode. Mit der Behauptung des universalen Zusammenhangs aller Dinge verband Stalin die Forderung, alle Erscheinungen im Kontext mit den sie umgebenden zu begreifen; an die Feststellung der wesentlichen Bewegtheit der Wirklichkeit knüpfte er die Forderung der dialektischen Methode, alle Erscheinungen genetisch zu erklären; mit der Lehre von den qualitativen Entwicklungssprüngen verband Stalin die bekannte Maxime, daß immer vom Einfachen zum Komplizierten, vom Niedrigeren zum höher Entwickelten fortzuschreiten sei; und die These von der Widersprüchlichkeit der Erscheinungen begründet nach Stalin die Forderung, jede Entwicklung als Kampf gegensätzlicher Tendenzen darzustellen.

Engels' Gesetz von der Negation der Negation fehlt bei Stalin, der um so stärker den Aspekt des Zusammenhangs aller Erscheinungen betonte, auch hier, wie in seiner Politik, einer Tendenz zur Konsolidierung folgend.[55] Deutlich tritt bei Stalin der praktische Aspekt der materialistischen Dialektik hervor: Die materialistische Philosophie beansprucht, Wissenschaft von der Natur und der Gesellschaft in eben dem Sinne zu sein, in dem etwa die Biologie Wissenschaft ist. Infolgedessen richtet sich die Politik einer Partei, die sich auf die Grundsätze der materialistischen Dialektik stützt, nach wissenschaftlichen Einsichten und ist weder auf Einsichten hervorragender Persönlichkeiten angewiesen noch irgendwelchen Zufälligkeiten ausgeliefert.

Obwohl nach Stalins Tod wieder stärker auf Lenins Konzeption der Dialektik zurückgegriffen und Stalin insbesondere die Vernachlässigung des Gesetzes von der Negation der Negation zum Vorwurf gemacht wurde, blieb hiervon, wie *I. Fetscher* konstatierte, die Substanz des Systems des dialektischen und historischen Materialismus, wie es von Stalin konzipiert worden war, unberührt.[56]

4. Formale und dialektische Logik

Der im dialektischen Materialismus bis in die jüngste Zeit erhobene Anspruch, eine von der formalen verschiedene dialektische Logik entwickeln zu können oder gar entwickelt zu haben, verdient es,

für sich betrachtet zu werden, da in diesem Zusammenhang nicht
nur die zentrale These der Widersprüchlichkeit der Bewegung erörtert, sondern der Stand der Diskussion im dialektischen Materialismus der letzten Jahrzehnte überhaupt paradigmatisch charakterisiert werden kann.

Bestimmt man die Logik als die Lehre von den Prinzipien des
korrekten Argumentierens, dann fällt es schwer, die Berechtigung
des erwähnten Anspruchs der dialektischen Philosophie anzuerkennen, da, soweit zu sehen, ein eigentümliches dialektisches Verfahren
zur Feststellung der Korrektheit von Argumentationen niemals
wirklich entwickelt, sondern lediglich ab und zu gefordert worden
ist. Faßt man jedoch den Begriff der Logik so weit, daß auch Methodologie und Erkenntnistheorie unter ihn fallen, dann könnte es sein,
daß mit Recht von einer „dialektischen Logik" gesprochen werden
darf. Ob es sich in der Tat so verhält, läßt sich nur feststellen,
indem man untersucht, was mit „dialektischer Logik" in der Literatur gemeint wird. Generell darf mit *E. Huber* konstatiert werden,
daß „dialektische Logik" meist einfach als Synonym für „dialektische Methode" gilt, wenn nicht innerhalb des dialektischen Materialismus selbst die Existenz einer dialektischen Logik direkt geleugnet wird.[57] Aber auch unter den Vertretern der Idee einer
eigentümlichen dialektischen Logik in Konkurrenz mit der formalen
Logik besteht keine Übereinstimmung hinsichtlich des Gegenstandes der dialektischen Logik und des Verhältnisses derselben zur
formalen Logik.

Nach *H. Lefèbvre* ist die dialektische Logik eine Logik des Inhalts
im Gegensatz zur formalen Logik, die seiner Ansicht nach von *fast*
allem Inhalt abstrahiert.

„Die formale Logik ist ... als Logik der Form eine Logik der
Abstraktion. Wenn unser Denken nach dieser provisorischen
Reduktion des Inhalts zu diesem zurückkehrt, um ihn wieder zu
ergreifen, dann erweist sich die formale Logik als unzureichend.
Man muß sie durch eine konkrete Logik, durch eine Logik des
Inhalts ersetzen, von welcher die formale Logik nur ein Element,
ein Ansatz ist, der auf ihrer formalen Ebene gültig, aber approxima-
tiv und unvollständig ist".[58]

Lefèbvre geht von einer Auffassung der formalen Logik aus, derzufolge die logischen Prinzipien Resultat einer Abstraktion sind.

Nur unter dieser Voraussetzung hat es einen Sinn, zu sagen, in der formalen Logik werde von *fast* allem Inhalt abstrahiert. Vertritt man die moderne Auffassung der formalen Logik, derzufolge logisch-wahre Sätze solche sind, die den totalen Spielraum haben und eben darum, obwohl selbst ohne Tatsachengehalt, mit jedem Inhalt vereinbar sind, dann wird Lefèbvres Begründung der These hinfällig, daß auch die Sätze der formalen Logik einen minimalen Inhalt haben müßten, denn: „Wäre diese Unabhängigkeit des Inhalts von der Form erreicht, so würde sie die Anwendung der Form auf irgendeinen Inhalt nicht gestatten".[59] Hinsichtlich der Abhängigkeit der Form von einem, wenn auch minimalen, Inhalt stimmt nach Lefèbvre die formale Logik mit der dialektischen überein. Allerdings ist sie seiner Ansicht nach dieser auch in der fraglichen Hinsicht dadurch unterlegen, daß dieser Inhalt ihr äußerlich bleibt und somit der Form das Wirkliche entgeht. Wenn man, wie es die dialektische Logik fordert, die Abhängigkeit der Form des Denkens vom Inhalt adäquat berücksichtigt, und, wie es nach Lefèbvre unvermeidlich ist, das Wirkliche als bewegt und widerspruchsvoll anerkennt, dann wird sicher auch die Anerkennung der Bewegung des Denkens unvermeidlich, die eine Folge der – zuerst von *Hegel* geleisteten – Synthese von Form und Inhalt ist.[60]

Wie bei allen Vertretern des dialektischen Materialismus spielt auch bei Lefèbvre die These von der Widersprüchlichkeit der Bewegung eine entscheidende Rolle: „Wenn die Wirklichkeit beweglich ist, dann sei auch unser Denken beweglich und sei das Denken dieser Bewegung. Wenn das Wirkliche widerspruchsvoll ist, dann sei auch das Denken bewußtes Denken des Widerspruchs".[61] Die Widersprüchlichkeit der Bewegung und damit der wesentlich bewegten Wirklichkeit steht für Lefèbvre fest; er hält es jedoch für notwendig, neben dem Moment des Widerspruchs auch das der Einheit der Wirklichkeit zu beachten, da die absolute Widersprüchlichkeit zur Aufhebung jeder Tatsache und jedes Denkens über Tatsachen führen müßte.[62] Die formale Logik, die sich auf die Prinzipien der Identität und des ausgeschlossenen Widerspruchs stützt, ist, wie Lefèbvre mit allen Dialektikern glaubt, unfähig, den dynamischen Aspekt der Wirklichkeit auszudrücken. Keineswegs werden jedoch bei Lefèbvre die Prinzipien der formalen Logik schlechthin außer Geltung gesetzt: sie sind gültig, aber lediglich im Bereich der Abstraktion, nicht im Bereich der konkreten, beweglichen, veränderlichen Wirklichkeit. Die Widersprüchlichkeit der Wirklichkeit, von Lefèbvre als Zusammenfallen von Sein und Nichts in jedem Ding bestimmt, zeigt sich in erster Linie im Werden, wie es schon die „konkrete Logik" des Idealismus gelehrt hatte. Lefèbvre sieht zwar im Gesetz der Einheit bzw. der konkreten Identität der Widersprüche ein fundamentales Gesetz der Natur und des Lebens; er steht aber zugleich auf dem Standpunkt, daß „der Widerspruch an sich unerträglich ist. Das Werden, das als tiefste Wurzel den Widerspruch hat und das wesentlich ‚Tendieren' ist, tendiert gerade dahin, aus dem Widerspruch herauszukommen und die Einheit wiederherzustellen".[63]

Wenn es sich darum handelt, Beispiele für die angenommene Widersprüchlichkeit der Wirklichkeit zu geben, wird bei Lefèbvre wie bei anderen Vertretern des dialektischen Materialismus deutlich, daß von Widersprüchlichkeit im eigentlichen Wortsinn nur im Zusammenhang mit dem Begriff der Bewegung die Rede ist, während in allen anderen Fällen nur „Kräfte, Kämpfe, Erschütterungen"[64] gemeint sind oder es sich weder um einen Widerspruch noch um einen Gegensatz handelt.[65] Das letztere ist überall dort der Fall, wo sich der vorgebliche Gegensatz zweier Behauptungen als Ergebnis einer Veränderung des Gesichtspunktes erweist, wie etwa im folgenden Beispiel: Nach Lefèbvre gilt zwar „A = A" in abstrakter Weise, aber ein Baum ist nur ein Baum, sofern er wächst, blüht, Früchte trägt, aus denen neue Bäume hervorgehen usw., was sich alles mit der Tautologie „ein Baum ist ein Baum" nicht ausdrücken läßt.[66] Geradezu sophistisch mutet es an, wenn Lefèbvre erklärt, das Ich sei einzig und zugleich allgemein, da ein jeder Mensch „ich" sagen könne.[67] Hier handelt es sich offenbar um eine Vertauschung der objektsprachlichen mit der metasprachlichen Verwendungsweise eines Wortes: Ich bin individuell, aber das Wort „ich" kann von jedem gebraucht werden, um auf sich selbst hinzuweisen. In anderen Fällen bringt Lefèbvre selber zum Ausdruck, daß der Gegensatz nichts anderes als ein Unterschied des Gesichtspunktes ist, so wenn er vom Cartesianismus erklärt, er sei „in einem gewissen Sinne und unter einem gewissen Aspekt, nämlich in der Physik und der Physiologie, ein Materialismus, – unter einem anderen Aspekt aber ein Idealismus".[68] (Wenn auf diesen

Punkt mit einer gewissen Ausführlichkeit eingegangen wird, so darum, weil die in den angeführten Beispielen zutage tretende Auffassung von „Widerspruch" charakteristisch für die meisten Vertreter des dialektischen Materialismus ist.)

Lefèbvre kennt, wie *Engels*, dialektische Gesetze, von denen er erklärt, sie seien universell, aber nicht abstrakt, da sie es ermöglichen, in jedes Objekt, in jede Wirklichkeit einzudringen; sie sind in diesem Sinne „konkret".[69] Ist das schon befremdlich genug, so ist Lefèbvres Feststellung noch viel verwirrender, daß diese Gesetze, obwohl sie das Eindringen in die Wirklichkeit ermöglichen sollen, keine Erklärungen oder Vorhersagen von Tatsachen gestatten, sondern nur den trivialen Schluß erlauben: Jedes Seiende ist Werden; A ist ein Seiendes; also ist es Werden.[70] Im besonderen handelt es sich um folgende Gesetze:

a) Das Gesetz der universellen Wechselwirkung;
b) das Gesetz der universellen Bewegung;
c) das Gesetz der Einheit der Gegensätze;
d) das Gesetz vom Übergang der Qualität in Quantität und umgekehrt;
e) das Gesetz der Entwicklung als Rückkehr zu überwundenen Formen auf höherer Ebene.

Ausdrücklich erklärt Lefèbvre, daß diese Gesetze durch Analyse der Bewegung gewonnen werden. „Die reale Bewegung involviert tatsächlich diese verschiedenen Bestimmungen: Kontinuität und Diskontinuität, Erscheinung und Zusammenfallen der Widersprüche, qualitative Sprünge und Aufhebung".[71] Da es sich hier um Momente der Bewegung handelt, begründet die Idee der Bewegung den Zusammenhang der dialektischen Gesetze.

Lefèbvre hat durchaus richtig den Zusammenhang zwischen der herkömmlichen (aristotelischen) Logik und der statischen essentialistischen Ontologie gesehen; es liegt offenbar in der Richtung seines Denkens, einen analogen Zusammenhang zwischen der dialektischen Logik und dem dynamischen Essentialismus anzunehmen, dem er verpflichtet ist. Innerhalb der dialektischen Ontologie müßte dementsprechend den dialektischen Gesetzen derselbe transzendentale Charakter zuerkannt werden, den innerhalb der herkömmlichen Ontologie ein Prinzip wie „Ens et bonum convertuntur" hat. Als „Logik" des Seins ist somit die dialektische Logik, wie sie

Lefèbvre konzipiert, der aristotelischen Logik in einer wesentlichen
Hinsicht verwandt; sie unterscheidet sich von dieser nicht generisch,
sondern nur spezifisch, nämlich wie die dynamische von der statischen Variante der Ontologie und der auf dieser aufbauenden
Logik.

Die dialektische Logik wird aber durch Berücksichtigung der an-
gedeuteten Aspekte nicht hinreichend charakterisiert; sie ist nach
Lefèbvre darüber hinaus auch als Methodologie zu bestimmen. So
betont Lefèbvre: „Die dialektische Logik ist ... zugleich eine
Methode der Analyse und eine Verlebendigung der Bewegung des
Wirklichen vermittels einer Denkbewegung, die dem schöpferischen
Werden in seiner Gewundenheit, seinen Zufällen und seiner inneren
Struktur zu folgen vermag".[72] Zum analytischen muß der synthe-
tische Aspekt der Methode hinzutreten, denn die Analyse führt zur
Isolation von Momenten eines Ganzen, dieses Ganze aber muß aus
den Momenten, die für sich nicht festgehalten werden können, wie-
der aufgebaut werden.[73] Die Anerkennung des Zusammenhangs
von dialektischer und analytischer Methode ist bemerkenswert.
Man kann Lefèbvre nur zustimmen, wenn er feststellt: „Die Hegelsche und die materialistische dialektische Analyse hat die klassische
(Cartesianische) Analyse erneuert".[74] Sie hat das nach Lefèbvres
Ansicht dadurch getan, daß sie den konkreten, rationellen, synthetischen Geist in diese Methode einbrachte, – eine Feststellung, die
in keineswegs unproblematischer Weise über die zuerst angeführte
hinausgeht. Der Einwand läßt sich nicht unterdrücken, daß
Lefèbvre in schwer akzeptabler Weise die methodischen Prinzipien
ontologisiert, indem er, von seinem dogmatischen Parallelismus von
Denken und Sein geleitet, meint, die Synthese habe nur Sinn, weil
das Konkrete von synthetischer Natur sei, d.h. in sich die verschiedenen, ja widerspruchsvollen Momente vereinige. Umgekehrt können wir seiner Ansicht nach darum analytisch verfahren, weil die
Wirklichkeit selbst in ihrer Bewegung trachtet, sich zu analysieren.
Die Elemente, auf die die Analyse führt, müssen real sein, d.h. sie
müssen Bedingungen, Antezedentien bzw. Entwicklungsstufen eines
konkreten Ganzen sein.

Hier ist nicht der Ort, um Lefèbvres Auffassung zu kritisieren;
es muß genügen, auf den entscheidenden Punkt aufmerksam zu
machen, nämlich den Zusammenhang zwischen der klassischen

Methode der wissenschaftlichen Erklärung und der als Methode verstandenen dialektischen Logik. Wie bei jener besteht auch bei dieser die Gefahr, daß man den Charakter der Erklärungsprinzipien verkennt und sie auf ein „Wesen" bezieht, das in den Tatsachen der Erfahrung erscheint. In dieser Weise hat auch Lefèbvre gemeint, daß „Wesen" und „Gesetz" Begriffe sind, die derselben Ebene angehörten.[75]

Den Abschluß der Erkenntnisbemühung stellt nach Lefèbvre *die Idee* dar, die er als „das vollständige Wissen des betrachteten Dinges oder der betrachteten Klasse von Dingen" definiert.[76] Er scheut sich nicht, in diesem Zusammenhang den Ausdruck „absolutes Wissen" zu gebrauchen, betont jedoch gleichzeitig, daß hier nicht von „Idee" im idealistisch-metaphysischen Sinne die Rede ist. In der Idee sind alle Beziehungen zwischen dem Gegenstand und der Totalität der Wirklichkeit impliziert; sie ist, wiederum in deutlicher Anlehnung an eine Hegelsche Formulierung, Einheit von Begriff und Wirklichkeit, Ausdruck der Einheit von Subjekt und Objekt, d. h. nach Lefèbvre von konkretem lebendigen Menschen und materieller Natur sowie Ausdruck der Einheit von Theorie und Praxis. In der Idee ist schließlich die Einheit von Analyse und Synthese, von Allgemeinem und Konkretem erreicht.[77]

Wie wenig die dialektische Logik mit einer Logik im herkömmlichen Sinne gemein hat, zeigt B. *Fogarasis* „Dialektische Logik". Fogarasi charakterisiert zwar die dialektische Logik als „die mittels der dialektischen Methode ausgearbeitete Wissenschaft von den Gesetzen und Formen des Denkens",[78] bietet aber, wo es um die Lehren von der Definition, dem Begriff, dem Urteil und dem Schluß geht, nur eine ontologisch interpretierte herkömmliche Logik. Wo er im engeren Wortsinn dialektische Thesen aufstellt – wie die von der Widersprüchlichkeit der Realität im allgemeinen und der Notwendigkeit, den Anwendungsbereich des Widerspruchsprinzips einzuschränken –, handelt es sich um Ontologie, nicht um Logik. Einen breiten Raum nehmen in Fogarasis dialektischer Logik erkenntnistheoretische und psychologische Überlegungen, z. B. über das Verhältnis von Empfindung, Vorstellung und Begriff oder über das Verhältnis von Theorie und Praxis, ein, so daß der Ausdruck „Logik" hier zur Bezeichnung eines recht heterogenen Konglomerats formallogischer, erkenntnistheoretischer, psychologischer, ontologischer und methodologischer Elemente dient. Von einer dialektischen Logik, die in Konkurrenz mit der – herkömmlichen oder modernen – formalen Logik gesehen werden dürfte, kann auch bei Fogarasi nicht ernsthaft die Rede sein. Es ist daher verständlich, wenn von „diesem ersten größeren Versuch", eine dialektische Logik auszuarbeiten, konstatiert wurde, es sei auch Fogarasi nicht gelungen, deutlich zu machen, was „dialektische Logik" heißen soll.[79]

Im Mittelpunkt der Erörterungen des Verhältnisses von formaler (oder besser: nicht-dialektischer) und dialektischer Logik steht das Problem des objektiven Widerspruchs.[80] Vor allem auf die Annahme gestützt, daß der Begriff der Bewegung widerspruchsvoll sei, wurde die Widersprüchlichkeit der (wesentlich bewegten) Wirklichkeit *im allgemeinen* behauptet und erklärt, die herkömmliche Logik sei einer auf der Widersprüchlichkeitsthese beruhenden Ontologie unangemessen und daher durch eine dialektische Logik zu ersetzen, die die formale eventuell als Spezialfall enthalten kann. Da die dialektische Logik im Gegensatz zur herkömmlichen durch die Aufhebung des Widerspruchsprinzips gekennzeichnet sein soll, fühlten sich Vertreter der nicht-dialektischen Logik begreiflicherweise zur Auseinandersetzung herausgefordert. So hat *K. Ajdukiewicz,* ausgehend von einer Erörterung möglicher Definitionen von „Ruhe" und „Bewegung", gezeigt, daß die zu den Zenonischen Antinomien führende Argumentation fehlerhaft ist. Auch unter Berufung auf das Stetigkeitsprinzip gelingt es nicht, die Widersprüchlichkeitsthese zu beweisen.[81] Eine ähnliche Auffassung vertrat zum gleichen Zeitpunkt *A. Schaff,* der früher zu den Verteidigern der Widersprüchlichkeitsthese gehört hatte.[82] Auch Schaff hält das Prinzip, daß eine Aussage und ihre Negation nicht zugleich wahr oder falsch sein können, für unantastbar, unterscheidet aber von der logischen Bedeutung des Ausdrucks „Widerspruch" die für die marxistische Literatur charakteristische, derzufolge „Widerspruch" bald eine Polarität bzw. einen Antagonismus, bald einen Unterschied mehrerer Aspekte, bald ein Spannungsverhältnis bedeutet, das das normale Funktionieren eines Systems (z. B. der kapitalistischen Gesellschaftsordnung) beeinträchtigt oder unmöglich macht. Widersprüche dieser Art sind anzuerkennen, haben jedoch mit dem logischen Prinzip des ausgeschlossenen Widerspruchs nichts zu tun.

Schaffs Analyse läuft auf eine Restriktion der Bedeutung von „Dialektik" auf den ontologischen Bereich und demgemäß implicite auf eine Ablehnung des Anspruchs einer dialektischen Logik hinaus.

Einen etwas anderen Weg zur Rechtfertigung des ontologischen Widerspruchsprinzips („Kein Gegenstand kann eine bestimmte Eigenschaft haben und zugleich nicht haben") bei gleichzeitiger Anerkennung der These, daß ein sich verändernder Gegenstand eine bestimmte Eigenschaft hat und zugleich nicht hat, schlug *A. A. Zinowjew* ein, indem er annahm, der Ausdruck „zugleich" habe im Widerspruchsprinzip und im Satz über die Eigenschaften sich ändernder Gegenstände verschiedene Bedeutungen. Im ersten Falle soll „gleichzeitig" auf Zeitintervalle, im zweiten auf Momente als unbeobachtbare Grenzen von Intervallen bezogen sein. Es ist klar, daß unter diesen Umständen zwischen dem Widerspruchsprinzip und dem Bewegungssatz kein Verhältnis der Kontradiktion vorliegen kann.[83] Hinsichtlich der Anerkennung des Widerspruchsprinzips als Voraussetzung auch der Dialektik folgt *A. Kolman* der hier angedeuteten Linie, wobei er moderne naturwissenschaftliche Theorien, wie die Quantentheorie, insbesondere im Hinblick auf die Komplementarität, zur Stützung der Widersprüchlichkeitsthese heranzieht. Dem Kampf der Gegensätze in der Wirklichkeit, d. i. der objektiven Dialektik, korrespondiert auf der Seite des erkennenden Subjekts die dialektische Logik, die seiner Ansicht nach die Wirklichkeit angemessen abbildet, während die formale Logik als eine einseitige Abbildung der Wirklichkeit gilt. Ähnlich findet *R. Havemann* im Bereich der Naturwissenschaft Widerspiegelungen der Widersprüche, durch die die Wirklichkeit charakterisiert sein soll: „Der Wissenschaftler sollte sich der Widersprüchlichkeit gerade der in abstrakter Form zusammengefaßten wissenschaftlichen Erkenntnisse stets bewußt sein. Das ist der Übergang zur bewußten Dialektik, die man nicht erst im nachhinein entdeckt, auf die man vielmehr von vornherein gefaßt ist, die man sucht ... die Dialektik in unserem Bewußtsein ist die Widerspiegelung der objektiven Dialektik ...".[84]

Zu den Verfechtern der Gültigkeit des Widerspruchsprinzips gehört auch *I. S. Narskij*,[85] der durch das Vorhandensein von Problem-Antinomien nicht nur den Satz vom ausgeschlossenen Widerspruch nicht berührt sieht, sondern die Anerkennung des letzteren als

Bedingung für die Formulierung von Problem-Antinomien bezeichnet, so z. B. im Falle des Marxschen Satzes: „Kapital kann ... nicht
aus der Zirkulation entspringen und es kann ebensowenig aus der
Zirkulation nicht entspringen". Die Formulierung eines Problems
muß nach Narskij unter Umständen darum in Form einer Antinomie
erfolgen, weil der Sachverhalt gegensätzliche Aspekte aufweist (im
Marxschen Beispiel die Sphäre der reinen Produktion und die
Sphäre der reinen Zirkulation). Der antinomische Charakter der
Ausgangsformulierung muß jedoch überwunden werden, und zwar
durch Auffindung eines Faktors, der die gegensätzlichen Aspekte
zu vereinigen gestattet (im betrachteten Beispielsfall der Arbeitskraft, die in bestimmter Hinsicht in der Zirkulation, in bestimmter
anderer Hinsicht aber nicht in der Zirkulation ist). Es scheint möglich, Narskijs Auffassung dahingehend wiederzugeben, daß der
Widerspruch dann auftritt, wenn etwas, das nur Aspekt bzw.
Moment eines umfassenden Zusammenhangs ist, isoliert betrachtet
wird; die Überwindung des Widerspruchs könnte dann als dialektische Synthese aufgefaßt werden, offenbar in weitgehender Kongruenz mit der Hegelschen Lehre.

Die Dialektik ist aber nach übereinstimmender Auffassung der
Vertreter des dialektischen Materialismus nicht nur Logik, sondern
zugleich auch Erkenntnistheorie, so wie schon *Lenin* erklärt hatte,
„Dialektik", „Logik" und „Erkenntnistheorie" bezeichneten ein
und dasselbe. Nach B. *Kedrov* wollte Lenin nicht die Identität von
Dialektik, Logik und Erkenntnistheorie, sondern deren Einheit behaupten. Kedrov verschärft diese Bestimmung, indem er von „untrennbarer Einheit" spricht und diese in der untrennbaren Einheit
des Erkenntnisprozesses selbst begründet sieht, nämlich „durch die
Koinzidenz des Subjekts und des Objekts am äußersten Punkt des
Erkennens, wenn die Richtigkeit der Resultate des Erkennens durch
die Praxis verifiziert und bestätigt ist".[86] Der Erkenntnistheorie
wird näherhin die Aufgabe zugewiesen, das Verhältnis von objektiver Dialektik (den dialektischen Gesetzen der Außenwelt) und subjektiver Dialektik (den dialektischen Gesetzen des Denkens, mit denen es die dialektische Logik zu tun hat) zu bestimmen. Das
Verhältnis von Dialektik, Logik und Erkenntnistheorie als verschiedener Seiten der materialistischen Philosophie ist selbst dialektisch.

Es ist bemerkenswert, wie hier innerhalb der materialistischen Dialektik, die seit *Engels* als Lehre von den Entwicklungsgesetzen der Natur und der Gesellschaft verstanden wurde, die Subjekt-Objekt-Dialektik wieder als die fundamentale Dialektik zum Vorschein kommt. Die Erkenntnistheorie hat das Verhältnis von Subjekt und Objekt zum Inhalt, und dieses Verhältnis ist insofern dialektisch, als seine beiden Seiten aufeinander bezogen, voneinander nicht trennbar, und doch zugleich unterschieden sind. Da das erkennende Widerspiegeln ein einheitlicher Prozeß ist, lassen sich seine Seiten nicht voneinander und gegenüber dem Ganzen des Prozesses isolieren, sondern sie müssen in innerer Korrelation, in wechselseitiger Bedingtheit gesehen werden.[87]

Auf den Bereich der Erkenntnis schränkt *I. S. Narskij* den Ausdruck „dialektische Logik" ein, wenn er die Dialektik des Erkenntnisprozesses der subjektiven Dialektik einerseits, der objektiven Dialektik andererseits gegenüberstellt und „dialektische Deduktion" als „Einheit der dialektischen Analyse (...) und der dialektischen Synthese" bestimmt.[88] Was hier als „grundlegende gedankliche Form der dialektischen Logik" bezeichnet wird, scheint nichts anderes zu sein als eine mit Hilfe der dialektischen Kategorien (wie „Wesen" und „Erscheinung") formulierte Theorie wissenschaftlicher Erklärung, so daß die Dialektik als eine bestimmte Art von Wissenschaftstheorie erscheint. Eine besondere dialektische Logik im Sinne der Urteils- und Schlußlehre erkennt Narskij dagegen nicht an.

Hier ist kurz auf die materialistische Kategorienlehre hinzuweisen. Sie hat es nach *M. M. Rosental*[89] mit logischen Kategorien zu tun, die aber – auf Grund eines dem aristotelischen vergleichbaren Parallelismus von Begriff und Wirklichkeit – ebensowohl als ontologische Kategorien zu gelten haben. Nach Rosental ist „ohne die logischen Kategorien ... keinerlei Denken möglich. In jedem Satz, selbst im einfachsten Urteil, wenden wir Kategorien an". Die Kategorien entsprechen dem Wesen der Dinge, wobei Rosental betont, daß das Wesen oder das Allgemeine nicht getrennt von den Dingen, sondern in ihnen existiere. Demgemäß stellt er fest: „Das Allgemeine ist, was real im Einzelnen existiert; darum ist jegliche metaphysische Gegenüberstellung von Begriffen, die Allgemeines ausdrücken, und einzelnen Gegenständen unzulässig".[90] Darüber hinaus gelten die Kategorien als „Kategorien der *Erkenntnisme-thode*, der *Methode der Erforschung* der objektiven Welt".[91] Offensichtlich wird ihnen hier der Charakter von Voraussetzungen wissenschaftlicher Problemstellung und Problemlösung zugeschrieben. Sie ermöglichen es nach Rosental, zu verstehen, welches die methodologischen Prinzipien der Forschung und Erklärung im Bereich der Natur- und Sozialphilosophie sind.

Im besonderen werden allerdings als Kategorien nur die bekannten Begriffspaare *Wesen und Erscheinung, Ursache und Wirkung, Möglichkeit und Wirklichkeit, Besonderes und Allgemeines, Konkretes und Abstraktes,* gelegentlich auch *Konkretes und Allgemeines, Raum und Zeit, Ding und Eigenschaft, Widerspruch und Entwicklungssprung* angeführt, von denen nicht zu sehen ist, wie sie die zuletzt genannte Funktion eines „Instruments der Erforschung und der Erkenntnis der *konkreten* Prozesse, der *konkreten* Situation" haben können, noch weniger, wie durch sie der Bezug der Theorie auf die Praxis bedingt sein soll. Hieran ändert auch der Umstand nichts, daß die Kategorien gelegentlich als Gesetze bezeichnet werden.[92]

Ungeachtet des im weitesten Wortsinne metaphysischen Charakters des dialektischen Materialismus scheinen sich seine Vertreter heute in immer stärkeren Maße darum zu bemühen, die Dialektik in die Nähe der Wissenschaftstheorie zu rücken bzw. dialektische Elemente in der Methode sowohl der Sozial- als auch der Naturwissenschaften aufzuzeigen. Es könnte sein, daß damit eine Metamorphose der Dialektik eingeleitet ist.

II. Die Dialektik der Neuhegelianer

1. Benedetto Croce

Vorbereitet durch die Hegel-Renaissance um die Mitte des 19. Jahrhunderts (*A. Vera, B. Spaventa*), nahm das dialektische Denken in Italien zu Beginn unseres Jahrhunderts einen bemerkenswerten Aufschwung. Der Neuhegelianismus *Croces* und *Gentiles* brachte in einem geistigen Klima, das durch die Ablehnung des Positivismus einerseits, des historischen Materialismus andererseits gekennzeichnet war, die idealistische Dialektik in einem Augenblick erneut zur Geltung, in dem sie in Deutschland sowohl von der Universitätsphilosophie als auch vom allgemeinen Bewußtsein weitgehend ignoriert wurde. Die Vertreter des italienischen Neuhegelianismus, der freilich, wie sogleich einschränkend zu bemerken ist, keineswegs nur hegelianische Denkmotive verwertete, sondern vor allem in Gentile ebenso sehr aus anderen Quellen idealistischen Denkens schöpfte, waren von dem Bestreben geleitet, ausgehend von der Hegelschen bzw. allgemein der Dialektik des nachkantischen Idealismus eine eigenständige dialektische Philosophie zu entwickeln und sie von den historischen Vorbildern kritisch abzugrenzen. Croce und Gentile gingen hierbei verschiedene Wege, wie sie auch als Denkerpersönlichkeiten höchst verschieden waren.

Croce, dessen Denken in universeller Weise Philosophie, Historie, Literatur- und Kunst-, bzw. allgemein Kulturkritik oder Kulturtheorie umspannte, [1] verstand die Reform der Hegelschen Dialektik wesentlich als Emendation, d.h. er suchte deren berechtigten Anspruch von den Fehlern, mit denen dessen Realisation in seinen Augen belastet erschien, zu trennen und in irrtumsfreier Weise zur Geltung zu bringen. Indem er die vermeintlichen oder wirklichen Fehler der Hegelschen Dialektik eliminierte, hoffte er, den positiven Gehalt der idealistisch-dialektischen Philosophie um so reiner hervortreten lassen zu können. In dem Buch „Ciò che è vero e ciò che è morto della filosofia di Hegel"[2] skizzierte er seine Auffassung von Dialektik, wie sie in seinem systematischen Werk, das die vier Bereiche Ästhetik, Logik, Ethik und Ökonomik umfaßt, vorausgesetzt ist.

Von *Hegel* übernahm Croce die Auffassung vom („wahren") Begriff als konkretem Universale, das den Charakter einer in sich gegliederten Einheit konkreter, untereinander im Verhältnis des Gegensatzes stehender Bestimmungen hat. Der Begriff in diesem Sinne ist zu unterscheiden von den wissenschaftlichen wie von den Alltagsbegriffen, die von Croce als in gewissem Sinne willkürliche, weil unter pragmatischen Gesichtspunkten vorgenommene Abstraktionen verstanden, mithin im Sinne der nominalistischen Begriffstheorie gedeutet werden. Der „wahre" oder „philosophische" Begriff entspricht dagegen einem Aspekt des (absoluten) Geistes. Er hat als Einheit vielfältiger Bestimmungen deren Gegensatz nicht sich gegenüber, sondern in sich. Er ist objektiver Begriff, da die Wirklichkeit selbst als Einheit von Gegensätzen bzw. als gegensätzlich differenzierte Einheit begriffen wird, so daß eine gegensatzfreie Wirklichkeit nicht möglich ist (19). Das Reale ist weder die Einheit noch die gegensätzliche Mannigfaltigkeit noch die Summe abstrakter Momente; es ist der konkrete Begriff, in dem die Differenz des Einen und des Anderen, der Erscheinung und des Ansich aufgehoben ist (54). Die Entwicklung der gegensätzlichen Bestimmungen in Form von dialektischen Triaden bleibt den Begriffsverhältnissen gegenüber – wie ja schon Hegel gelegentlich bemerkte – äußerlich. Nach Croce handelt es sich bei Hegels dialektischen Triaden von These, Antithese und Synthese gar nicht um das Verhältnis dreier Begriffe, sondern immer nur um einen einzigen Begriff, dessen abstrakte Momente in These und Antithese formuliert werden. So sind „Sein" und „Nichts" in der von Croce für die gesamte Dialektik der Gegensätze als grundlegend angesehenen Triade von *Sein, Nichts* und *Werden* lediglich abstrakte Momente des einen Begriffs „Werden", nicht etwa selbständige Begriffe, aus welchen niemals der höhere konkrete Begriff hervorgehen könnte (25). „Sein" und „Nichts" sind gegensätzliche Bestimmungen, deren Kampf das Werden selbst ist. Sie lassen sich nur als identisch denken (wie es bei Hegel der Fall ist), wenn sie „schlecht", nämlich als verselbständigte Abstracta, gedacht werden, in welchem Falle ihre Beziehung allerdings nicht durch „a = a", sondern durch „0 =

0" auszudrücken ist. Der Begriff des Werdens bzw. der Bewegung ist im übrigen nicht der Begriff eines bestimmten Wirklichen, sondern der idealen Form der Wirklichkeit überhaupt. Darum ist die „Anschauung" – und die spekulativen Begriffe sind insgesamt in gewissem Sinne „intuitiv", nicht „logisch" in der Art von Begriffen, die durch Abstraktion gebildet werden, wie z. B. die Begriffe der Mathematik –, in der „Bewegung" gegeben ist, etwas anderes als die Anschauung eines individuellen, kontingenten Dings. (Damit meint Croce offenbar, die Kritik *Trendelenburgs* an der Dialektik zurückgewiesen zu haben. Seiner Ansicht nach kann das Vorhandensein eines anschaulichen Elementes in der Idee der Bewegung anerkannt werden, ohne daß hieraus mit Trendelenburg auf die Abhängigkeit des dialektischen Denkens von der empirischen Anschauung geschlossen werden müßte.)

Hegel hat, wie Croce überzeugt ist, die große Leistung vollbracht, gestützt auf die Lehre vom konkreten Begriff, die Gegensätzlichkeit als wesentlich für die Wirklichkeit überhaupt und damit das Moment der Negativität als konstitutiv für das Sein wie für das Erkennen aufgezeigt zu haben. Hierdurch legte er nach Croce nicht nur den Grund zu einer autonomen philosophischen Logik, sondern er ermöglichte die Überwindung des Dilemmas von Monismus und Dualismus, das alle frühere Philosophie belastet hatte. Vor Hegel schien angesichts der Alternative von Monismus und Dualismus nur eine Entscheidung im Sinne des Festhaltens der einen und korrelativ der Preisgabe der anderen Seite der Alternative möglich zu sein. Da aber die Einheit ohne Anerkennung der gegensätzlichen Mannigfaltigkeit ebensowenig rein festgehalten werden kann wie die Mannigfaltigkeit ohne Anerkennung der Einheit, waren jene Versuche notwendig zum Scheitern verurteilt. Erst Hegels Dialektik hat nach Croce die Möglichkeit eröffnet, dem angedeuteten Dilemma in endgültiger Weise zu entgehen, indem sie die concordia discors der Wirklichkeit, von der das naive Denken immer wußte, mit philosophischen Mitteln anerkennen lehrte.

Ungeachtet dieser wichtigen positiven Aspekte der Hegelschen Dialektik muß nach Croce das Vorhandensein schwerwiegender Irrtümer in Hegels Denken eingeräumt werden. Die Wurzel dieser Irrtümer ist ein Fundamentalfehler, der sich als außerordentlich weitreichend erweist, nämlich die mangelnde Unterscheidung zwi-

schen der Dialektik der Gegensätze, die bei Hegel in Form des Verhältnisses von These, Antithese und Synthese entwickelt wird, und
der Dialektik der unterschiedenen Stufen der geistigen Wirklichkeit,
die eine Logik der Implikation sein soll. Croce machte es sich zur
Aufgabe, zwischen „teoria degli opposti" und „teoria dei distinti"
– die beide „Dialektik" genannt werden können, wenn auch nicht
in univoker Weise – zu unterscheiden und jeder dieser „Theorien"
ihren eigentümlichen Anwendungsbereich zuzuweisen. Indem
Hegel die nach Croce unabdingbare Unterscheidung von Gegensatzdialektik und Stufendialektik – wie im folgenden abkürzend
gesagt werden soll – vernachlässigte und die letztere nach den nur
für die erstere gültigen Prinzipien behandelte, d.h. sie äußerlich
der triadischen Form unterwarf, legte er den Grund zu einer Reihe
von Folgeirrtümern. Der Grundirrtum besteht nach Croce aber offenbar nicht in der Ausdehnung der triadischen Form auf einen
Bereich, dem sie unangemessen ist; er liegt tiefer, nämlich in der
Degradierung der Stufen des Geistes, die konkret und real sind,
zu bloßen Momenten der konkreten Wirklichkeit, also zu
Abstracta, wie sie in der Gegensatzdialektik zueinander in Beziehung gesetzt werden.

Wie folgenschwer der angedeutete Grundirrtum ist, zeigt sich
nach Croce in aller Deutlichkeit in Hegels Auffassung des Verhältnisses von *Kunst, Religion* und *Philosophie,* das, anstatt im Sinne
eines Nexus unterschiedener, relativ selbständiger Formen des Geistes aufgefaßt zu werden, von Hegel als Verhältnis von These, Antithese und Synthese bestimmt wird. Das impliziert die irrige Behauptung, daß die Religion als Negation der Kunst zu verstehen sei oder
daß Kunst und Religion bloße Abstracta seien, die ihre Wahrheit
erst in der Philosophie als ihrer „Aufhebung" fänden. Ähnlich verhält es sich mit *Familie, bürgerlicher Gesellschaft* und *Staat* oder
Recht, Moral und *Sittlichkeit.* In keinem Falle wird die vermeintliche These durch die jeweilige Antithese negiert; die Moral ist nicht
das Nichtsein des Rechts, und die bürgerliche Gesellschaft ist nicht
das Nichtsein des Familienprinzips (95).

Der Zusammenhang der Stufen ist daher nicht in Gestalt des
Verhältnisses von These, Antithese und Synthese darzustellen, son-
dern in Gestalt des Verhältnisses verschiedener Formen der geistigen
Aktivität, die sämtlich für diese letztere konstitutiv und nur inner-

halb derselben zu unterscheiden sind (81–82). So ist die Anschauung als eine der Formen der geistigen Aktivität konstitutiv für einen Geist, wie es der menschliche ist, aber die geistige Aktivität erschöpft sich nicht im Anschauen, sondern ist außerdem auch Begreifen usw. Somit impliziert „Anschauung" zwar „Geist-Sein", aber nicht umgekehrt, da es geistige Aktivitäten gibt, die nicht Anschauung sind. „Anschauen" und „Begreifen" sind nicht Gegensätze, deren einer den anderen negierte und die in der Einheit des Geistes aufgehoben würden; sie sind vor allem nicht abstrakte Momente des Begriffs „geistige Aktivität"; sie sind vielmehr durchaus konkret und gegeneinander selbständig, so daß zwar im Übergehen des Geistes von der Anschauung zum Begriff, von der Kunst bzw. der Geschichte zur Philosophie, die frühere Stufe verlassen, jedoch nicht negiert wird. Überdies ist dieser Übergang nicht unumkehrbar, sondern der Geist kann sich von der Philosophie wieder zur Kunst zurückwenden. In der Gegensatzdialektik werden dagegen These und Antithese gleicherweise „aufgehoben", d. h. unterdrückt und bewahrt, wenn auch nur im uneigentlichen Sinn, da sie als abstrakte Momente keine selbständige Existenz haben (89). Mit anderen Worten: Jede Beziehung innerhalb der Gegensatzdialektik folgt dem Schema der dialektischen Triade von *Sein, Nichts* und *Werden*. Dieses Schema ist, wie Croce gegen Hegel betont, nicht auf das Verhältnis der Stufen des Geistes anzuwenden. Der individuelle Geist geht von der Kunst zur Philosophie und von dieser wieder zur Kunst nicht deshalb über, weil Kunst oder Philosophie in sich widerspruchsvoll wären, sondern weil die Wirklichkeit selbst ihrem Wesen nach Werden, Bewegung ist. Der absolute Geist *ist* Kunst und Philosophie, er *ist* Theorie und Praxis, darum geht er in seiner wesensnotwendigen Entwicklung von der ästhetischen zur begrifflichen, von der moralischen zur ökonomischen Betrachtungsweise über, nicht um an einen Ruhepunkt, an ein ein für allemal zu erreichendes Ziel zu gelangen, sondern um den Stufengang auf jeweils höherer, weil mit reicherem Inhalt erfüllter Ebene zu wiederholen. Croces Konzeption kennt nicht die Vorstellung eines Ziels der Geschichte, in dem diese zur Vollendung und damit zum Stillstand käme; sie ist vielmehr radikale Bejahung der unabschließbaren Entwicklung der Wirklichkeit, absoluter Historismus. Der Gang der Geschichte unterliegt nicht irgendwelchen außergeschichtlichen

Gesetzen, er ist nicht zu messen an idealen ewigen Normen, sondern bringt selbst in streng immanenter Weise die Universalia hervor, die jedem objektiv gültigen Urteil zugrunde liegen.

Die Verwechslung der Prinzipien von Gegensatzdialektik und Stufendialektik hat zur Folge, daß a) philosophische Irrtümer als Teilwahrheiten und b) bestimmte Begriffe, die auf andere Begriffe im Sinne der Stufendialektik bezogen sind, als Irrtümer erscheinen.

a) Philosophische Irrtümer stellen sich als partielle Wahrheiten dar, wenn sie nicht als fälschlich verselbständigte Abstraktionen, sondern als zwei selbständige Stufen des Geistes aufgefaßt werden. Das soll nach Croce in Hegels Logik bei den für sich genommenen Momenten „Sein“ und „Nichts“ der Fall sein, die sich zum Werden wie niedere Stufen zur höheren verhalten (89). Abgesehen von der sehr engen Bestimmung von „Irrtum“, die hier vorausgesetzt ist und die nur die Hypostasierung von Abstraktionen als „Irrtum“ zu bezeichnen gestattet, muß an diesem Punkte die Angemessenheit von Croces Hegel-Interpretation besonders nachdrücklich in Frage gestellt werden. Daß Hegel „Sein“ und „Nichts“ wie zwei *Stufen* des Geistes – vergleichbar den Stufen des subjektiven und des objektiven Geistes etwa – aufgefaßt haben soll, ist nicht zu glauben. Im Sinne Hegels ist auch die Auffassung zurückzuweisen, daß der Anfang der Logik den Charakter einer Festsetzung nach Art der Annahme von Axiomen zwecks Ableitung von Theoremen habe (109). Von den in der „Phänomenologie des Geistes“ geschaffenen Grundlagen aus gesehen, ist der Vorwurf der Willkürlichkeit, den Croce gegen den Anfang der „Logik“ richtet, ungerechtfertigt.

Dagegen wird man die Behauptung, die Entwicklung des im Anfang der Logik Gedachten enthalte willkürliche Züge, schwerlich zurückweisen können. Die Methode der „Logik“ bleibt in der Tat im Verlauf des Fortgangs nicht unverändert. Ob freilich eine Emendation der „Logik“ dadurch herbeigeführt werden kann, daß deren konkreter, aus der Philosophie der Geschichte und der Philosophie des Geistes stammender Inhalt abgelöst wird von der Weise, in der Hegel den Anfang machen zu müssen glaubte, sowie von der Form des Fortgangs, ist mehr als fraglich. Die „Logik“ steht und fällt – von Unwesentlichem abgesehen – als Ganzes!

b) Überzeugender als die These von der Verwandlung von „Irrtümern" in partielle Wahrheiten ist Croces Behauptung, daß die Vermengung der von ihm getrennten beiden Dialektiken bei Hegel zu einer Metamorphose von partiellen Wahrheiten zu philosophischen Irrtümern führe.

Diese Metamorphose zeigt sich nach Croce deutlich in Hegels Auffassung der Kunst, die sich ihm als provisorische und widerspruchsvolle Form des Geistes darstellt. Als solche ist sie in der Philosophie aufzuheben. Croce ist dagegen überzeugt, daß der (künstlerischen bzw. historischen) Anschauung eine unaufhebbare Funktion zukomme, eine Funktion, die prinzipiell unabhängig von rationalen Beziehungen ist und der man nicht gerecht wird, wenn man sie auf begriffliche Verhältnisse zurückzuführen sucht. Die Kunst der Beurteilung nach logischen oder moralischen Kategorien zu unterwerfen oder Nützlichkeitskriterien auf sie anzuwenden, ist grundsätzlich verfehlt, weil in diesem Falle ihre Eigenständigkeit als Form des Geistes zugunsten andersartiger Formen und der ihnen wesentlichen Gesichtspunkte geopfert würde. Allgemein haben nach Croce die Formen des Geistes als irreduzibel zu gelten. Deshalb lehnt er es ab, die Gestalten einer bestimmten geistigen Form mit Hilfe von Kategorien zu beurteilen, deren Ursprungsort eine andere Form des Geistes ist. Es fällt heute schwer, ein solches Reinheitspostulat zu akzeptieren, also etwa alle Fragen nach moralischer oder sozialer Relevanz aus der ästhetischen Betrachtung auszuschließen.

Hegels Unvermögen, der Eigenart des ästhetischen Momentes gerecht zu werden, zeigt sich, wie Croce betont, besonders klar in seiner Auffassung der Sprache, die als logizistisch bezeichnet werden kann. Die Sprache besteht dieser Auffassung zufolge aus Zeichen, die ausschließlich dazu bestimmt sind, Begriffe auszudrücken. Darum mußte Hegel zu dem Ergebnis gelangen, daß die Sprache einerseits das Individuelle ausdrücken wolle, es aber andererseits prinzipiell nicht ausdrücken könne. Für Croce gilt im Gegensatz zu Hegel nicht: „Individuum est ineffabile", sondern umgekehrt: „Solum individuum est effabile". Sprache ist nämlich nach Croces Ansicht primär Poesie, Kunst, Ausdruck der Anschauung, die immer Anschauung der individuellen Wirklichkeit ist (119–120).

Ebensowenig wie die Kunst kann die Geschichte in eine begriffliche Wissenschaft aufgelöst werden: Sie ist, wie jene, ursprünglich anschauungsabhängig. Die Unterwerfung der Geschichte unter die Methode der Logik bedeutet Zerstörung der Geschichte, wie sie eintritt, wenn mit Hegel der Geschichte des Historikers eine „wahre" Geschichte des Philosophen gegenübergestellt wird, so daß die erstere als partiell falsch erscheint. Die ideale Geschichte leidet neben sich keine Geschichte im üblichen Sinn; Geschichte wird nur noch akzeptiert als *denkende* Betrachtung, nicht aber als Anschauung der sich wandelnden Wirklichkeit.

Schließlich erscheint bei *Hegel* auch die Naturwissenschaft als etwas, das in der Philosophie aufzuheben ist. Sie ist als unentwickelter Ansatz in Richtung auf die Philosophie aufzufassen, während umgekehrt die Philosophie zur „wahren" Wissenschaft wird (148). Croce will dagegen der Naturwissenschaft den Charakter einer selbständigen Weise der Wirklichkeitsbetrachtung neben der Philosophie, mit der jene nicht konkurriert, sichern. Darüber hinaus konstatiert er in Hegels Naturphilosophie einen zweiten Fehler der Hegelschen Dialektik, der auch Hegels Philosophie der Geschichte belastet. Dieser Fehler besteht seiner Ansicht nach darin, daß auch Individuelles nach Art allgemeiner Begriffe behandelt und der dialektischen Methode unterworfen wird (170).

Aus Hegels Fundamentalfehler resultiert der Panlogismus, d. i. die Vernachlässigung aller Erscheinungsformen des Geistes zugunsten der einzig adäquat berücksichtigten, nämlich dem begrifflichen Denken. Der mit dem Panlogismus gegebene Monismus wurde jedoch von Hegel nicht konsequent festgehalten, da mit dem Umschlagen der Idee in Natur ein Umschlagen des monistischen Panlogismus in Dualismus eintritt, der sich ungeachtet verschiedener Versuche, ihn wegzuinterpretieren, nach Croce nicht leugnen läßt.

Hinsichtlich des Versuchs, den Gegensatz von Geist und Natur im Logos „aufzuheben", meint Croce, nicht nur ein Mißlingen, sondern eine Umkehrung der wahren logischen Beziehungen konstatieren zu können. Wiederum ist es die ungerechtfertigte Anwendung der triadischen Form, die dem Irrtum Vorschub leistet, da sie *Geist* und *Natur* als abstrakte Momente zu betrachten zwingt, während sie andererseits auch für Hegel selbst konkrete Realitäten sind (192). In Wahrheit ist aber der Logos gar nicht die Synthese von Geist und Natur, als die er in Hegels System erscheint, sondern er entspricht der These, mithin dem Ausgangspunkt der triadischen Bewegung, deren Phasen Logos, Natur und Geist sind. Tatsächlich enthält der Logos bei Hegel, wie Croce bemerkt, nur Bestimmungen, die den Bereichen der Natur und des Geistes – dieser als subjektiver, objektiver und absoluter Geist verstanden – entstammen (193). Sobald von diesen Inhalten abgesehen wird, erweist sich der Logos als reines Subjekt, als unbestimmter Grund der Wirklichkeit, als der Gott der alten Metaphysik. Darum ist Hegels Denken im Grunde religiös, da in ihm das religiöse Bedürfnis mit rationalen Mitteln befriedigt werden soll. Das kann ungeachtet der Tatsache behauptet werden, daß Hegels Philosophie unter anderen Voraussetzungen auch als irreligiös bezeichnet werden kann, sofern sie nämlich gemäß der Unterwerfung der Stufendialektik unter die Prinzipien der Gegensatzdialektik die Religion in Philosophie auflöst bzw. die Philosophie an die Stelle der Religion setzt (69). Die absolute Philosophie, die die Religion absorbiert, ist aber, wie gesagt, die „Aufhebung" der Religion auch im Sinne ihrer Bewahrung.

Es fällt auf, daß Croce in der Erörterung der Hegelschen Dialektik seine Aufmerksamkeit bevorzugt auf das Verhältnis von Kunst, Religion und Philosophie richtet. Als philosophierenden Theoretiker der Kunst und der Geschichte interessierte ihn begreiflicherweise in erster Linie das Verhältnis von Kunst bzw. Geschichte und Philosophie, das er in positivem Sinne darzustellen suchte. Sein Interesse an der Religion war dagegen für ihn, den dem 19. Jahrhundert entstammenden Liberalen, von anderer Art: es galt vor allem der Frage, wie die Religion, der im Unterschied von Kunst und Philosophie keine Kategorie des Geistes entspricht, in ihrem Verhältnis zu den geistigen Gestalten eigenständiger Art zu bestimmen sei. Seine Antwort lautete, daß die Religiosität nicht neben oder oberhalb, kurz: nicht außerhalb der vier Grundformen des Geistes stehen könne, sondern in ihnen allen gegenwärtig sei. Religiosität in Croces Sinn ist eine Haltung streng immanentistischer Art, die mit Recht als historistischer bzw. naturalistischer Pantheismus bezeichnet wurde.[3] Jede Form transzendenter und in diesem Sinne metaphysischer Religiosität verfällt dagegen der Ablehnung.

Croces Stufendialektik hat, indem sie die Eigenständigkeit der vier Stufen des Geistes betont, zur Folge, daß die praktische Seite des Geistes, bzw. die Stufen der Moral und der Ökonomik, eine selbständigere Behandlung erfahren als bei Hegel, der Moral und Ökonomik unter dem Titel „objektiver Geist" abhandelte, wobei die Ökonomik vor allem im Zusammenhang mit der Erörterung der bürgerlichen Gesellschaft zur Sprache kommt. Das ist entschieden komplizierter, aber auch methodisch weniger klar, da sich bei Hegel immer wieder deskriptive mit normativen Fragen kreuzen, während Croces Trennung von theoretischen und praktischen Stufen des Geistes eine saubere Scheidung jener Fragen ermöglicht.

Croce hat durchaus richtig gesehen, als er Hegel eine Überdehnung des Prinzips der Gegensatzdialektik vorwarf. Das dürfte wohl auch von undogmatischen Anhängern der Hegelschen Philosophie eingeräumt werden. Aber Croce gelangte über die Scheidung von Lebendigem und Totem, von Akzeptablem und von Irrigem in Hegels Dialektik nicht hinaus zu einer schöpferischen Weiterentwicklung der Dialektik. Da es ihm versagt war, neue Gesichtspunkte zu finden, muß seine dialektische Philosophie als im Grunde epigonal bezeichnet werden. Es ist zu vermuten, daß sich die Konzentration auf Hegels Logik (sei es die der „Enzyklopädie", sei es die der „Wissenschaft der Logik") und die Vernachlässigung der Ursprünge der Dialektik in der „Phänomenologie des Geistes" als Hindernis für eine originelle Sicht der Dialektik auswirkte, da hierdurch der Blick auf die erfahrungstheoretischen Zusammenhänge, die Hegel – wie in Band I ausgeführt – bei der Konzeption der Dialektik ursprünglich leiteten, verstellt wurde.

Croces Versuch einer Emendation der Hegelschen Dialektik war kein rein theoretisches Unterfangen; namentlich in der Ausgestaltung der Hegelschen Ansätze einer Stufendialektik zeigte sich vielmehr eine Möglichkeit, gewisse Überzeugungen, die für den Liberalismus des 19. Jahrhunderts charakteristisch waren, mit spekulativen Mitteln zu rechtfertigen, wie z.B. den Ästhetizismus, der die Kunst nicht nur vom Einfluß der Kategorien des begrifflichen Denkens, sondern auch und vor allem vom Einfluß der Kategorien der Praxis „rein" zu halten trachtete, oder den Optimismus, demzufolge die Geschichte als ein Weg zu immer mehr und immer höherer Freiheit erscheint. Da aber die Rechtfertigungsfunktion von Croces Idealismus notwendig zeitbedingt war und da der Croceschen Dialektik echte spekulative Originalität fehlte, ist es begreiflich, daß Croce eine Wirkung über die Zeit, der er angehörte, hinaus nicht beschieden war.

2. *Giovanni Gentile*

Anders als Croce ging *Gentile* in der von ihm versuchten Reform der Hegelschen Dialektik, wie sie in der Schrift „La riforma della dialettica hegeliana" skizziert ist, auf die erfahrungstheoretischen Ursprünge der modernen Dialektik zurück. Das zeigt sich auch deutlich in den größeren Werken „Teoria generale dello spirito come atto puro" und „Sistema di logica".[4] Er sah richtig, daß die neuzeitliche Dialektik im Grunde nicht eine Dialektik objektiver Inhalte, sondern – mindestens im Ansatz – immer schon eine Dialektik des Denkens, genauer: des Verhältnisses von Denken und Gegenstand, gewesen ist. Sie ist, in Gentiles Worten, dialettica del pensante, nicht dialettica del pensato. Sie ist damit ihrer Tendenz nach dynamische Logik, Logik der Synthesis des Bewußtseins, nicht eine Logik statischer Beziehungen, die dem Subjekt vorgegeben wären. Gentile sah in der antiken – namentlich Platonischen – Dialektik eine reine Dialektik des Gedachten. Darüber hinaus meinte er auch in der neuzeitlichen Dialektik immer noch Reste der antiken Denkweise zu finden, so daß auch die moderne Dialektik noch nicht zur reinen Dialektik des Denkaktes gefunden habe. Erst mit ihm, Gentile, selbst soll die aktualistische Dialektik alle Einflüsse der alten Dialektik des Seins überwunden haben.

Die Dialektik des Gedachten hat es mit Beziehungen zwischen objektiven Inhalten („Ideen", „Wesenheiten" o. ä.) zu tun, die von Ewigkeit zu Ewigkeit sind, was sie sind, so daß der objektiven Dialektik das Prinzip der Bewegung fremd sein muß. Höchstens sekundär gibt es im Bereich dieses dialektischen Denkens Entwicklung, sofern die unveränderlichen Wesensbeziehungen vom erkennenden endlichen Subjekt in diskursiver Weise erfaßt werden.

Erst *Kant* durchbrach nach Gentile diese Form der Dialektik, indem er in der reinen Synthesis eine Bedingung der Möglichkeit von Gegenständlichkeit überhaupt, also auch der Erfassung der Beziehungen im Bereich des Gedachten, erkannte. Die Bedingung der Möglichkeit von Objektivität kann aber selbst nicht Objekt sein. Indem die gedachten Begriffe (im objektiven Sinn) als abhängig von Begriffen prinzipiell anderer Art, d. h. von transzendentalen Begriffen, erscheinen, büßt die Dialektik des Gedachten ihre Selbständigkeit ein; Dialektik im ursprünglichen Sinn kann nunmehr allein die Dialektik im transzendentalphilosophischen Sinne heißen. Gentile hat, indem er die transzendentalen Begriffe vom Gedachten unterschied, offenbar sagen wollen, daß die Begriffe und Grundsätze der Transzendentalphilosophie nicht in derselben Weise gedacht werden wie die Dinge, deren Erfahrbarkeit mit ihrer Hilfe erklärt werden soll. (Zu *Kant* ist Band I, Kap. III zu vergleichen.) Bedenklich ist jedoch seine Formulierung, die Dialektik des Denkaktes habe es überhaupt nicht mit etwas Gedachtem zu tun und lege nichtsdestoweniger in Gestalt des Aktes des Begreifens den „wahren“ Begriff zugrunde.

Hegel hat nach Gentile einen wichtigen Schritt über Kant hinaus getan, indem er erkannte, daß die Wirklichkeit der Gedanke selber bzw. daß der wahre, der einzig reale Begriff das Begreifen sei. Hegel löste nicht nur alles Wissen in absolutes Wissen, in Idee, auf, er erkannte auch die Wissenschaft von der Idee als Wissenschaft von der synthetischen Aktivität des Geistes. Allerdings muß mit Gentile einschränkend festgestellt werden, daß sich Hegel nicht von allen Elementen der Logik des Gedachten zu lösen vermochte. Das zeigt sich schon bei Hegels Operieren mit einer beschränkten Zahl von Kategorien, während die aktualistische Auffassung nur eine einzige, unendliche Kategorie kennt: die des Denkens in seiner Aktualität. Ferner enthält Hegels Ableitung des Werdens Züge der statischen Dialektik, sofern die Deduktion des Werdens aus „Sein“ und „Nichtsein“ zur Neutralisierung des Werdens im Gewordenen führt. Damit setzt sich bereits im Anfang der Hegelschen Logik ein antidialektisches Moment durch. Wenn Hegel die Ableitung der Einheit von „Sein“ und „Nichts“ für analytisch erklärt, so unterwirft er den Gedanken dem für alle analytischen Urteile vorauszusetzenden Identitätsprinzip, wogegen in der Synthesis a priori als dem Grund der Dialektik des Denkens nicht das Identische, sondern das Unterschiedene aufeinander bezogen wird. In der Analyse wird immer nur etwas implizit Gewußtes expliziert, d. h. es werden Beziehungen zwischen objektiven Begriffen (wie sie der Platonismus annahm), mithin etwas dem aktualen Akt des Denkens gegenüber Jenseitiges, betrachtet (R 18). Damit verfehlt Hegel nach Gentiles Überzeugung den entscheidenden Punkt, an dem der statische Charakter der Seinsdialektik zu überwinden gewesen wäre.

Gentile erkennt zwar an, daß Hegel die Dialektik als archetypisches Gesetz des Denkens in seiner Aktualität zu begreifen gesucht habe; er konstatiert aber gleichzeitig insofern ein Scheitern dieses Versuches, als Hegel seiner Ansicht nach die Dialektik mit Hilfe abstrakter, unbeweglicher Begriffe zu bewältigen gesucht und damit die dialektische Bewegung, entgegen seiner Intention, aufgehoben habe (T 54–55). Den Ideen im Hegelschen Sinne ist die Bewegung fremd, so wie schon von den Platonischen Ideen zu konstatieren war, daß sie kein Prinzip der Bewegung bzw. Veränderung enthielten (T 46). Gentiles Dialektik sollte folgerichtig keine Ideendialektik sein, da sie als solche auf jeden Fall eine Dialektik des Gedachten sein müßte. Es ergibt sich somit eine Einstellung, die paradox aber zutreffend als „Idealismus ohne Ideen" bezeichnet worden ist.[5]

Hegels Abhängigkeit von der Dialektik des Gedachten zeigt sich nach Gentiles Überzeugung deutlich in seiner Auffassung vom Logos als dem Inbegriff bewußtseinsunabhängiger Formen, aus dem, auf dem Umweg über die Natur, der Geist abgeleitet werden soll. Dieser Weg ist nur gangbar, wenn die Dialektik überhaupt von gleicher Art ist wie die Dialektik der Natur, und da die letztere eindeutig Dialektik des Gedachten ist – sie ist im übrigen für Gentile ein absurdes Unterfangen – ergibt sich auf Grund der vorauszusetzenden Gleichartigkeit der dialektischen Struktur aller Teile des Systems, daß Hegels Dialektik im allgemeinen den Charakter einer *dialettica del pensiero pensato* hat.

Im Gegensatz zu Hegel und den Althegelianern hat es die Dialektik, wie sie Gentile versteht, nicht mit der Bewegung bzw. Veränderung eines Seins außerhalb der Aktualität des Denkens zu tun, da der aktualistische Idealismus kein Sein anerkennt, das die Aktualität des Gedankens als Denken transzendiert. Das Gedachte ist nach aktualistischer Auffassung wirklich im Gedanken, der es denkt, wogegen das abstrakt betrachtete Gedachte ohne Wahrheit ist (R 12). Das Denken selbst ist dialektisch. Es ist eines und vielfältig, sofern die Vielheit des Gedachten in der Einheit des Denkens aufgehoben ist. Das denkende Subjekt selbst ist Werden, ist Prozeß, und somit nicht Sein. Streng genommen *ist* das Subjekt nicht, ja „Sein" und „denkender Geist" sind kontradiktorische Termini (T 24). Andererseits kann der Geist nicht sein Nicht-Sein behaupten, ohne zu sein: Er ist daher als Einheit von Sein und Nicht-Sein zu bestimmen und doch zugleich weder Sein noch Nicht-Sein (L I, 96 sq).

Gentile greift hier offenbar auf *Fichte* zurück, der ebenfalls erklärt hatte, „es gibt überhaupt kein Sein, außer einem notwendigen Bewußtsein".[6] Gentile stützt sich auf den Gedanken der prinzipiellen Nicht-Objektivierbarkeit des Subjekts.[7] Ich kann mich zwar in der Reflexion für mich zum Objekt machen, aber was ich als objektiv erfahre, ist nicht das Subjekt schlechthin, wird doch das Subjekt des reflektierenden Aktes selbst nicht objektiviert. Versuche ich, es in einem neuen Reflektionsakt zu objektivieren, so hat dieser wiederum ein Subjekt, das als Bedingung der Objektivation selbst nicht Objekt sein kann.

Fichte, dem Gentile mindestens ebenso nahe stand wie Hegel und zu dessen in der Wissenschaftslehre gestellter Aufgabe er die Lösung gefunden zu haben meinte (T 244), hat als Momente der Erfahrung die Selbstsetzung des Ichs und die Setzung des Nicht-Ichs durch das Ich genannt.[8] Ähnlich bestimmte Gentile das Ich als konstruktiven Prozeß, in dem das Subjekt dadurch erzeugt wird, daß sich das Subjekt als Objekte setzend erzeugt (T 22). Hierbei wird nicht nur die Annahme einer bewußtseinsunabhängigen objektiven Realität, sondern auch die Annahme eines Denkens als einer für sich bestehenden Realität geleugnet. Das Denken ist stets Denken von Gegenständen, und die Gegenstände sind Gegenstände stets im Denken und für das Denken, auch sofern sie als außerhalb des Denkens vorgestellt werden: „Dieses Außerhalb ist immer innen" (T 32). Die Begründung erfolgt wiederum in Gestalt einer im Idealismus verbreiteten Argumentation: Eine bewußtseinsunabhängige Wirklichkeit (im Sinne des Dings an sich) ist undenkbar, denn sobald sie gedacht wird, ist sie aufs Bewußtsein bezogen, vom Bewußtsein abhängig (T 88). Ein reales Positives, das für das Subjekt sein soll, ohne durch das Subjekt gesetzt zu sein, ist demgemäß nach Gentile ein Widerspruch (T 87).

Die vom Subjekt gesetzte objektive Wirklichkeit ist notwendig als Mannigfaltigkeit zu denken, da ein einziges Objekt unerkennbar wäre. Erkennen besteht nach Gentile im Beziehen von etwas auf etwas anderes; es setzt daher den Unterschied mehrerer Dinge voraus, gemäß dem Satz „Omnis determinatio est negatio". Reine Mannigfaltigkeit ist jedoch nicht nur unerkennbar, sondern schlechthin undenkbar (T 110). Werden Vielheit und Einheit abstrakt gedacht – d. h. die Vielheit ohne Einheit und die Einheit ohne Vielheit –, dann wird das Verhältnis beider unbegreiflich, da die eine nicht aus der anderen abgeleitet werden kann und umgekehrt. In Wirklichkeit ist nach Gentile die Einheit nie ohne Vielheit, die Vielheit nie ohne Einheit. Sie sind nichts außereinander, sondern in der sich entwickelnden Wirklichkeit notwendig verbunden. Einheit, die Vielheit ist, ist Prozeß bzw. Geist, dessen Wesen Prozeß ist. Der Geist ist nicht Prinzip des Prozesses, nicht sein Anfang oder Ziel, sondern selbst Prozeß.

Damit tritt die Dialektik im Sinne Gentiles bereits in ihren Umrissen zutage.

a) Zunächst heißt „dialektisch" das Verhältnis von Subjekt und Objekt, sofern „Subjekt" nicht ohne Beziehung auf ein Objekt, „Objekt" nicht ohne Beziehung auf ein Subjekt vorgestellt werden kann (T 89). Zwar drückt sich Gentile gelegentlich so aus, als erkläre sich diese Wechselbedingtheit aus der Korrelativität der Termini „Subjekt" und „Objekt", aber zweifellos meint er nicht nur eine sprachliche Beziehung, sondern ein aktuales Verhältnis. Da er im Sinne der zum „Cogito" führenden Cartesianischen Überlegungen überzeugt war, daß die Subjekt-Objekt-Relation im Subjekt fundiert ist, ergab sich ihm als Grundstruktur dieser Beziehung die bekannte „dialektische" Beziehung: Das Ich setzt sich selbst, indem es das Objekt setzt, und es setzt das Objekt, indem es sich selbst setzt. In diesem Sinne fragt Gentile rhetorisch: „Denke ich mich wirklich selbst, wenn ich nicht ein anderes als mich selbst denke?" (T 107) (Nur am Rande sei daran erinnert, daß Kant nicht anders geurteilt hatte). Urteile über Objekte (z. B. „Caesar unterwarf Gallien") sind demnach elliptisch; sie sind durch die Berücksichtigung der Subjektabhängigkeit des Objekts zu ergänzen (also im gewählten Beispiel: „Ich denke, daß Caesar Gallien unterwarf").[9]

b) Als dialektisch gilt ferner die Beziehung zwischen Einheit und Vielheit. So wie das Objekt nicht ohne Subjekt und umgekehrt gedacht werden und sein kann, so nicht Einheit ohne Vielheit und umgekehrt. Das Subjekt ist nicht für sich Einheit, sondern nur dadurch, daß es die Einheit des von ihm gesetzten Mannigfaltigen erzeugt; und da die Vielheit ihrerseits nicht ohne Einheit begreiflich ist, findet das Ich seine Einheit wiederum in dialektischer Vermittlung durch die von ihm gesetzte objektive Vielheit. Die Einheit des Geistes schließt nur die abstrakte Vielheit aus; sie ist aber in sich selbst Mannigfaltigkeit in concreto. Der dialektische Begriff des Geistes, wie ihn Gentile zu konzipieren sucht, erfordert die geistige Vielheit als wesentliches Merkmal des Begriffs seiner Einheit. Vereinigung des Vielfältigen und Vervielfältigung des Einen sind nicht zwei verschiedene Prozesse, sondern zwei Seiten ein und desselben Prozesses. Darum hat, wie Gentile betont, der Geist kein Anderes sich gegenüber, zu dem er sich entäußerte, denn das hieße, die Einheit des Geistes durch Setzung der Andersheit als reiner Mannigfaltigkeit zu zerstören. Das Andere ist nicht ein vom Ich (als transzendentalem Ich) verschiedenes Anderes. Der Begriff der dialektischen Bewegung gehört mithin dem transzendentalen Ich an, von dem immer die Rede ist, wenn vom Denken in seiner Aktualität gesprochen wird. Das empirische Subjekt verschwindet aber nicht im transzendentalen Ich, es steht als Moment dem Objekt in der Erfahrung unaufhebbar gegenüber. Andernfalls wäre der absolute Idealismus eine Art von Mystizismus.

c) Die Dialektik des Geistes ist schließlich Dialektik von Allgemeinem und Besonderem. Das (transzendentale) Ich ist einzig, mithin konkret; zugleich hat es als Denken die größtmögliche Universalität, denn es ist das Denken jedes beliebigen Gegenstandes (T99–100). Diese Überlegungen scheinen sich auch so ausdrücken zu lassen: Das Bewußtsein überhaupt ist als Form jeder gegenständlichen Erfahrung *eines,* ja im strengen Sinne einzig; sofern es Form *jeder* gegenständlichen Erfahrung ist, ist es zugleich allgemein. Mit diesem verbindet sich bei Gentile ein anderer Gedanke: Was das Bewußtsein als wahr erkennt, erkennt es allgemein als wahr. Daher ist auch das Bewußtsein, in dem ich mir meiner selbst bewußt werde, ein allgemeines Bewußtsein, obwohl das (transzendentale) Ich einzig ist.

Da ein Individuum durch die Einheit des Universalen und des Besonderen, des Idealen und des Positiven, der Form und des Inhalts charakterisiert ist, stellt sich das Ich, das diese (dialektische) Einheit der genannten Momente ist, als das wahre Individuum dar. Im Ich sind beide Momente identifiziert, und zwar nicht so, als wären sie ursprünglich verschieden und würden erst nachträglich verknüpft, sondern so, daß das Identische im Sinne dieser Momente differenziert gedacht wird. Streng genommen *gibt es* nach Gentile das Allgemeine *nicht*, es gibt nur den Akt des Verallgemeinerns, das Werden des Allgemeinen (T 104–105). Das transzendentale Ich setzt das Allgemeine als Noema nur insofern, als es „autonoema" ist (L II, 85 sqq.).

Die Synthese der Bestimmungen Einheit und Vielheit, Allgemeines und Besonderes ist darum möglich, weil das Objekt nichts vom Subjekt Unabhängiges, ihm Vorgegebenes, sondern im Subjekt, ja selbst Subjekt ist: „Alles in uns; d.h. alles wir" (T 122). Für den aktualistischen Idealismus gibt es somit keine Welt, die jenseits des Erkennens bestünde und die erkennend in Besitz zu nehmen wäre. Vielmehr ist alles, was ist, nur kraft des Denkens. Das Denken ist die eigentliche Kosmogonie (R 6–7). Das transzendentale Ich entzweit sich und erzeugt das Verhältnis von zwei Ich („sè"), einem, das (empirisches) Ich, und einem, das Objekt ist, wobei sich jedes im anderen reflektiert (T 245; cf. L II, 39–40). Das (transzendentale) Ich ist das Absolute; es ist, sofern es sich setzt; es ist Urache seiner selbst, causa sui (T 249). Es erschafft sich selbst und in sich die Welt. Es ist Selbsterschaffung, so wie es Selbsteinigung (autosintesi) ist (L II, 79 sqq.).

Hier ist der Ort, an dem das Verhältnis von Kunst, Religion und Philosophie, dem Gentile nicht weniger als Croce seine Aufmerksamkeit widmete, zu erörtern ist. Es wird sich zeigen, daß Gentile dieses Verhältnis prinzipiell anders bestimmte als Croce, sofern er es in deutlicher Anlehnung an Hegel im Sinne einer dialektischen Triade auffaßte.

Die Kunst drückt, ebenso wie die Philosophie, eine Welt aus, aber im Unterschied zu dieser eine Welt in der Form der Subjektivität. Gentile stimmt *Croce* (und *De Sanctis*) zu, wenn dieser die Kunst im wesentlichen als Ausdruck des Individuellen bestimmte. Dennnoch ist seiner Ansicht nach die Kunst in gewissem Sinne unpersönlich, da jedes Kunstwerk sich als solches über das empirische Individuum erhebt und universale Gültigkeit erlangt. Während die Kunst Potenzierung des Selbstbewußtseins ist, ist die Religion die Erhöhung des Objekts, das sie unabhängig vom Subjekt und diesem abstrakt entgegengesetzt betrachtet. In diesem Gegensatz zum Subjekt wird die objektive Wirklichkeit aber unerkennbar, das Mysterium ist das Wesen der Religion.

Kunst und Religion sind Positionen des Geistes gegenüber der Wirklichkeit innerhalb der dialektischen Entwicklung des Geistes; die Philosophie ist ihre Synthesis, sofern sie die objektive Wirklichkeit als Geist erkennen lehrt. Da die Position des Subjekts und die Position des Objekts nur abstrakt unterscheidbare Momente ihrer ursprünglichen Synthesis sind, lassen sie sich nicht fixieren. Kunst, Religion und Philosophie sind nicht unabhängige Formen des Geistes, wie *Croce* meinte, sondern Momente der Einen geistigen Aktivität.

Die Wirklichkeit ist das Subjekt, das sich begreift, indem es alles begreift. Der wahre Begriff ist Begriff seiner selbst (autoconcetto, conceptus sui). Die Vielheit der Begriffe ist nur Oberfläche; im Grunde gibt es nur einen Begriff: den Begriff des Subjekts als Mittelpunkt aller Dinge. Die Wirklichkeit ist Idee, und die Idee fällt mit dem sie erkennenden Akt zusammen.

Gentiles dialektische Philosophie läßt die erfahrungstheoretische Ausgangsposition noch deutlich genug erkennen. Zum Behuf der Erklärung von Erfahrung überhaupt, d. i. der Beziehung von Erkennendem und Erkanntem, das stets eine Einheit mannigfaltiger Bestimmungen darstellt, nahm Gentile an, daß nicht nur die Form der Erfahrungswirklichkeit (das Moment der Einheit bzw. das Moment der Relation im allgemeinen) vom transzendentalen Subjekt erzeugt werde, sondern auch die gegenständliche Mannigfaltigkeit. Das Objekt ist für Gentile Grenze („termine") der Aktivität des Subjekts. Die Vielheit gehört zwar dem Objekt an, aber nur sofern es Objekt eines Ichs innerhalb der Bewußtseinseinheit ist. Daher ist die Einheit des Ichs dem Mannigfaltigen nicht neben-, sondern übergeordnet. Das Verhältnis von empirischem Subjekt und Objekt wird von Gentile dadurch intelligibel zu machen gesucht, daß er es als Produkt des transzendentalen Ichs auffaßt. Auf diese Weise wird es ihm möglich, die Erkenntnis des Objekts durch das empirische Subjekt als Bewußtwerdung des absoluten im empirischen Ich zu deuten, sofern empirisches Subjekt und Objekt sowie die Beziehung zwischen beiden vom transzendentalen Subjekt erzeugt sein sollen. Das absolute Ich erkennt sich demgemäß im

Objekt, sofern es sich desselben als empirisches Ich bewußt wird.

Im Sinne der Deutungsprinzipien, die in der vorliegenden Arbeit Anwendung finden, muß konstatiert werden, daß Gentile einerseits den Ursprung der Dialektik zutreffend in der Erfahrungstheorie suchte, daß er aber andererseits den schon früher aufgewiesenen Fehler der transzendentalen Subreption beging, d. h. Annahmen, die er zum Zweck der Erklärung der Möglichkeit von Erfahrung für notwendig hielt, als Aussagen über Wirkliches mißdeutete. Um Erfahrung als möglich begreifen zu können, meinte er, empirisches Subjekt und Objekt als Ergebnis der „Dualisierung" des transzendentalen Ichs verstehen zu müssen, da seiner Ansicht nach jede andere Annahme untauglich zur Erreichung des Erklärungszieles wäre. Namentlich macht die Annahme von Dingen an sich als eines subjektunabhängigen Gegebenen („positivo estrasoggettivo") das Problem, mit dem sich die Erfahrungstheorie auseinandersetzt, unlösbar. Ähnlich wird es durch die ausschließende Entgegensetzung von Einheit und Vielheit, von Allgemeinem und Besonderem zu einem unauflöslichen Problem. Darum meinte Gentile, eine „dialektische" Beziehung zwischen Subjekt und Objekt, Einheit und Vielheit, Allgemeinem und Besonderem annehmen zu müssen. Das aber führte ihn zu der weiteren Annahme einer umfassenden, absoluten Einheit als Möglichkeitsbedingung der genannten dialektischen Beziehungen. Diese Einheit, angenommen zum Behuf der Erklärung der Möglichkeit von Erfahrung überhaupt, hypostasierte er, indem er sie als „absoluten Akt" oder als „absoluten Geist" bestimmte. Sogleich drängte sich ihm die Frage auf, ob wir vom „denkenden Denken" nicht in direkter Weise wissen könnten, da er offenbar, wenn vielleicht auch nur dunkel, erkannte, daß er sonst nicht umhin könne, den hypothetischen Charakter der obersten Sätze seines Systems einzuräumen. Äußerungen, in denen Gentile betonte, der Geist könne durch Intuition erfaßt werden, wenn man sich nur von den Abstraktionen des Alltagsdenkens und der Wissenschaft zu befreien vermöge (cf. T 29), dürften als Versuche aufzufassen sein, die Grundsätze des Systems, die sich dem kritischen Betrachter als Hypothesen darstellen, auf die Basis einer unmittelbaren Erfahrung zu beziehen.

Gentile hat einerseits gesehen, daß die Sätze der Transzendentalphilosophie als einer Metatheorie nicht auf der Ebene von Sätzen über Gegenstände liegen. So sagte er gelegentlich: „wir finden uns in einer neuen Welt, die nicht Erfahrungsstoff ist, da sie nicht gedacht ist, sondern Grund und Prinzip dessen, was gedacht wird" (T 45). Anstatt aber „Prinzip" im Sinne von „Erklärungsprinzip" aufzufassen, verstand Gentile diese „neue Welt" der transzendentalphilosophischen Betrachtungsweise als die Welt des absoluten Geistes, der eine Art Wirklichkeit, nämlich Realgrund der empirischen Wirklichkeit ist, wie es in der oben angeführten Äußerung über das Denken (des transzendentalen Ichs) als der eigentlichen Kosmogonie besonders klar ausgedrückt ist.

Somit kommt bei Gentile noch einmal der für die dialektische Philosophie wesentliche Zusammenhang der Dialektik mit der Erfahrungstheorie zum Vorschein; zugleich aber tritt bei ihm auch die charakteristische Hypostasierung erfahrungstheoretischer Beziehungen in aller Deutlichkeit zutage, die sich auch bei früheren Vertretern der dialektischen Philosophie als die entscheidende Bedingung der dialektischen Deutung erfahrungsanalytischer Verhältnisse nachweisen ließ.

3. Francis Herbert Bradley

Etwa zur gleichen Zeit wie in Italien setzte in England mit James Hutchison *Stirlings* Buch „The Secret of Hegel" (1865) die Hegel-Rezeption ein. Der englische Neoidealismus des ausgehenden neunzehnten und beginnenden zwanzigsten Jahrhunderts, wesentlich gefördert durch Thomas Hill *Green,* den Hegel-Übersetzer William *Wallace* und andere, wich der Auseinandersetzung mit der (Hegelschen) Dialektik ebensowenig aus wie der italienische. In diesem Zusammenhang sind J. *McTaggarts* Studien zur Hegelschen Dialektik zu erwähnen, vor allem aber der Versuch *F.H. Bradleys,* die Konzeption der Dialektik von den (vermeintlichen oder wirklichen) Mängeln zu befreien, die sie in ihrer Hegelschen Gestalt aufwies. *Bradley* (1846–1924) entwarf, ähnlich wie der ihm geistig verwandte Bernard *Bosanquet,* eine Logik, die, wie die Hegelsche, zugleich Metaphysik (bzw. Erkenntnismetaphysik) war.[10] Bradleys Dialektik soll im folgenden als repräsentatives Beispiel des engli-

schen Neohegelianismus dargestellt werden; denn obwohl es Bradley ausdrücklich ablehnte, sich als Nachfolger eines bestimmten
Philosophen und namentlich Hegels zu bezeichnen, und sogar die
Existenz eines englischen Hegelianismus leugnete (L X), stand seine
Philosophie unverkennbar unter dem Einfluß Hegels. Offensichtlich
stimmte Bradley hinsichtlich der wesentlichen Elemente der dialektischen Philosophie, namentlich hinsichtlich der Voraussetzungen,
daß die Wahrheit das Ganze sei, daß alles Endliche durch Beziehungen innerhalb des Absoluten (der absoluten Realität) bestimmt,
mithin omnis determinatio negatio sei, daß der Satz vom (ausgeschlossenen) Widerspruch nur beschränkte Bedeutung im Bereich
der formalen Logik habe und daß das Absolute das Göttliche sei,
mit Hegel überein, wogegen die Differenzen, insbesondere auch in
bezug auf die dialektische Methode, Punkte von untergeordneter
Bedeutung betreffen.[11]

Der Grundgedanke von Bradleys Metaphysik ist in knappster
Form in folgenden Sätzen ausgedrückt:

„Es gibt nur eine Realität und deren Sein besteht in der Erfahrung.
In diesem einen Ganzen kommen alle Erscheinungen zusammen,
und in ihrem Zusammenkommen verlieren sie in unterschiedlichen
Graden ihre unterscheidende Natur. Das Wesen der Realität besteht
in ihrer Einheit und der Übereinstimmung von Dasein und Inhalt.
Andererseits besteht die Erscheinung in der Diskrepanz zwischen
diesen beiden Aspekten" (AR 455–456).

Die Welt, die wir durch Beobachtung kennen und die wir begrifflich zu erklären suchen, stellt sich uns als widerspruchsvoll dar;
sie muß daher, da die Wirklichkeit selbst nicht inkonsistent sein
kann, als Erscheinung gelten (AR 11). Alle Versuche, mit Hilfe der
Begriffspaare „primäre und sekundäre Qualitäten", „Ding und
Eigenschaft", „Ursache und Wirkung", „(unerkennbares) Ding an
sich und Phänomen" zu einer konsistenten Darstellung der Erfahrungswirklichkeit zu gelangen, sind nach Bradley ebenso zum
Scheitern verurteilt, wie der Versuch, die im gewöhnlichen Verständnis von Raum und Zeit enthaltenen Widersprüche zu überwinden. In diesem Zusammenhang griff Bradley die Dialektik von
Einheit und Mannigfaltigkeit bzw. von Ding und Eigenschaft auf,
die in Hegels Logik behandelt worden war, wie er auch auf Gedan-
kengänge zurückgriff, die ihre Verwandtschaft mit *Kants* mathema-

tischen Antinomien nicht verleugnen können. Die Folgerung, daß ein durch innere Inkonsistenz charakterisierter Bereich phänomenal sein müsse, erinnert an *Herbarts* zentralen Gedanken, wenn auch Bradley eine monadologische Lösung des Problems, wie sie Herbart vorschwebte, verwarf. Die Versuchung ist groß, in Bradley einen eklektischen Philosophen zu sehen, und in der Tat scheint er sich selbst bis zu einem gewissen Grade als einen solchen betrachtet zu haben, wenn er als seine Leistung lediglich in Anspruch nahm, Bekanntes in einer Weise vorgetragen zu haben, die zu neuem Durchdenken zwingt.

Bradleys These von der „Widersprüchlichkeit" der Erscheinung läßt sich am besten anhand der Dialektik von Relation und Qualität[12] darstellen: Die Ordnung von Fakten mit Hilfe der Unterscheidung von qualitativen Inhalten und deren Relationen mag praktisch brauchbar, sogar unentbehrlich sein; sie ist nach Bradley nichtsdestoweniger unbegreiflich, da mit Widersprüchen belastet, die unüberwindbar sind. Im vorliegenden Fall besteht die Widersprüchlichkeit in folgendem: Erscheinungen werden erklärt mit Hilfe von Beziehungen, die zwischen Qualitäten bestehen sollen. Beziehungen setzen aber immer Qualitäten voraus, da eine Beziehung ohne in Relation stehende qualitativ bestimmte Termini unmöglich ist; umgekehrt setzen Qualitäten Beziehungen voraus, da ein relationsloser Inhalt ebenfalls unmöglich ist (AR 25–26).

Wenn man das Moment der Inkonsistenz, durch das der Bereich der Erscheinung charakterisiert sein soll, als „dialektisch" bezeichnet, dann scheint die Dialektik auf diesen Bereich beschränkt zu sein und mit dem Aspekt seiner „Unwahrheit" zusammenzuhängen. Der Übergang von der Erscheinung zur „wahren" Wirklichkeit erfolgt in undialektischer Weise: Er beruht auf dem Grundsatz (der als absolutes Kriterium der „Wahrheit", d.i. der Wirklichkeit, fungiert), daß nichts im eigentlichen Sinne wirklich sein kann, was in sich widerspruchsvoll ist (AR 136).

Die wahre Wirklichkeit muß nach Bradley als *einzig* gedacht werden (AR 519–520). Sie darf nicht als Einheit einer Vielheit voneinander unabhängiger realer Seiender vorgestellt werden, da sich damit sogleich der Widerspruch erhöbe, der in dem Verhältnis von Einheit und Vielheit enthalten ist (AR 141). Da aber das Absolute mindestens so reich sein muß wie die Welt der Erscheinung, muß in ihm das Moment der Differenz anerkannt werden. Das Absolute ist Harmonie von Differenzen; es ist individuell, und es ist wesentlich „Erfahrung", d.h. Fühlen, Denken, Wollen, kurz: Geist (AR 144). Die Einheit, als die das Absolute zu bestimmen ist, ist als Einheit von der Art jener Einheit vorzustellen, als die wir unseren jeweiligen psychischen Zustand empfinden, als eine Einheit also, die über- oder unterhalb des relationalen Denkens liegt (AR 520–521).

Bradley betrachtete die Unterscheidung von wahrer Wirklichkeit und Erscheinung als vorläufig. Er betonte nachdrücklich, daß die absolute Wirklichkeit, obwohl sie nicht in den sinnlich wahrnehmbaren Tatsachen bestehe, auch nicht als etwas jenseits derselben (sozusagen als Kantisches Ding an sich) aufgefaßt werden dürfe: Im Absoluten ist die Unterscheidung von Realität und Erscheinung aufgehoben. Das Absolute ist erscheinende Wirklichkeit, die Erscheinung ist das Wirkliche, sofern es erscheint.

Vor dem Hintergrund dieser metaphysischen Konzeption ist Bradleys Auffassung der Dialektik zu skizzieren. Denken im allgemeinen besteht nach Bradley in der Trennung der Aspekte des DASS und des WAS, die in der Wirklichkeit verbunden sind, d.i. der Existenz und des Begriffs. Begreifen ist auf das Moment des Inhalts beschränkt, es vermag nicht durch Analyse von Begriffsinhalten den Übergang zum Moment des Daseins zu leisten. Indem jedoch das Denken Begriff und Dasein trennt, trachtet es indirekt danach, ihre Trennung zu überwinden und das Ganze der Wirklichkeit wiederherzustellen (AR 360; cf. 165). Das Denken, das auf diese Weise nach seiner eigenen Aufhebung strebt, ist wesentlich dialektisch. Indem es nach der „Wahrheit" strebt, d.h. eine Wirklichkeit zu erreichen sucht, in der es zur Ruhe kommt, muß es das jeweils Gegebene transzendieren und seinen Gegenstandsbereich indefinit erweitern. „Wahrheit" bezeichnet hierbei einen Charakter, den die Wirklichkeit besitzt, der aber in der Erkenntnis als ideales Moment vorhanden ist, d.h. als ein Moment in Distanz gegenüber der Existenz. Ziel des Strebens nach Wahrheit ist es, die absolute Wirklichkeit als allumfassendes, mithin von nichts anderem abhängiges und durch nichts anderes vermitteltes Individuum zu erfassen. Mit der Erreichung dieses Ziels würde das Denken aufhören, zu sein, was es ist, nämlich Einsicht in Beziehungen. In diesem Sinne kann Bradley erklären, das Denken strebe nach seiner Aufhebung.

Denken ist wesentlich Urteilen, d.i. Differenzierung eines Ganzen, daher Analyse und Synthese in einem (AR 168–169). Da das Urteil wegen seines relationalen Charakters immer nur einen beschränkten Bereich der Wirklichkeit betrifft, ist die in ihm ausgedrückte Behauptung notwendig unvollständig, ergänzungsbedürftig, was sich darin äußert, daß streng genommen alle Urteile in der Form von Konditionalsätzen auszusprechen sind. Das Komplement, durch das jedes Urteil ergänzt werden müßte, um vollkommen wahr zu sein, läßt sich aber nicht adäquat erkennen, weshalb alle Urteile nicht nur bei Berücksichtigung ihrer Bedingtheit durch ein höchstens partiell erkanntes Komplement als konditional, sondern auch als in gewissem Sinne unwahr zu bezeichnen sind. Wahrheit und Irrtum bilden keinen unbedingten Gegensatz: „Es wird keine Wahrheit geben, die ganz wahr ist, so wie es keinen Irrtum geben wird, der ganz falsch ist" (AR 362). Das bedeutet selbstverständlich nicht, daß es sinnlos wäre, unter bestimmten Voraussetzungen Urteile als falsch oder wahr in der herkömmlichen Bedeutung dieser Ausdrücke zu bezeichnen. Die These des lediglich graduellen Unterschiedes von Wahrheit und Falschheit beruht auf der Anwendung eines absoluten Maßstabs, der im alltäglichen Urteilen nicht zur Geltung kommt. Die Behauptung der Relativität von wahr und falsch beruht auf der Annahme, daß Urteile die Wirklichkeit repräsentieren, und daß sie das in geringerem oder größerem Umfang tun können, weshalb sie immer nur einen bestimmten Grad von Gültigkeit (validity) besitzen. Sie vermögen niemals das Absolute selbst auszudrücken.

Die These der Relativität von Wahr und Falsch gehört der umstrittenen Kohärenz-Theorie der Wahrheit an, der man selbstverständlich nicht gerecht werden kann, wenn man sich auf *Tarskis* Wahrheitskonvention stützt. „Wahrheit" bedeutet bei Bradley keineswegs jene „Übereinstimmung mit dem Sachverhalt", die mit der Festlegung gemeint ist, daß ein Satz „p' genau dann wahr sei, wenn p der Fall ist (daß also zum Beispiel „Es schneit" wahr ist, wenn es schneit). „Wahr" ist nach Bradley eine Bestimmung, die Urteilen nur zukommt, sofern sie einem der Ordnung von Erfahrungen dienenden System von Urteilen angehören. Stellt es sich heraus, daß

der Zweck der Ordnung von Erfahrungen besser erreicht werden
kann, wenn das System von Urteilen modifiziert wird, dann haben
jene Urteile, die von der Modifikation betroffen sind, als falsch,
die an ihre Stelle tretenden als wahr zu gelten, ohne daß die letzteren
damit in endgültiger Weise als wahr charakterisiert wären. Wenn
man „Wahrheit" lediglich im Sinne von Tarskis Wahrheitskonvention verwenden will, könnte Bradleys Kohärenztheorie trotzdem
als Theorie des Erkennens sinnvoll vertreten werden.[13]

Obwohl Bradley überzeugt war, daß es keine von der Sinneser-
fahrung bzw. von der Empfindung unabhängige Erkenntnis geben
könne und daß sich das Material der Erkenntnis niemals antizipie-
ren lasse, sondern als irrationales Gegebenes hinzunehmen sei, verwahrte er sich gegen eine Erkenntnistheorie, die von Sinnesdaten
als etwas selbständig Gegebenem ausgeht und über ihnen als der
empirischen Basis einen begrifflichen Überbau errichten zu können
meint (E 202 sqq.). Empfindungen geben jedoch keine Tatsachen.
Schon wenn etwas als „hier" oder „jetzt" vorhanden, als „dieses"
oder „meines" bezeichnet wird, ist der Bereich der Empfindung,
in dem es zwar keine Falschheit, aber auch keine Wahrheit gibt,
überschritten und das Einzelne als Moment innerhalb eines Systems
bestimmt. So wie es keine selbständigen Sinnesdaten gibt, außer
als Abstracta, so kann auch kein Wahrnehmungsurteil einen anderen als bloß Wahrscheinlichkeitscharakter haben. Es gibt keine
prinzipiell infalliblen Wahrnehmungsurteile. Wenn geleugnet wird,
daß es „absolute Tatsachen" gibt, so bedeutet das nach Bradley
nicht, daß etwas, das unter gewissen Bedingungen für mich existiert,
in anderem Zusammenhang sich als inexistent erweisen könnte,
sondern nur, daß die Bestimmungen, mit denen es sich in einem
gewissen Zusammenhang darstellt, in einem anderen systematischen Kontext als korrekturbedürftig erscheinen können. Bradley
ist überzeugt, daß es eine absolute Wirklichkeit gibt, und deshalb
ist seiner Ansicht nach auch die Möglichkeit absoluter Erkenntnis
zu postulieren. Diese absolute Erkenntnis kann aber nicht Tatsa-
chen-Erkenntnis sein. Gegenüber der absoluten Wirklichkeit in ihrer (im einzelnen nicht adäquat erfaßbaren) Fülle erweisen sich alle
Tatsachen als defektiv, wie sich gegenüber der absoluten Wahrheit
alle Urteile als ergänzungsbedürftig erweisen. Jede Erkenntnis endlicher Gegenstände ist begleitet von einem unbestimmten Gefühl

eines Jenseitigen, das sich in der Forderung nach Ergänzung jeder beschränkten Wahrheit niederschlägt (E 225). „Wir alle scheinen in der einen oder anderen Weise etwas zu berühren und in Gemeinschaft mit etwas zu stehen, das jenseits der sichtbaren Welt ist ... Und bei gewissen Menschen ist die intellektuelle Anstrengung, das Universum zu verstehen, ein hervorragender Weg, die Gottheit zu erfahren" (AR 5–6).

Bradley wollte nicht darauf insistieren, daß der Prozeß der Ergänzung jeder beschränkten Wahrheit durch Berücksichtigung des unbestimmten Komplements derselben als „Dialektik" zu bezeichnen sei; auf jeden Fall ist aber seiner Ansicht nach daran festzuhalten, daß mit dem Gegenstand etwas den Gegenstand Transzendierendes gegenwärtig ist (E 225). Das Entscheidende ist in der Annahme zu erblicken, daß der erkennende Geist eine Idee der Totalität, der wahren Wirklichkeit, die selbst wesentlich Geist ist, besitzt. In dieser obersten Voraussetzung aller idealistischen Dialektik ist das entscheidende Motiv auch der Bradleyschen Dialektik zu erblicken, wie aus folgender Äußerung hervorgeht:

„Vor dem Geist steht ein einzelner Begriff, aber der ganze Geist selbst, der nicht erscheint, ist im Prozeß engagiert, bearbeitet das Gegebene und bringt das Ergebnis hervor. Der Gegensatz zwischen dem Realen in dem fragmentarischen Charakter, in dem es der Geist besitzt, und der wahren Wirklichkeit, die im Geiste gefühlt wird, ist die Bewegungsursache jener Unruhe, die den dialektischen Prozeß in Gang bringt" (L 409).

Die Dialektik stellt, wie Bradley zu zeigen suchte, einen eigenen Erkenntnisweg dar, der von den anderen Operationen des Denkens deutlich unterschieden ist. Wie jede Erkenntnis beginnt zwar die dialektische Denkbewegung mit bestimmten Daten. Im Unterschied zu anderen Erkenntniswegen bedarf sie aber weder zusätzlicher empirischer Prämissen, noch besteht sie in der bloßen Analyse der Ausgangsbegriffe. Sie beruht auf einer eigentümlichen geistigen Funktion, die Bradley als Vermögen zur Erweiterung von Daten durch ideale Synthese charakterisierte. Die Dialektik besteht demnach in einem Prozeß der Redintegration, der aber, im Unterschied zur empirischen Erkenntnis nicht (oder mindestens nicht nur) als Reproduktion vergangener Perzeptionen aufzufassen ist, sondern auf einer Gewißheit eigentümlicher Art, nämlich einer gefühlten,

unterhalb der Ebene der Beziehungsbestimmung liegenden Gewißheit des Ganzen, beruht.[14]

Der Prozeß der dialektischen Redintegration läßt sich unter-
schiedlich deuten (L 409–411):

(a) Er kann als Fortschreiten kraft Negation aufgefaßt werden,
wobei der den Ausgangspunkt bildende Begriff als in sich widerspruchsvoll gilt, so daß jede ihn betreffende Behauptung Negation
einer entgegengesetzten ist und gleichzeitig von derselben abhängt,
mithin ihren eigenen Gegensatz impliziert. Hierin kommt zum Ausdruck, daß das im Anfang implizit gegenwärtige Ganze zur Aufhebung jeder einseitigen Behauptung zwingt. Diese Auffassung von
Dialektik schrieb Bradley *Hegel* zu.

(b) Er kann aber auch folgendermaßen aufgefaßt werden: Ausgangspunkt des dialektischen Prozesses ist ein isoliertes Datum, das
als unvollständig empfunden und als solches negiert wird. In dieser
Negation wird das die isolierte Ausgangsgegebenheit ergänzende
Komplement zur Geltung gebracht. Die Negation hängt dieser Auffassung nach nicht mit der vorgeblichen Widersprüchlichkeit jeder
endlichen Setzung zusammen, sondern ist Ausdruck des Gefühls
der Unvollständigkeit jedes endlichen Gegebenen. Dieser Auffassung zufolge lassen sich nicht, wie bei der Position (a), Setzung
und Entgegensetzung als positive und negative Seite einander ge-
genüberstellen, sondern sowohl die ergänzungsbedürftige Aus-
gangswahrheit wie auch ihre Ergänzung sind von relativer Posivität.
In jeder Wahrheit, so unvollständig sie auch sein mag, ist ein Wissen
des Vollkommenen enthalten, an dem gemessen sie sich als unvoll-
kommen erweist und mit dem das Ziel der dialektischen Bewegung
gegeben ist (L 489).

Wäre dieses Ziel erreichbar, d.h. wäre das Ganze der Wirklichkeit als ein System von Differenzen denkbar, das in jedem Einzelnen
immanent enthalten ist, so ließe sich in der Tat (wie es *Hegel* gefordert hat) die Erzeugung des Ganzen als Selbstbewegung eines beliebigen seiner Elemente darstellen. Obwohl Bradley an der Erreich-
barkeit dieses Zieles zweifelte, hielt er es dennoch nicht für einen
durch und durch trügerischen Traum, sondern für die Vision absoluter Vollendung, die ungeachtet ihrer Unerreichbarkeit in sich
wahr ist.

Mit Hegel und anderen dialektischen Philosophen hat auch

Bradley die obersten logischen Prinzipien relativiert. Das Identitätsprinzip kann seiner Ansicht nach nicht sinnvoll als „A ist A" formuliert werden, da niemand im Ernst eine Tautologie äußern wollen
kann. Es kann nur die Bedeutung haben, daß ein Satz ursprünglich
wahr ist, wenn er, unter gewissen Umständen als wahr behauptet,
durch keine Änderung der Umstände falsch werden kann. Das Prinzip besagt also: „Was in einem Kontext wahr ist, ist auch in einem
anderen Kontext wahr" (L 143). Wenn alle Urteile als Konditional-
sätze zu formulieren sind, liegt die Wahrheit des Prinzips auf der
Hand. Das im Konditionalsatz behauptete Implikationsverhältnis
ist unabhängig von realen Veränderungen. Da das Identitätsprinzip
nichts über das Verhältnis von Urteilen zur Wirklichkeit aussagt,
die Dialektik es aber gerade mit diesem Verhältnis zu tun hat, kann
es unbeschadet der Anwendbarkeit der Dialektik aufrecht erhalten
werden.

Ähnlich argumentierte Bradley hinsichtlich der Frage des Verhältnisses von Widerspruchsprinzip und Dialektik. Da der Satz vom
(ausgeschlossenen) Widerspruch nach Bradley lediglich besagt, daß
entgegengesetzte Elemente miteinander unverträglich wären, wenn
sie real voneinander getrennt und in dieser Trennung fixiert wären,
stellt er eine so schwache Behauptung dar, daß er im Hinblick auf
den Anspruch der Dialektik gänzlich neutral ist (L 149–151). Wenn
dagegen etwas gefunden wird, das – wie es nach Bradley beim Kontinuum der Fall ist – als Einheit gegensätzlicher Bestimmungen existiert, dann findet das Widerspruchsprinzip, das sich nur auf real
verschiedene Gegensätze bezieht, keine Anwendung. Nach Bradley
besteht der Irrtum jener Philosophen, die die Unvereinbarkeit von
Dialektik und Widerspruchsprinzip behaupten, darin, zunächst gewisse Elemente als inkompatible Gegensätze darzustellen und den
Satz vom (ausgeschlossenen) Widerspruch zu bekämpfen, sobald
sich jene Elemente real verbunden finden. Die Frage ist nicht, ob
Bestimmungen *b* und *non-b* als kontradiktorische kompatibel sind
oder nicht, sondern ob diese Bestimmungen, sofern sie zusammen
in einem *A* vorkommen, als kontradiktorische Bestimmungen im
vollen Sinne existieren. Diese zweite Frage hat Bradley verneint,
und damit eine Möglichkeit zu sehen geglaubt, die Kompatibilität
von Widerspruchsprinzip und Dialektik zu behaupten. Die Frage,
ob die Dialektik gültig ist, ist seiner Ansicht nach eine Tatsachen-

frage, die nicht durch Berufung auf das Widerspruchsprinzip beantwortet werden kann. Entscheidend ist die Feststellung, daß (wie
Bradley überzeugt war) manches als Einheit von „Gegensätzen"
existiert; es ist lediglich zu fragen, innerhalb welcher Grenzen derartige Beobachtungen gemacht werden können.[15]

Ähnlich ist schließlich auch das Prinzip vom ausgeschlossenen
Dritten zu beurteilen, sofern es als Ausdruck der Annahme interpretiert wird, daß jedes Element der Wirklichkeit nur entweder *b* oder
non-b sein kann. Das so gedeutete Prinzip vom ausgeschlossenen
Dritten ist unvereinbar mit Bradleys These, daß keine Wahrheit
ganz wahr und kein Irrtum ganz falsch ist. Es ist daher auf den
Bereich des abstrakten Denkens zu beschränken. Das eigentliche
Ziel der Erkenntnis besteht aber nicht in der Formulierung abstrakter Disjunktionen, sondern in der Entdeckung des Zusammenhangs
der Elemente der Wirklichkeit in ihren konkreten Einzelheiten (L
165–166, Anm. 12).

Jedes Element der Wirklichkeit ist durch Beziehungen der Negation innerhalb des Ganzen bestimmt, so daß es alle anderen Elemente desselben ausschließt. Zugleich ist jedes Element in gewisser
Weise das Ganze: Während es actualiter endlich ist, ist es idealiter
das Ganze. Durch seine Setzung transzendiert es sich selbst und
erzeugt das Andere, in bezug auf welches es bestimmt ist. Jedes
Seiende hat daher, wie Bradley mit Hegel meint, sein Anderes („its
discrepant") an sich, es ist daher in gewisser Weise das Andere
seiner selbst („its own discrepancy") (L 121). Auch für Bradley
gilt daher der Grundsatz: „Omnis determinatio est negatio", – ein
Grundsatz, der als Folgerung aus der Annahme des Primats der
Idee des Ganzen gegenüber jedem bestimmten, endlichen Seienden
bzw. des Primats des Systems aller Wahrheiten gegenüber jedem
Einzelurteil zu gelten hat.

Wegen der weitgehenden Übereinstimmung der Grundgedanken
von Bradleys dialektischer Philosophie mit der idealistischen Dialektik vor allem Hegels bedarf es keiner besonderen Auseinandersetzung mit diesen bereits in anderem Zusammenhang erörterten
Gedanken.[16] Lediglich zu der Frage, ob die von Bradley vorgeschla-
gene Modifikation der Dialektik, durch die sie sich von der Hegelschen unterscheiden soll, eine Verbesserung bedeutet, ist zu bemerken, daß die Differenz gegenüber Hegel (wenn eine solche

überhaupt vorliegt, woran Bradley angesichts von *McTaggarts* Hegel-Deutung schließlich selbst gezweifelt zu haben scheint) nichts Wesentliches betrifft.

Auch unter Bradleys Voraussetzungen müßte nämlich eine bestimmte Setzung, wenn sie abstrakt fixiert und als gegenüber der absoluten Wirklichkeit unabhängig dargestellt würde, als widerspruchsvoll, nicht nur als ergänzungsbedürftig, bezeichnet werden, da in diesem Falle das in Wirklichkeit Abhängige als unabhängig behauptet würde. Bradleys Vorschlag einer Modifikation der Hegelschen Dialektik scheint daher darauf hinauszulaufen, von vornherein die Abhängigkeit jedes endlichen Seienden vom Absoluten bzw. jeder beschränkten Wahrheit von der absoluten Wahrheit in Rechnung zu stellen und auf die Fiktion ihrer Unabhängigkeit zu verzichten. Zugunsten seines Vorschlags scheint zu sprechen, daß Hegel in der Tat die Selbständigkeit des Endlichen, Beschränkten im Sinne einer fiktiven Annahme eingeführt hat, womit die Dialektik zum Teil die Funktion einer Korrektur jener Fiktion erhielt. Bradleys Kritik würde damit auf die Behauptung hinauslaufen, daß jene Fiktion entbehrlich sei.

Ein Blick auf die bedeutendsten Vertreter der neohegelianischen Dialektik zeigt, daß es keinem von ihnen gelungen ist, eine von Hegel unabhängige Konzeption der Dialektik zu entwickeln. Daher ist es nicht erstaunlich, daß auch keiner von ihnen Schule, geschweige denn Epoche gemacht hat. Die idealistische Philosophie der Mitte des 20. Jahrhunderts konnte daher bei ihrer Bemühung um eine Hegel-Renaissance die Bestrebungen der Neuhegelianer des ausgehenden 19. und beginnenden 20. Jahrhunderts außer acht lassen, um an Hegel selbst anzuknüpfen. Freilich ist der erneuerte Hegelianismus gegenüber der dialektischen Methode wesentlich zurückhaltender als es Croce, Gentile, Bradley und ihre Zeitgenossen waren. Der Eindruck, den das Scheitern ihrer und verwandter Versuche – wie der von *J. Cohn* oder *Liebert*[17] angestellten – hinterließ, dürfte eines der Motive dieser Zurückhaltung sein.

III. Ansätze zur Rekonstruktion der Marxschen Dialektik

Wie in einigen der vorhergehenden Kapitel soll auch im vorliegenden paradigmatisch verfahren, d. h. die Darstellung auf einige hervorragende Vertreter der hier zu behandelnden Richtung der Dialektik beschränkt werden. Die Auswahl erweist sich allerdings als besonders schwierig, wenn es sich um die Gegenwart im weiteren Wortsinne handelt und die in Betracht kommenden Autoren zum Teil Zeitgenossen sind. Wenn daher in diesem Kapitel *G. Lukács* und *J.-P. Sartre* als Vertreter einer Strömung der dialektischen Philosophie herausgegriffen werden, die durch das Bemühen um Aktualisierung der Marxschen Dialektik gekennzeichnet ist, so geschieht das mit dem klaren Bewußtsein der Subjektivität einer solchen Auswahl, zu deren Rechtfertigung hier keineswegs ins Treffen geführt werden soll, daß Lukács und Sartre das Interesse einer weiteren Öffentlichkeit stärker als andere auf sich gezogen haben. Um den Vorwurf der Subjektivität wenigstens abzuschwächen, soll zunächst überblicksartig auf einige weitere Ansätze einer Dialektik in der Nachfolge von Marx in unserem Jahrhundert kurz eingegangen werden. Um Mißverständnisse auszuschließen, sei von vornherein betont, daß es nicht Aufgabe dieses Kapitels ist, in sehr weitem Sinne als dialektisch oder gar als „dialogisch" bezeichnete Philosophien darzustellen, wie auch nicht auf dialektische Elemente etwa in der hermeneutischen Philosophie Rücksicht genommen wird.

1. Unorthodoxe marxistische Dialektik

a) Max Adler (1873–1937) hat nach der Abwertung der dialektischen Methode durch *E. Bernstein* und andere mit Nachdruck geltend gemacht, daß Marxismus ohne Dialektik unmöglich sei. In einer Zeit, die durch den übermächtigen Einfluß des Neukantianismus im Bereich nicht nur der deutschen, sondern der gesamten westeuropäischen Kultur gekennzeichnet war, wurde die Kantische Transzendentalphilosophie von ihm wie von anderen Theoretikern des Marxismus als Herausforderung empfunden, die seine Bemühungen um Erneuerung der Marxschen Dialektik zugleich zu einer Auseinandersetzung mit Kant werden ließ. Es ist charakteristisch und läßt zugleich den gewaltigen Abstand zwischen westlichem Marxismus und Leninismus erkennen, wenn Adler zu der Zeit, als „Materialismus und Empiriokritizismus" erschien, im Hinblick auf das Problem der Erfahrung, insbesondere der in der Wissenschaft, namentlich der Sozialwissenschaft, artikulierten Erfahrung, schrieb:

„Daß Erfahrung ... nichts anderes ist als ein fortwährendes Formen und Gestalten der Wahrnehmungen nach eigenen Begriffen, eine Zusammenfassung von Naturelementen, die erst im Geist vereinigt, oder eine Zerlegung von Erscheinungskomplexen, die erst im Geiste getrennt werden, – das sollte endlich doch schon Gemeinplatz sein".[1]

Es läßt den Einfluß erkennen, den der Neukantianismus auf das Denken Adlers ausübte, wenn er von der wissenschaftsgründenden Erfahrung erklärt, sie sei immer zugleich Intuition und Konstruktion des Geistes. Das hat seiner Ansicht nach im Grunde schon *Marx* gewußt, der im entscheidenden Punkt der Erkenntnistheorie, nämlich der Frage nach dem Begriff des Dings, eine von der kritizistischen prinzipiell nicht unterschiedene Position eingenommen habe: So wie die Transzendentalphilosophie lehrt, daß die Realität des Dings in der Regelhaftigkeit des Denkens begründet sei, habe Marx erkannt, daß die Erscheinungen des ökonomischen Geschehens begrifflich geordnet werden müßten, damit ihre gesetzmäßigen Beziehungen erkannt werden könnten. Auch Marx habe in seinen ökonomischen Analysen nach dem Apriori der Sozialtheorie gefragt, weshalb das „Kapital" als „Kritik der politischen Ökonomie" im Kantischen Sinne von „Kritik" gelten dürfe. Kantisch ausgedrückt, habe Marx sozusagen die „metaphysische Erörterung" der Grundbegriffe der ökonomischen Theorie vorgenommen; obwohl er hierbei stehen blieb und nicht zur transzendentalen Erörterung fortschritt, wie Adler feststellt, scheint es in der Richtung dieser Interpretation zu liegen, eine transzendentalphilosophische Ergänzung der Marxschen Theorie anzustreben, so wie es *Sartre* später getan hat.

Adler scheint Marx wegen der fehlenden Auseinandersetzung mit *Kant* entschuldigen zu wollen, wenn er darauf hinweist, daß Marx unter dem Einfluß des Hegelianismus gereift und daher erkenntnis-theoretischen Fragen fern gestanden sei. Das hatte, wie er meint, zur Folge, daß die Probleme der Erkenntnistheorie bei Marx immer als Probleme der wissenschaftlichen Methodologie erscheinen und als solche erörtert werden.

Im Rahmen einer solchen Marx-Deutung ist die Leugnung einer Natur-Dialektik folgerichtig. Adler bestritt, daß der Marxsche Materialismus als ontologischer zu verstehen sei; er ist seiner Ansicht nach ausschließlich ökonomischer Materialismus. Das gilt auch für *Engels*, dessen dialektischer Grundgedanke nach Adler mit der Auffassung der Welt durch die moderne Wissenschaft iden-tisch sein soll, derzufolge „die Welt … eine Entwicklungseinheit bloß ihr eigener Kräfte" ist.[2] Engels' These, daß „Körper" und „Bewegung" voneinander untrennbare Begriffe sind, daß daher von Körpern ohne Bewegungsbestimmungen nicht gesprochen werden könne, deutet Adler so, daß der Begriff des Körpers als Relations-, nicht mehr als Substanzbegriff erscheint und die Engelssche Auffas-sung sich als Beispiel der funktionalistischen (im Gegensatz zur sub-stantialistischen) Betrachtung der Wirklichkeit darstellt.[3]

Wenn auch Adlers Bemühungen um Minimalisierung der Diffe-renzen zwischen Marxismus und Transzendentalphilosophie im einzelnen zu weit gehen, so sind sie doch prinzipiell nicht ohne Fundament in der Sache: Ihre Grundlage ist die *Kant* und *Marx* gemeinsame analytische Methode. Mag sie auch im Marxismus und im Kantianismus in unterschiedlichen Varianten angewandt wor-den sein, so war doch ihre immanente antidogmatische Tendenz auch bei Marx stark genug, um Auffassungen vom Verhältnis von Erkenntnissubjekt und erkannter Wirklichkeit hervorzurufen, die als Fundamentum in re für Adlers Interpretation dienen konnten.

b) Karl Korsch (1886–1961) hat in den zwanziger Jahren die Skizze einer Rekonstruktion der Marxschen Dialektik entworfen, die da-durch bemerkenswert erscheint, daß in ihr die Subjekt-Objekt-Dia-lektik ihre Rechte geltend macht, die sie als das Grundproblem der neuzeitlichen dialektischen Philosophie besitzt. Im Vordergrund stand bei Korsch die Frage, ob, wie von manchen Marxisten behauptet, durch den Marxismus die Philosophie in der Weise aufgehoben werde, daß sie ein für allemal abgetan sei. Die Erörterung dieser Frage führte Korsch auf das Problem des Verhältnisses von erkennendem Subjekt und erkanntem Gegenstand bzw. von Theorien und mit Hilfe dieser Theorien erklärter Wirklichkeit. Er beantwortete sie, indem er sowohl den naiven Realismus als auch die dogmatische Widerspiegelungstheorie als dualistisch verwarf und nachzuweisen suchte, daß Marx, indem er das Verhältnis von Erkenntnissubjekt und erkannter Wirklichkeit dialektisch bestimmte, von der kritischen bzw. transzendentalen Auffassung im Grunde nicht weit entfernt war.

Korsch wendete sich gegen die Auffassung, daß die Wirklichkeit dessen, was man (nicht durchaus in Übereinstimmung mit dem Marxschen Sprachgebrauch) schlechthin „Ideologie" genannt hat, also der Inbegriff der ökonomisch-sozialen, juristischen, ästhetischen, religiösen und philosophischen Vorstellungen einer Epoche, lediglich eine Scheinwirklichkeit in dem Sinne sei, daß jenen Vorstellungen keine Realität entspreche. Im Gegensatz zu dieser Auffassung hebt Korsch hervor, daß in der Marxschen Dialektik der Gegensatz von Bewußtsein und Gegenstand aufgehoben sei, weshalb Marx und Engels, unabhängig von den Modifikationen ihrer Position im Verlauf ihrer gedanklichen Entwicklung, stets die metaphysisch-dualistische Auffassung des Verhältnisses von Bewußtsein und Wirklichkeit abgelehnt hätten. Korsch hat in seiner Schrift „Marxismus und Philosophie" (1923) erklärt, „daß *ohne* dieses für jede, auch die marxistisch-materialistische Dialektik charakteristische *Zusammenfallen von Bewußtsein und Wirklichkeit,* welches bewirkt, daß auch die materiellen Produktionsverhältnisse der kapitalistischen Epoche das, was sie sind, nur zusammen mit denjenigen Bewußtseinsformen sind, in denen sie sich sowohl im vorwissenschaftlichen als auch im (bürgerlich) wissenschaftlichen Bewußtsein dieser Epoche widerspiegeln, und ohne diese Bewußtseinsformen in Wirklichkeit nicht bestehen könnten, *eine Kritik der politischen Ökonomie nie und nimmer zu dem wichtigsten Bestandteil einer Theorie der sozialen Revolution hätte werden können"*.[4]

Nach Korsch ist es falsch, den Akzent einseitig auf die Praxis zu legen, denn nicht in der unreflektierten menschlichen Praxis, sondern nur *im Begreifen* dieser Praxis liegt für den Dialektiker Marx, wie Korsch ihn interpretiert, die Lösung des Grundproblems des Verhältnisses von Theorie und Praxis einerseits, von Bewußtsein und Wirklichkeit andererseits. Nicht in einem absoluten Subjekt ist der Vereinigungspunkt von Theorie und Praxis zu suchen, sondern in einem überindividuellen historischen Subjekt, nämlich – wie Korsch gleichzeitig mit *G. Lukács* lehrt – im Proletariat.

Die Forderung, die Philosophie „aufzuheben", kann demgemäß nicht dahingehend verstanden werden, daß die Philosophie wie ein müßiges Hirngespinst zu behandeln sei. Marxens Ablehnung galt nur jenen Formen der Philosophie, die nicht zugleich praktisch sind, wie es bei der marxistischen Theorie der Fall ist. Die Tatsache, daß die Philosophie nicht Theorie eines selbständigen Gegenstandsbereichs ist, kann nicht als Mangel gedeutet werden, da keine Theorie, mithin auch nicht die ökonomische Theorie, eine selbständige, unabhängig von ihr existierende Wirklichkeit abbildet. Die ökonomische nicht anders als die philosophische Theorie (und Analoges gilt für Vorstellungen aus dem Bereich von Kunst und Religion) bilden zusammen mit der von ihr erklärten Wirklichkeit Teile eines Ganzen, nämlich der Gesellschaft in ihrer jeweiligen historischen Gestalt (Op. cit., pp. 134 – 135). Es ist bemerkenswert, daß Korsch die dialektische Konzeption der Erkenntnis der Auffassung gegenüberstellt, daß das Objekt (wissenschaftlicher) Erkenntnis ein unabhängig vom erkennenden Subjekt Gegebenes sei. Die positivistische Auffassung läßt sich in der Tat nicht aufrecht erhalten, wie in der Nachfolge *Kants* der Neukantianismus bereits klar gesehen und wie auch von den Vertretern der analytischen Philosophie der Gegenwart (die vorliegende Untersuchung zeigt, daß die neuzeitliche Philosophie auf weite Strecken immer schon analytisch verfuhr) festgestellt wird: Eine theoriefreie Beschreibung eines „Gegebenen" ist unmöglich; in jede als Ausgangspunkt der Theorienbildung dienende Beschreibung gehen theoretische Voraussetzungen ein. Gleichzeitig bieten Korschs Überlegungen Ansatzpunkte für die Deutung der Dialektik im Sinne der Methode von Versuch und Irrtum, die *K.R. Popper* für den rationellen Kern der Dialektik gehalten hat.[5]

Während Korsch in der Schrift „Marxismus und Philosophie" die Dialektik für einen integrierenden Teil der marxistischen Theorie gehalten und ihre Ablehnung z. B. durch *E. Bernstein* auf die Eliminierung des revolutionären Aspekts jener Theorie zurückzuführen gesucht hat, beurteilte er sie im weiteren Verlauf seiner gedanklichen Entwicklung zusehends kritischer. Die Zurückweisung der Forderung, ein System der dialektischen Kategorien zu entwickeln, betrifft zunächst nur einen besonderen Aspekt der dialektischen Logik.[6] Bald erhielt seine Kritik jedoch prinzipiellen Charakter, wobei sich Korsch nicht scheute, auch Marx selbst in seine Kritik einzubeziehen. Jedes Festhalten an historischen Positionen erschien ihm dogmatisch, da die Konsequenz des Prinzips der wesentlichen Bewegtheit aller Erscheinungen dazu zwingt, auch die marxistische Philosophie als der Entwicklung unterworfen anzuerkennen (Op. cit. p. 99). Gemäß dieser Auffassung konnte Korsch in einer brieflichen Äußerung von Marx als einer „Übergangserscheinung" sprechen.[7] Diese kritische Einstellung führt auch zu einer negativen Einschätzung von Marxens Dialektik: „Nicht nur in ihrer mystifizierten Hegelschen Form, sondern auch in ihrer rationalen marxistischen Umformung hat die Dialektik bestimmte Züge, die nicht völlig im Einklang mit der revolutionär-fortschrittlichen, antimetaphysischen und streng erfahrungswissenschaftlichen Haupttendenz der Marxschen Forschung stehen", erklärte Korsch 1937.[8] Die hier zum Ausdruck kommende Abwertung der Dialektik zugunsten des erfahrungswissenschaftlichen Aspekts der Marxschen Theorie war auch in K. Korschs „Karl Marx" (1936) leitend.[9] Die Bedeutung von Marxens Lehren im allgemeinen erblickte Korsch in ihrer regulativen Funktion für das marxistische Denken. Er erwies sich damit als einer der unorthodoxesten Marxisten überhaupt.

c) Herbert Marcuse sieht in der Dialektik nicht primär eine Methode oder eine Erkenntnislehre, sondern eine Ontologie. Sie ist als solche charakterisiert durch die Unterscheidung von Wesen und Erscheinung sowie durch die Überzeugung von der Geschichtlichkeit, sei es der Wirklichkeit im allgemeinen, sei es gewisser Teilbereiche der Wirklichkeit, – namentlich, wie Marcuse betonte, des Menschen und der durch den Menschen bearbeiteten, geprägten, genutzten

Welt. Erst in zweiter Linie ist die Dialektik Logik. Als Logik des Konkreten in seiner Widersprüchlichkeit (von Wesen und Erscheinung) und Gegensätzlichkeit (antagonistischer Tendenzen) folgt die Dialektik der grundlegenden Bewegung der Wirklichkeit. Dialektik ist nach Marcuse „Bezeichnung für eine Seinsart des Seienden selbst. Nur weil und insoweit eine Seinsart des Seienden dialektisch ist, kann das auf diese Seinsart gerichtete Forschen – und nur dieses – dialektisch sein".[10] In seinem Buch „Der eindimensionale Mensch" [The one-dimensional man (1964)][11] interpretierte Marcuse die Zweidimensionalität von Wesen und Erscheinung zugleich im Sinne der Spannung von Sein und Sollen. Mit der Betonung der normativen Komponente der Dialektik geht bei Marcuse eine Umdeutung der Transzendenz der wahren gegenüber der scheinbaren Wirklichkeit Hand in Hand. Die „wahre Wirklichkeit", die Platon als Reich der Ideen aufgefaßt hatte, transzendiert die empirische Wirklichkeit nicht in der Art metaphysischer Jenseitigkeit, sondern als Verwirklichung fordernder Inhalt eines Entwurfs, der gegenüber den bestehenden Verhältnissen durch größere Rationalität ausgezeichnet ist. Die von Marcuse gemeinte Transzendenz ist kein Überschreiten des geschichtlich-gesellschaftlichen Bereichs.

Innerhalb dieses Deutungsrahmens versucht Marcuse, den Begriffen der dialektischen Negation, der Aufhebung und des qualitativen Sprungs einen neuen Sinn zu geben. Der Entwurf gesellschaftlicher Verhältnisse, durch dessen Verwirklichung die bestehende Ordnung überwunden würde, ist in gewissem Sinne „Negation" dieser letzteren. Da eine Ordnung eine andere dann an Rationalität übertrifft, wenn sie die größere Chance der Befriedigung durch freie Entwicklung menschlicher Bedürfnisse und Anlagen bietet und zugleich die positiven Elemente dieser Ordnung enthält, handelt es sich bei dieser Negation nicht um Beseitigung schlechthin, sondern um „Aufhebung" in dem bekannten Doppelsinn des Wortes. Umgekehrt muß nach Marcuse auch angenommen werden, daß die Tendenz zur Überwindung der bestehenden Verhältnisse in diesen selbst derart wirksam ist, daß an einem bestimmten Punkt das quantitative Wachstum zum qualitativen Bruch wird. So würde, wie Marcuse überzeugt ist, die konsequente Entwicklung der beherrschenden Tendenzen der Industriegesellschaft zu deren Überwindung führen.

Wesentlich ist für Marcuses Auffassung der Dialektik die Betonung der Rolle des geschichtlichen, erkennenden und sich frei entscheidenden Subjekts. Die historische Dialektik der Negation bestehender Zustände durch den Entwurf einer durch einen höheren Rationalitätsgrad gekennzeichneten Ordnung und der Entwicklung im Sinne des Umschlagens quantitativer in qualitative Veränderung enthält wesentlich die Momente des Bewußtseins und der Freiheit, weil die Möglichkeiten, die Gegenstand freier Entwürfe sind, erkannt sein müssen. Die objektiven Möglichkeiten allein reichen nicht aus, um die bestehenden Verhältnisse zu negieren; es bedarf darüber hinaus der Freiheit, sich für bestimmte der erkannten Möglichkeiten zu entscheiden (cf. 234–235). Das heißt, wie Marcuse in deutlicher Parallele zu Lukácsschen Gedanken erklärt, daß es keine Dialektik ohne Subjekte gibt, die fähig sind, die bestehenden Verhältnisse im Hinblick auf rationalere zu negieren. Hierzu bedarf es nach Marcuse der schöpferischen Einbildungskraft, das heißt die wissenschaftliche, wertfreie, „positive" Denkweise kann die Dialektik nicht begründen, wie umgekehrt das dialektische Denken vom positivistischen Standpunkte aus, wie Marcuse überzeugt ist, als unwissenschaftlich erscheinen muß.

Wenn man auf die Hervorhebung des subjektiven Elementes im Geschichtsprozeß blickt, könnte man von einem idealistischen Charakter der Dialektik Marcuses sprechen. In anderer Hinsicht ist diese jedoch, wie Marcuse selbst erklärt, materialistisch, da sie die historische Entwicklung nicht auf „Werte" bezieht, sondern auf Bedürfnisse: Die von Marcuse geforderte „Übersetzung" von Werten in Bedürfnisse (245) soll der Dialektik den materialistischen Charakter sichern. Marcuse hält allerdings die Antithese von materialistisch und idealistisch nicht für endgültig, sondern letzten Endes für aufhebbar. Dialektik ist für Marcuse weder Logik noch Methodologie, sondern Schema für die Deutung gesellschaftlicher Entwicklungen. Sofern hierbei der Gesichtspunkt des historischen Materialismus leitend bleibt, ist Marcuses Denken der materialistischen Tradition verpflichtet; sofern Marcuse die Freiheit des Subjekts als wesentliches Moment historischer Prozesse anerkennt, entfernt er sich nicht nur von den Auffassungen des dialektischen Materialismus, sondern tritt unverkennbar zu ihnen in Gegensatz.

d) Theodor W. Adorno (1903 – 1969) unternahm in seiner „Negativen Dialektik" (1966) den Versuch, eine Form von Dialektik zu skizzieren (und mehr als eine Skizze bietet er nicht), die die idealistische ebenso wie die materialistische Deutung der Dialektik hinter sich läßt: Die erstere, weil sie nicht mehr von der Voraussetzung der Identität von Seiendem und Begriff (im Hegelschen Sinne des Wortes) ausgeht; die letztere, weil sie nicht wie diese die Theorie der Praxis eindeutig unterordnet und damit das theoretische Moment durch Dogmatisierung liquidiert (144).[12]

Die negative Dialektik folgt *Marx* und *Lenin* in der Forderung, sich den Strukturen der Wirklichkeit anzuschmiegen. Adorno unterwirft die Dialektik dem Postulat der Sachhaltigkeit, in dem Sinne, in dem andere Dialektiker von der Forderung der Konkretheit gesprochen hatten. Er meint, die negative Dialektik erfülle die von der *Husserl*schen Phänomenologie erhobene, aber nicht realisierte Forderung „Zu den Sachen!" Wie das zu geschehen hat, machte Adorno jedoch nicht hinreichend klar. Er verstand Dialektik ebensowenig wie *Marcuse* als Methode und gab demgemäß auch keine Charakteristik eines methodisch regulierten dialektischen Vorgehens. Im Vordergrund steht bei ihm die Abgrenzung gegenüber anderen – dialektischen und nichtdialektischen – Standpunkten. Adornos Dialektik ist auch in diesem Sinne negativ. Im Mittelpunkt der kritischen Auseinandersetzung steht bei Adorno das „identifizierende" Denken, sei es des (Hegelschen) Idealismus, sei es der (Heideggerschen) Fundamentalontologie, für welches das Seiende mit dem Wesen koinzidiert, wogegen die negative Dialektik jenen Aspekt des Seienden hervorheben soll, der im Begriffe nicht aufgeht. Adorno lehnt auch alle jene Theorien des Seienden ab, denen zufolge die Dinge notwendig mit dem Wesen identisch sind, weil die Dinge vom Subjekt konstituiert werden. Das Denken muß nach Adorno umgekehrt „sich dem Objekt überlassen" (51), d.h. es als ebensowohl qualitativ wie quantitativ Bestimmtes hinnehmen. Die Anerkennung des Vorrangs, der dem Objekt vor dem erkennenden Subjekt zukommt, sichert der negativen Dialektik ihren materialistischen Charakter (191). Allerdings ist Adorno nicht in dem Sinne Materialist, daß er die Spontaneität des Bewußtseins leugnete. In einer undifferenzierten, homogenen Materie gäbe es keine Dialektik, da es kein Bewußtsein gäbe, in dem sich die Wirklichkeit reflektierte. Hierbei denkt Adorno jedoch keineswegs an ein Reflektieren im Sinne der Abbildungs- bzw. Widerspiegelungstheorie des dialektischen Materialismus (203). Durch die Ablehnung der Identitätsthese bzw. durch die Anerkennung des „nicht-identischen", d.h. des nichtbegrifflichen Aspekts des Objekts, meint er jene „Macht des Negativen" zur Geltung zu bringen, die nach *Hegels* „Phänomenologie des Geistes" das dialektische Denken auszeichnet. Allerdings hat auch die negative Dialektik einen Ausgangspunkt, der durch Anerkennung der Denkform der Identität gekennzeichnet ist; sie kann nur sukzessive die „Falschheit" ihres Ausgangspunktes zu überwinden suchen.

Adornos Dialektik ist auch dadurch als negative charakterisiert, daß ihr Wesen vor allem durch Abgrenzung gegenüber anderen Positionen bestimmt wird, die entweder nicht dialektisch oder nicht negativ sind. So sah Adorno die negative Dialektik im Gegensatz zur philosophia prima, sofern diese durch den Anspruch charakterisiert ist, die Wirklichkeit aus einem obersten Prinzip erklären zu können. Er hob sie darüber hinaus scharf von allen jenen Formen der Dialektik ab, die in einer abschließenden Synthese alle dialektischen Gegensätze aufgehoben sein lassen. Das gilt auch für den Gedanken eines Subjekt-Objekts. Zwischen dem im Sinne der „Nicht-Identität" aufgefaßten Objekt und dem Subjekt besteht eine Dialektik, die nicht auf eine Aufhebung des Subjekt-Objekt-Gegensatzes hinausläuft. Mit allen Vertretern der dialektischen Philosophie lehnte Adorno auch die Annahme konstanter Wesenheiten ab. Die Wirklichkeit ist wesentlich geschichtlich. Ein statisches Denken in unwandelbaren Begriffen, unter die die veränderlichen Gegenstände zu subsumieren sind, ist seiner Ansicht nach inadäquat. Folgerichtig meint Adorno, daß das dialektische Denken nicht den Gesetzen der formalen Logik unterworfen sei. Wo der Gegenstand den Denkregeln nicht gehorcht, da tut es das dialektische Denken auch nicht (142). Das ist nach Adorno dann der Fall, wenn der Gegenstand in sich widerspruchsvoll ist, wobei als Widerspruch nicht nur der Antagonismus gegensätzlicher Tendenzen, sondern außerdem auch das Verhältnis zwischen Einzelnem und Begriff gilt, sofern der Begriff als Ideal „mehr" ist als das Einzelne, das seinerseits in der Fülle seiner Bestimmungen „mehr" ist als der Begriff (152). Ferner nennt Adorno auch das Verhältnis zwischen Selbstverständnis des Einzelnen und der ihm aufgezwungenen sozialen Rolle „widersprüchlich", ebenso die Diskrepanz zwischen Steigerung der Produktivität und Bedrohung der Gesellschaftsordnung durch eben dasselbe Prinzip (153). Der Widerspruch ist nach Adorno kein Einwand gegen die Dialektik, sondern gegen die Logik. Die Annahme, daß die Negation der Negation gleich der Position sei, ist undialektisch, da Ergebnis logisch-mathematischen Denkens. Die Negativität des Partikularen bleibt für die negative Dialektik stets erhalten.

Der Zusammenhang zwischen dialektischer und analytischer Methode wird auch von Adorno anerkannt: Adorno bezeichnet die Forderung, „das Spätere" (worunter offenbar die Tatsachen zu verstehen sind) aus „dem Früheren" (offenbar den gesetzesartigen Prinzipien) zu begründen, als „cartesianische Norm" (142). Nach dieser Norm wäre die Dialektik widerspruchsvoll, weil in der dialektischen Methode nach Adorno nicht nur das Spätere durch das Frühere, sondern auch das Frühere durch das Spätere begründet wird.

Auch die negative Dialektik operiert mit dem Begriffspaar Wesen und Erscheinung. Wesen bezeichnet nach Adorno zwar kein geistiges An-sich, sondern ist das „hinter" den Erscheinungen Verborgene, das diese zu dem macht, was sie sind (167). Das Wesen ist „begrifflich nicht unmittelbar" (167), d. h. Wesenszusammenhänge lassen sich nicht isoliert erkennen. Nach Adorno ist das Wesen auch nicht bloß gesetzt, Wesensaussagen sind nicht bloße Annahmen, – eine Auffassung, die das Charakteristikum der essentialistischen Position darstellt. Für Adorno ist das Wesen „verborgenes allgemeines Gesetz" (170), wie es der neuere Essentialismus i. a. sah.

Die Subjekt-Objekt-Dialektik sah Adorno nicht als ursprünglich an. Sie ist seiner Ansicht nach Ergebnis einer „Aufspaltung", deren Modell die Arbeitsteilung unter den Bedingungen der Warenproduktion ist (175). Adorno betont, daß das Subjekt immer durch das Objekt „vermittelt" sei (was, wie gezeigt, schon der von Adorno in dieser Hinsicht zu Unrecht kritisierte *Kant* erkannt hatte). Gegen Kant erklärt Adorno, daß, während vom Subjekt das Moment des Objektiven nicht weggedacht werden könne, umgekehrt das Objekt ohne Subjekt denkbar sei (182). In seiner Ablehnung des Gedankens eines identischen Subjekt-Objekts zeigt sich Adornos Distanz gegenüber dem Totalitätsanspruch der positiven Dialektik. Jeder Anspruch absoluten Wissens ist vom Standpunkt der negativen Dialektik aus ungerechtfertigt (396). Wenn die negative Dialektik wesentlich durch die Anerkennung jenes Aspekts der Wirklichkeit gekennzeichnet ist, der sich dem Begriff entzieht, dann erhebt sich die Frage, wie dieser Aspekt sich erfassen läßt. Da das nicht mit den Mitteln des der Logik gehorchenden Denkens (dem sich das Metalogische entzieht) geschehen kann, muß nach einem anderen Zugang zur Wirklichkeit gesucht werden. Einen solchen Zugang eröffnet nach Adorno die Rhetorik. Die negative Dialektik erstrebt keine Bestimmung des Gegenstands durch Einordnung seines Begriffs in eine Hierarchie von Kategorien, sondern sie sucht die Wirklichkeit durch sprachliche „Konstellationen" auszudrücken (162–163). Wenn auch die Kunst für die negative Dialektik nicht zum Organon wird, so ist die negative Dialektik doch der Kunst in ihrem mimetischen Moment verwandt. „Als Konstellation umkreist der theoretische Gedanke den Begriff, den er öffnen möchte, hoffend, daß er aufspringe, etwa wie die Schlösser wohlverwahrter Kassenschränke: nicht nur durch einen Einzelschlüssel oder eine Einzelnummer, sondern eine Nummernkombination" (164).

e) *Mihailo Marković* hat in seiner „Dialektik der Praxis" (1968)[13] Dialektik als eine Form kritischen bzw. selbstkritischen Denkens dargestellt, gleich weit entfernt von einem unkritischen Realismus, der an sich bestehende, vom Subjekt vorzufindende Objekte annimmt, wie von einem unkritischen Subjektivismus, für den das Subjekt als unmittelbar gewisses Konstitutionsprinzip des Objekts gilt. Das reine Subjekt erkennt Marković ebenso wie das reine Objekt als Abstractum. Das wirkliche Subjekt ist immer auf Objekte bezogen; es ist auch nicht einsames Ich, sondern gesellschaftlich bestimmtes Subjekt. Die Beziehung zwischen Objekt und Subjekt ist wesentlich praktischer Art. Nach Marković ist die Praxis nicht nur das Feld der nachträglichen Bewährung theoretischer Annahmen, sondern „Praxis" bezeichnet den Inbegriff ursprünglicher und grundlegender Relationen zwischen Subjekt und Objekt. Die erkenntnistheoretischen Grundsätze sowie die Begründung der Wahrheit im Sinne von Widerspiegelung sind nach Marković aus

Subjekt-Objekt-Beziehungen praktischer Art zu gewinnen (23–25).
Marković ist überzeugt, in der Praxis im Sinne von bewußter ziel-
strebiger gesellschaftlicher Tätigkeit (mit dem Unterbegriff
„Arbeit" als der auf Überwindung von Hindernissen gerichteten,
mit Anstrengung verbundenen gesellschaftlichen Tätigkeit) den ge-
eigneten Ausgangspunkt der Erkenntnistheorie gefunden zu haben,
wobei er sich in Übereinstimmung mit Marxens Ideen weiß.
Anknüpfend an Marxens Frühschriften skizziert Marković ein
Schema zur Lösung der Grundprobleme der Erkenntnistheorie.

Praktische Beziehungen sind etwas unmittelbar Gegebenes, wie
Marković erklärt (30). Dieses Gegebene ist kein Empfindungsda-
tum, sondern ein Prozeß, wesentlich (wenn auch nicht ausschließlich) physischer Art. Die Philosophie der Praxis stützt sich somit
auf ein Gegebenes anderer Art als der Empirismus, nämlich ein
intersubjektiv erfaßbares Gegebenes. Ungeachtet dieser Abgrenzung gegenüber dem Positivismus scheint mit der Annahme eines
unmittelbar Gegebenen bei Marković ein undialektisches Moment
in die Grundlegung der Dialektik einzugehen, da das dialektische
Denken allgemein durch die Tendenz zur Aufhebung jeglicher
Unmittelbarkeit gekennzeichnet ist.

Nicht nur mit dem Problem des Gegebenen greift Marković ein
Problem der herkömmlichen, das heißt nicht-dialektischen Erkenntnistheorie auf, um eine Lösung auf dem Boden der Philosophie der
Praxis zu suchen; dasselbe gilt für das Problem der Außenwelter-
kenntnis, das nach Marković nur unter den Voraussetzungen der
Philosophie der Praxis gelöst werden kann, sowie für das Problem
der Wahrheit, das nach Markovićs Überzeugung nur auf der Basis
der Philosophie der Praxis eine angemessene Behandlung erfahren
kann.

Von besonderer Bedeutung sind Markovićs Ausführungen zur
Subjekt-Objekt-Dialektik. Seiner Ansicht nach ist die Subjekt-
Objekt-Relation ursprünglich praktischer Art. „Objekt" bezeichnet, ebenso wie „Subjekt", ein Moment jener Beziehung: dasjenige,
auf das sich die Tätigkeit richtet und das sie modifiziert. Marković
geht jedoch nicht so weit, im Objekt nichts als ein Moment der
praktischen Subjekt-Objekt-Beziehung zu erblicken; er betont vielmehr, daß das Objekt an sich logisches wie zeitliches Prius der

Praxis ist (34). Nur als gewußtes Objekt ist es durch die Praxis bedingt. Andererseits setzt die stets praktisch bedingte Erfahrung ein tätiges, Zusammenhänge entwerfendes und interpretierendes, Folgen antizipierendes und als solches selbstbewußtes Subjekt voraus, nicht im Sinne eines transzendentalen Ichs, sondern im Sinne des gesellschaftlich existierenden Individuums, das die Natur (als menschliche Umwelt) in sozialer Praxis erschafft, indem es sich in seiner Tätigkeit vergegenständlicht.

Markovićs Dialektik begrenzt ihren Geltungsanspruch dadurch, daß sie keine dialektische Beziehung zwischen dem Subjekt und dem Objekt an sich annimmt, sondern dem Objekt subjekt-unabhängige Realität zuerkennt. Lediglich zwischen Subjekt und in der Praxis konstituiertem Objekt besteht ein dialektisches Verhältnis, als dessen unselbständige Momente Subjekt und Objekt zu gelten haben. Dialektisch ist diese Beziehung insofern, als nicht nur das Objekt vom (praktischen) Subjekt, sondern umgekehrt auch das Subjekt durch das Objekt der Praxis bedingt ist und sich in diesem Sinne selbst bedingt. Das Subjekt – nicht ein außerzeitliches transzendentales Ich, sondern der geschichtliche, unter veränderlichen Bedingungen in der Gesellschaft handelnde Mensch – produziert nicht nur die Welt der Gegenstände, die die Menschenwelt ausmachen, sondern es produziert gleichzeitig sich selbst. Es ist offensichtlich, daß „Objekt" (und analog „Subjekt") zwei Bedeutungen hat: Einmal bedeutet es das Ding, wie es an sich ist; zum anderen das Ding, sofern es einem Subjekt als Erfahrungsgegenstand gegenübersteht. Nur von Objekten als Erfahrungsgegenständen gilt, daß sie durch die Praxis konstituiert werden.

In bezug auf die Wirklichkeit als Inbegriff der durch Praxis konstituierten Gegenstände kann eine Ontologie „als Theorie von den allgemeinsten Definitionen und Gesetzen der durch die Praxis umgewandelten, der *menschlichen* Welt" entwickelt werden (38). Ontologie ist hier offenbar als Lehre von den Kategorien der durch Praxis bedingten Wirklichkeit verstanden. Die Dialektik der Praxis hat wesentlich die Aufgabe, eine Grundlegung der Erkenntnistheorie durch Rückgang auf die Möglichkeitsbedingungen von Erfahrung zu leisten. Auf dieser – in gewissem Sinne als transzendental zu bezeichnenden – Ebene ist die These von der Existenz von Dingen an sich bedeutungslos: „Vom Standpunkt der *Erkenntnis* (bzw. anthropologisch, vom Standpunkt der *menschlichen Praxis*, oder axiologisch, vom Standpunkt des *Wertes*) ist das ‚Ding an sich' ein leerer Begriff, eine inhalts- und sinnlose Abstraktion - Nichts" (37). Die Differenz gegenüber *Kant* liegt hier lediglich in der inhaltlichen Charakterisierung der Subjekt-Objekt-Relation, nicht in ihrer (dialektischen) Struktur. Nur eine so verstandene Dialektik scheint Marković für kritisch zu halten, wogegen er einer „unkritischen" Naturdialektik, die durch die Annahme von dialektischen Gesetzen der Wirklichkeit an sich, d. i. unabhängig von ihrer Beziehung auf ein Subjekt, charakterisiert ist, ablehnend gegenübersteht. Eine solche Dialektik negiert das subjektive Moment der Wirklichkeitserfahrung und ignoriert damit die Entwicklung der Philosophie seit Kant; sie verbleibt, wie Marković feststellt, auf der Stufe der vorkantischen Metaphysik (43). Eine „kritische" Naturdialektik ist jedoch möglich. Gegen alle jene Theoretiker, die die Dialektik auf den Bereich der Praxis bzw. der Gesellschaft einschränken wollen, hält Marković die Extrapolation dialektischer Verhältnisse auf die Natur für statthaft. Für die so begriffene Naturdialektik würde gelten, was Marković über die Ontologie als Theorie der allgemeinsten, auf die Wirklichkeit im allgemeinen bezogenen Postulate feststellt: daß sie es mit mehr oder weniger wahrscheinlichen Hypothesen zu tun hat. Eine Naturdialektik im eigentlichen Sinn kann nur Dialektik einer humanisierten, in der industriellen Arbeit und der wissenschaftlichen Erforschung mit dem Menschen vermittelten Natur sein; sie ist demnach ein Ideal, dem man sich nähern kann, das aber nicht realisiert ist. Dagegen beruht die Annahme einer Dialektik der *Natur an sich* auf einer Extrapolation zwecks Erklärung der dialektischen Struktur von Erkennen und Handeln: „Diese dialektische Struktur des menschlichen Denkens und Handelns setzt das Bestehen einer isomorphen Struktur des materiellen Wesens voraus (der Natur, des objektiven Gesellschaftslebens, unseres eigenen Körpers)" (52). Hierbei ist nicht so sehr von Interesse, wie Marković die dialektische Struktur charakterisiert (nämlich als systematische Einheit der Teile eines dynamischen, autonomen Systems, in dem es Konflikte von Kräften gibt, die zur zielgerichteten Veränderung des Zusammenhangs der Elemente und damit zur Entstehung von Neuem führen), als vielmehr wie er die Annahme einer solchen Struktur begründet: Die Dialektik der Praxis wäre seiner Ansicht nach unbegreiflich, wenn nur die Praxis dialektische Struktur hätte; wenn allerdings die Natur, von der hier die Rede ist, die durch Praxis bedingte Natur ist, dann muß sie ebenso dialektisch strukturiert sein, wie bei *Kant* die „Natur" (in dem durch die kopernikanische Wende bestimmten Sinne) kausalgesetzlich strukturiert sein muß. Sollte dagegen „Natur" im vorliegenden Zusammenhang den Inbegriff der Dinge an sich bedeuten, dann wäre die frühere Behauptung aufgehoben, daß das Ding an sich vom Standpunkt der praxis-bedingten Erkenntnis aus gesehen *nichts* sei. Kurz: Es muß gefragt werden, ob die Natur an sich eine dialektische Struktur besitzt, oder ob sie darum dialektisch strukturiert ist, weil wir sie als dialektische konstituieren. An verschiedenen Stellen drückt sich Marković so aus, als vertrete er die letztere Auffassung, doch ist ihm die erstere nicht völlig fremd.

Gelegentlich scheint Marković die Auffassung der Dialektik als einer Art Wissenschaftstheorie in Betracht zu ziehen, so wenn er der Dialektik als der allgemeinsten Theorie des Erkennens und Handelns die Aufgabe zuweist, die universalen Regeln, nach denen wir uns im Erkennen wie im zielstrebigen Handeln richten, explizit zu machen und damit jene besondere Entfremdung zu überwinden, die in deren bewußtlosem Gebrauch besteht. Damit nähert sich Marković einer Auffassung der Dialektik, derzufolge diese den Charakter einer Metatheorie hat. In diese Richtung weist es, wenn Marković erklärt, der Begriff „Dialektik" „bezeichne vor allem die *Struktur methodologischer Prinzipien* aller theoretischen Untersuchung und praktischen Aktion" (52).

Es kennzeichnet Markovićs (und des jugoslawischen Marxismus, wie er in der Zeitschrift „Praxis" zu Worte kommt) Auffassung, daß die Dialektik nicht nur Philosophie der Praxis, sondern praktische Philosophie ist, für die im weitesten Wortsinne ethische Fragen (im Sinne einer Moral, deren Ziel die Humanisierung der Welt ist) im Mittelpunkt des Interesses stehen, bis hin zur Frage der politischen Selbstverwaltung, deren Verweigerung zu einer oft übersehenen Form der Entfremdung: der politischen, führt. Markovićs Philosophie stellt sich als beachtenswerter Versuch einer Rekonstruktion der marxistischen Dialektik dar, der seine Modernität der Berücksichtigung der aktuellen wissenschaftlichen, philosophischen, technischen und sozialen Fragen unserer Zeit verdankt, die als Fragen innerhalb des Horizonts der Praxis verstanden und zu beantworten gesucht werden.

2. Georg Lukács

a) *Die Dialektik in ‚Geschichte und Klassenbewußtsein'*. Georg Lukács (1885–1971) hat auf die Entwicklung der Dialektik vor allem durch seine Aufsatzsammlung „Geschichte und Klassenbewußtsein" (1923) Einfluß ausgeübt. Die Deutung der marxistischen Dialektik, die der überzeugte, zeitweise linksradikal eingestellte, durch die neukantianische und neuhegelianische deutsche Philosophie des beginnenden 20. Jahrhunderts nachhaltig geprägte Kommunist Lukács[14] in diesem Werk entwickelte, löste in marxistischen Kreisen eine erregte Debatte aus. Später distanzierte er sich von seinen „idealistischen" Auffassungen, die in der Tat auf eine hegelianisierende Rekonstruktion der Marxschen Dialektik hinausliefen, sofern er wie *Hegel* Dialektik wesentlich als Subjekt-Objekt-Beziehung verstand, ohne jedoch das Subjekt-Objekt im Sinne des Hegelschen Absoluten zu interpretieren. Im Anschluß an *Marx* bestimmte Lukács die dialektischen Beziehungen als historisch-gesellschaftliche Relationen und deutete konsequent die dialektische Theorie der Geschichte als Ausdruck des revolutionären Prozesses, den sie nicht lediglich zu reflektieren, sondern wesentlich auch zu fördern hat. Rückblickend schrieb Lukács 1967 über „Geschichte und Klassenbewußtsein", dieses Buch bedeutete „den damals vielleicht radikalsten Versuch, das Revolutionäre an Marx durch Erneuerung und Weiterführung der Hegelschen Dialektik ... wieder aktuell zu machen" (23).[15]

Lukács wollte 1923 keineswegs eine neue Form der Dialektik schaffen, sondern einen Beitrag zum Verständnis der Marxschen Dialektik leisten. Da er überzeugt war, daß Marx in einem viel unmittelbareren Verhältnis zu *Hegel* stand, als er selbst angenommen zu haben scheint und als von manchen Marx-Interpreten (die wie *Plechanow* und andere die vermittelnde Rolle *Feuerbachs* überbetonten) angenommen wurde, konnte sich ihm die Herausarbeitung Hegelscher Kategorien in der geschichtlichen materialistischen Dialektik als Mittel zum besseren Verstehen der Marxschen Dialektik, und nicht als Versuch, diese zu korrigieren, darstellen. Daher konnte Lukács die Meinung vertreten, daß ohne Berücksichtigung der Begründung der Dialektik durch Hegel (und Marx) die Behandlung der Probleme der Dialektik unmöglich sei (165). Lukács bekannte sich zur marxistischen Orthodoxie in einem Sinne, der nicht das dogmatische Festhalten an Marxens Sätzen involviert: Entscheidend ist seiner Ansicht nach die Anwendung von Marxens Methode, die unabhängig von Marxens inhaltlichen Thesen ist. Ähnlich ist auch von Hegel das methodisch Fruchtbare zu übernehmen, nicht etwa das System als Ganzes, das eine historische Tatsache ist und das zerschlagen werden muß, damit die in ihm enthaltenen positiven Tendenzen aktualisiert werden können (cf. 167).

Obwohl Lukács durchgängig von der dialektischen Methode spricht, kann doch in „Geschichte und Klassenbewußtsein" keine dialektische Methodologie im Sinne eines Inbegriffs von Regeln des Forschens und Begründens gefunden werden: Dialektik ist bereits hier das, als was sie vom alten Lukács verstanden wurde: *Ontologie.* Wesentlich für die Dialektik in Lukács' Sinne ist das Verhältnis von Momenten einer Totalität untereinander und zu dieser letzteren, wobei entscheidend ist, daß die Momente nichts Unmittelbares sein können; sie sind, was sie sind, nur im Zusammenhang der Struktur der Totalität, in der sie „aufgehoben" sind. Als Totalität gilt hierbei stets ein konkretes historisch-gesellschaftliches Ganzes, und insofern ist die Dialektik konkretes, geschichtliches Denken. Eine dialektische Totalität kann – und das ist auf dem Standpunkt von „Geschichte und Klassenbewußtsein" wesentlich – immer nur eine solche sein, in die ein Subjekt als konstitutives Moment eingeht. Die Totalität ist ein geschichtlich sich entwickelndes Ganzes, in dessen Werden „das Bewußtsein (...) ein notwendiger, unentbehrlicher, konstitutiver Bestandteil" ist (393).

Das hier gemeinte Bewußtsein ist nicht ein individuelles, sondern Klassenbewußtsein, näherhin das praktisch gewordene Bewußtsein des Proletariats. Das sich seiner selbst bewußte Proletariat tritt in die Rolle des Hegelschen Subjekt-Objekts ein. Diese ausgezeichnete Stellung des Proletariats erklärt sich nach Lukács daraus, daß für das Proletariat die Erkenntnis der sozialen Situation, in der es sich befindet, Bedingung seiner Selbstbehauptung ist. Zugleich sind die

Interessen des Proletariats objektiv mit den Interessen der ganzen Gesellschaft identisch, während die Interessen der Bourgeoisie partikulär bleiben. Das Selbstbewußtsein des Proletariats greift ferner direkt in den Prozeß der Umwälzung der Gesellschaft ein und ist daher sowohl theoretisch wie praktisch. Dieser Gedanke kommt in folgender Äußerung deutlich zum Ausdruck:

„Erst mit dem Auftreten des Proletariats vollendet sich die Erkenntnis der gesellschaftlichen Wirklichkeit. Und sie vollendet sich eben, indem im Klassenstandpunkt des Proletariats der Punkt gefunden ist, von wo aus das Ganze der Gesellschaft sichtbar wird … Die Einheit von Theorie und Praxis ist … nur die andere Seite der geschichtlich-gesellschaftlichen Lage des Proletariats, daß von seinem Standpunkt Selbsterkenntnis und Erkenntnis der Totalität zusammenfallen, daß es zugleich Subjekt und Objekt der eigenen Erkenntnis ist" (193).

Lukács übernimmt offensichtlich die Hegelsche Idee des Subjekt-Objekts und interpretiert sie im Lichte des historischen Materialismus. Hierbei behält diese Idee den Charakter einer theoretischen Konstruktion zum Zweck der Erklärung gewisser Strukturen der Erfahrung. Als Konstruktion erweist sich diese Idee dadurch, daß das Proletariat gar nicht aktuell, sondern nur potentiell Subjekt-Objekt der sozialen Entwicklung ist. Als Gestalt der Wirklichkeit wird das proletarische Klassenbewußtsein von der Partei getragen (214), die ebenso als Trägerin des allgemeinen Bewußtseins des Proletariats erscheint wie *Hegels* Staat Verkörperung des Weltgeistes sein sollte. Bei Lukács dient die Konstruktion des Subjekt-Objekts in erster Linie der Erklärung des Phänomens der Entfremdung bzw. allgemeiner der Verdinglichung des Bewußtseins. So wie für *Hegel* der Gegenstand der Erfahrung aufhört, ein dem Selbstbewußtsein gegenüber Fremdes zu sein, sobald das Selbstbewußtsein sich im Gegenstand wiederfindet, so ist für Lukács die Entfremdung in dem Augenblick prinzipiell überwunden, in dem sich das Proletariat als Subjekt-Objekt der Geschichte begreift. Freilich ist die Überwindung der Entfremdung kein einmaliger, umfassender Vorgang, sondern erfolgt sukzessive.

Die Konstruktion eines geschichtlich-gesellschaftlichen Subjekt-Objekts dient ferner der Begründung der Wahrheitslehre. Lukács wendet sich ebenso energisch gegen die materialistische wie gegen die idealistische Theorie der Wahrheit, weil seiner Ansicht nach beide, indem sie die Wahrheit im Sinne der Übereinstimmung zwischen dem Sein und dem diesem gegenüberstehenden Bewußtsein bestimmen, jenem Dualismus verhaftet bleiben, der mit der Verdinglichung der Bewußtseinsstruktur gegeben ist (388). Wird das Wahrheitsproblem unter Voraussetzung dieses Dualismus formuliert, so ist es unlösbar. Eine Lösung ergibt sich erst, wenn die Verdinglichung überwunden wird, weil, wo es keine Dinge als etwas dem Bewußtsein Gegenüberstehendes gibt, es auch keine Übereinstimmung des Bewußtseins mit den Dingen mehr geben kann. Die Wirklichkeit *ist* nicht, sie *wird*, wie Lukács sagt (391). Die dialektische Lehre vom dynamischen Charakter der Wirklichkeit dient also Lukács anders als den Vertretern des dialektischen Materialismus, zur Widerlegung der Abbild-Theorie, wobei die Argumentation, indem sie die Abbild-Theorie mit einer ganz bestimmten Auffassung von „Ding" verbindet, vom Vorwurf der Sophistik nicht völlig entlastet werden kann. So wie andere Theoretiker der Dialektik die „Beweglichkeit" des die bewegliche Wirklichkeit abbildenden Denkens forderten, wollte Lukács den Dualismus von Denken und Sein durch ein Denken überwinden, das „Moment des Gesamtprozesses" ist und damit „einen Charakter des Werdens" annimmt (392).

Unter „Gesamtprozeß" ist hier eine gesellschaftliche Totalität zu verstehen. Die Totalität ist nach Lukács stets im Sinne der konkreten Totalität zu charakterisieren (222), näherhin als Klasse, deren Bewußtsein die rationell angemessene Reaktion, die einer bestimmten typischen Lage im Produktionsprozeß zugerechnet wird, ausdrückt (223–224), – sozusagen als Element einer idealtypischen Konstruktion. Die Totalität ist, wie Lukács betont, niemals etwas Gegebenes, Statisches, sondern wesentlich Prozeß, in dem Bewegung und Ziel eine dialektische Einheit bilden (196).

Totalität kann nach Lukács nur unter der Voraussetzung erfaßt werden, daß das Subjekt, das die Totalität „setzt", selbst Totalität ist (200). „Die Wirklichkeit kann ... nur als Totalität erfaßt und durchdrungen werden, und zu dieser Durchdringung ist nur ein Subjekt, das selbst Totalität ist, fähig" (211 – 212). Dieses Subjekt ist, wie bereits bemerkt, für Lukács das Proletariat, das unter seinen Voraussetzungen als des Selbstbewußtseins fähig, in der Tat den

Charakter einer Totalität, eines Subjekt-Objekts, hat. Das Proletariat tritt somit an die Stelle des Hegelschen Absoluten, das nicht nur Substanz, sonder auch Subjekt ist. Auch bei *Marx* muß nach Lukács die Kategorie der Totalität als die beherrschende anerkannt werden. In ihrer Vorherrschaft – nicht in der Vorherrschaft des ökonomischen Gesichtspunktes – ist seiner Ansicht nach die unterscheidende Differenz zwischen dem Marxschen und dem bürgerlichen Denken zu sehen (199).

Im Gesichtspunkt der Totalität ist außerdem das revolutionäre Moment der Dialektik zu erblicken, nicht primär in ihrem materialistischen Charakter, da jedes Einzelne als Moment der Totalität des Geschichtsprozesses seine scheinbare Stabilität verliert. Das gilt auch für das Klassenbewußtsein des Proletariats, von dem Lukács erklärt, es sei „nichts weniger als stabil gleichbleibend oder sich nach mechanischen ‚Gesetzen' weiterbewegend" (213). Unter dem Gesichtspunkt der konkreten Totalität ist ferner eine Betrachtungsweise ausgeschlossen, der sich Tatsachen als uninterpretiertes Gegebenes, als „Unmittelbares" darstellen (wie es nach Lukács bei der „bürgerlichen" Wissenschaft – offensichtlich dem Positivismus des 19. und beginnenden 20. Jahrhunderts – der Fall sein soll). Wenn Lukács meint, die Annahme vorgeblich „reiner" Tatsachen gehöre zum Wesen des Kapitalismus, der den entsprechenden Schein bewirke, so muß gefragt werden, wieso im kapitalistischen Westen die Fiktion des unmittelbar Gegebenen zugunsten der Einsicht von der Theoriebeladenheit aller Tatsachenbeschreibungen überwunden werden konnte. Auch der geschichtliche Charakter, durch den Lukács die Dialektik ausgezeichnet sieht, ist nicht ausschließlich deren Eigentümlichkeit. Lukács meint, daß die scheinbar weniger wissenschaftliche Dialektik gegenüber der unhistorisch verfahrenden Wissenschaft im Grunde der geringeren Ungenauigkeit schuldig ist, indem sie die Tatsachen nicht in ihrer vermeintlichen Reinheit, sondern als Produkte historischer Entwicklung, als Erscheinungen einer bestimmten Geschichtsepoche, namentlich in ihrer Gegenständlichkeit als Resultat des Kapitalismus, betrachtet (178).

Die Zurückweisung der Annahme eines Unmittelbaren ist auch auf die Totalität auszudehnen, die selbst ebensowenig unmittelbar gegeben ist wie ihre Momente (180). Erst indem die Tatsachen als bedingt durch die (gesellschaftliche) Totalität und diese bedingt durch die Tatsachen begriffen werden, wird Wirklichkeitserkenntnis möglich. In diesem Sinne gilt Lukács die konkrete Totalität als „die eigentliche Wirklichkeitskategorie" (181). Wie der Unterschied zwischen einer Erklärung sozialer Erscheinungen mit Hilfe abstrakter Gesetze und einer Erklärung durch deren Beziehung auf die konkrete Totalität (cf. 181) im besonderen zu bestimmen sein soll, bleibt allerdings unklar, da offenbar *jede* Erklärung „abstrakte" Gesetze als Prämissen benutzen muß. Vermutlich hatte Lukács das Ideal einer umfassenden Erklärung vor Augen, bei der *alle* für eine Erscheinung relevanten Gesetzmäßigkeiten berücksichtigt werden. In diesem Falle wäre mit dem Ausdruck „konkrete Totalität" eine regulative Idee gemeint, wenn auch Lukács betonte, daß die konkrete Totalität nicht den Charakter einer bloßen Idee habe.

Man würde Lukács nicht gerecht, wenn man die Funktion der Kategorie der Totalität auf die Erkenntnis sozialer Zusammenhänge beschränkte und ihre praktische Rolle vernachlässigte, die Lukács vor Augen hat, wenn er z.B. feststellt:

„Wenn die Theorie, als Erkenntnis der Totalität, einen Weg zur Überwindung dieser [der kapitalistischen Gesellschaft innewohnenden] Widersprüche, zu ihrer Aufhebung, zeigt, so tut sie es, indem sie jene *realen Tendenzen* des gesellschaftlichen Entwicklungsprozesses aufzeigt, die diese im Laufe der gesellschaftlichen Entwicklung *real* aufzuheben berufen sind" (182).

Im Lichte der Kategorie der konkreten Totalität ist auch die Ablehnung der auf der Annahme eines Unmittelbaren beruhenden Wahrheitskonzeption zu sehen. Die Entsprechung von Denken und Sein ist als Entsprechung von proletarischem Bewußtsein und gesellschaftlicher Wirklichkeit zu begreifen. Das Bewußtsein des Proletariats bildet nicht unmittelbar gegebene Dinge, sondern jenes Neue ab, das aus den Widersprüchen des Kapitalismus hervorgeht und erst durch das Proletariat verwirklicht werden soll (393).

Lukács hat in „Geschichte und Klassenbewußtsein" nicht nur eine dialektische Theorie des gesellschaftlichen Gsschehens entworfen, indem er versuchte, die (ökonomischen) Kategorien als begrifflichen Ausdruck gesellschaftlicher Entwicklungsstufen in ihrer Wechselbedingtheit und in ihrer gesetzmäßigen Bewegung als Produkte menschlicher Tätigkeit und der auf zwischenmenschlichen Beziehungen beruhenden Kräfte dialektisch-dynamisch zu deuten (cf. 187), sondern er entwickelte zugleich eine Rechtfertigungstheorie, deren Gegenstand die sozialistische Gesellschaft unter der Leitung der kommunistischen Partei ist. Um das Ziel der Rechtfertigung zu erreichen, identifizierte Lukács das Proletariat mit dem Subjekt-Objekt der dialektischen Tradition und stellte die Partei als Verkörperung des Klassenbewußtseins des Proletariats dar, – eine Behauptung, die um nichts besser ist als *Hegels* Auffassung des Staates als Verkörperung des Weltgeistes. Zwischen dem politischen Ziel, das gerechtfertigt werden soll, und den geschichtlich-gesellschaftlichen Tatsachen, deren dialektische Theorie Lukács entwerfen wollte, bleibt eine Kluft bestehen, die Lukács, wie *I. Mészáros* bemerkte, nur dadurch überbrücken konnte, daß er der Ethik die Rolle der Vermittlung zuwies und damit den Gegensatz von Sein und Sollen aufrecht zu erhalten gezwungen war.[16] In dem Aufsatz „Moses Hess und die Probleme der idealistischen Dialektik“ heißt es in diesem Sinne, *Hegels* Ablehnung des Sollens habe dessen Realismus auf Grund der Vernachlässigung der in der jeweiligen Gegenwart auf die Zukunft gerichteten Tendenzen reaktionär werden lassen (653).

b) Spätere Korrekturen. In „Geschichte und Klassenbewußtsein“ hat Lukács zwischen zwei Typen von Dialektik – der objektiven Dialektik der Bewegung und der gesellschaftlichen Dialektik – unterschieden (396) und sich zugunsten der letzteren erklärt. Die Naturdialektik, wie sie *Engels* konzipiert hatte, leidet seiner Ansicht nach unter dem Mangel, daß „*die dialektische Beziehung des Subjekts und Objekts im Geschichtsprozeß* ... nicht einmal erwähnt, geschweige denn in den – ihr zukommenden – Mittelpunkt der methodischen Betrachtung gerückt“ wird (173). Sie hört damit nach Lukács auf, eine revolutionäre Methode zu sein. Ausdrücklich bezeichnete Lukács Engels' Versuch, die dialektische Methode auf die Naturerkenntnis auszudehnen, als Mißverständnis: „Wo doch die entscheidenden Bestimmungen der Dialektik: Wechselwirkung von Subjekt und Objekt, Einheit von Theorie und Praxis, geschichtliche Veränderung des Substrats der Kategorien als Grundlage ihrer Veränderung im Denken etc. in der Naturerkenntnis nicht vorhanden sind“ (175 Anm.). Lukács sah also klar, daß der Bereich, innerhalb dessen dialektische Verhältnisse angenommen werden können, die Subjekt-Objekt-Beziehung ist. Das Programm einer Naturdialektik erweist sich, kurz gesagt, darum als undurchführbar, weil eine Dialektik ohne Subjekt nicht möglich ist (396).

Im Vorwort zur Neuausgabe von „Geschichte und Klassenbewußtsein" bezeichnete Lukács die Beschränkung der Dialektik auf den gesellschaftlichen Bereich dagegen als fehlerhaft. Nach wie vor hielt er zwar daran fest, daß Engels' Auffassung der Praxis unvollständig sei, daß ferner mit den Engelsschen Kategorien das Problem des (Kantischen) Dings an sich nicht zu lösen sei; aber anders als 1923 war Lukács 1967 nicht mehr der Ansicht, daß „allein die Erkenntnis der Gesellschaft und der in ihr lebenden Menschen philosophisch relevant ist" (19). Damit steht die Rücknahme der Kritik in Zusammenhang, die Lukács gegen die Abbild-Theorie der Erkenntnis gerichtet hatte, und die er 1967 darum für verfehlt erklärte, weil er überzeugt war, daß die Widerspiegelung der Wirklichkeit im Erkennen Voraussetzung zielführenden Handelns ist: „Die Praxis kann nur darum Erfüllung und Kriterium der Theorie sein, weil ihr ontologisch, als reale Voraussetzung einer jeden realen teleologischen Setzung, eine für richtig gehaltene Abbildung der Wirklichkeit zugrunde liegt" (27).

Die Korrektur seiner Bewertung der Widerspiegelungstheorie der Erkenntnis ergab sich für Lukács aus einer modifizierten Auffassung der Praxis, deren „Urform" er in der Arbeit erblickte. Indem er die „wirkliche Praxis" zur Basis der Theorie machte, vermied er, was er rückblickend auf die Ansichten von 1923 „die Überspannung des Praxisbegriffes" (20) nannte: Die Gefahr eines Umschlagens der Theorie in Idealismus schien ihm nur gebannt werden zu können durch die Preisgabe der „abstrakt-idealistischen Konzeption der Praxis" (21). In Verbindung damit steht Lukács' Abkehr von der 1923 vertretenen Auffassung, daß nicht die Geschichtserklärung unter ökonomischen Gesichtspunkten, sondern der Gesichtspunkt der Totalität den Marxismus wesentlich von der bürgerlichen Wissenschaft unterscheide. Die ökonomischen Kategorien galten dem alten Lukács vielmehr als zentral; insbesondere muß im Unterschied zur Betrachtungsweise von 1923 die Arbeit in ihrer zwischen Gesellschaft und Natur vermittelnden Rolle gesehen werden. Ihren Niederschlag fand die Überzeugung vom Primat des ökonomischen Aspekts in dem Werk „Der junge Hegel" (1938).

Vor allem betreffen aber die Retraktationen von 1967 die Lehre von der Entfremdung. Der Versuch einer Überwindung der Entäußerung durch die Annahme jenes identischen Subjekt-Objekts der Geschichte, als das sich das Proletariat in seinem Klassenbewußtsein darstellt, erscheint Lukács vom Standpunkt seiner Spätphilosophie aus als fragwürdig: Im identischen Subjekt-Objekt erblickt er nunmehr eine metaphysische Konstruktion (cf. 25): „Das Proletariat als identisches Subjekt-Objekt der wirklichen Menschheitsgeschichte ist also keine materialistische Verwirklichung, die die idealistischen Gedankenkonstruktionen überwindet, sondern weit eher ein Überhegeln Hegels, eine Konstruktion, die an kühner gedanklicher Erhebung über jede Wirklichkeit objektiv den Meister selbst zu übertreffen beabsichtigt" (25). Der implizite Hegelianismus von „Geschichte und Klassenbewußtsein" zeigt sich deutlich in der Identifikation von Entfremdung und Vergegenständlichung, während Lukács 1967 betonte, daß die – aufzuhebende – Entfremdung nur ein Sonderfall der unaufhebbaren Vergegenständlichung ist. Mit der modifizierten Auffassung der Entfremdung, wie sie sich durch das Studium von *Marxens* „Ökonomisch-philosophischen Manuskripten" für Lukács ergab, brachen die theoretischen Grundlagen der Dialektik von 1923 zusammen.

c) Dialektik als Ontologie. Bereits in „Geschichte und Klassenbewußtsein" zeigte sich gelegentlich der ontologische Charakter der dialektischen Theorie, besonders deutlich in der Formulierung des Programms, ein System der Kategorien aufzubauen, das gemäß den zwischen ihnen bestehenden Abhängigkeitsverhältnissen hierarchisch geordnet sein soll (395). Auf Ansätze von der Art des erwähnten scheint sich Lukács 1967 bezogen zu haben, wenn er feststellte, daß bereits „Geschichte und Klassenbewußtsein" in die Richtung einer marxistischen Ontologie des gesellschaftlichen Seins gewiesen habe (28–29). Die Ausgestaltung dieser Ansätze war die Aufgabe, die sich Lukács in seinem Alterswerk stellte.

Der Grundgedanke der Lukácsschen Ontologie ist in Kürze, daß die Kategorien der Gesellschaftswissenschaft und insbesondere die der politischen Ökonomie primär Kategorien der sozialen Wirklichkeit sind. Die Erkenntnis gesellschaftlicher Zusammenhänge ist daher als Auffindung oder Aufdeckung der realen gesellschaftlichen

Kategorien zu bestimmen. Der Ausdruck „ontologisch" wird hierbei für Lukács häufig zum Synonym von „realistisch". So besteht der „ontologische Aspekt" der marxschen Betrachtungsweise, der Lukács folgt, seiner Ansicht nach darin, „daß alle ... Kategorien ... Daseinsformen, Existenzbestimmungen sind und als solche wieder eine Totalität bilden und nur deren seiende Elemente, als seiende Momente, wissenschaftlich begriffen werden können" (1972: 70).[17] Die Kategorien bei Marx – und dasselbe gilt für Lukács' eigene Auffassung – sind nicht zeitlose Begriffe, sondern haben wesentlich geschichtlichen Charakter.

Lukács orientierte sich in der „Ontologie des gesellschaftlichen Seins" an der in *Marxens* Einleitung zur Kritik der politischen Ökonomie (siehe Kap. I, 1) skizzierten Methode. Er betont immer wieder die beherrschende Stellung der Kategorie der Totalität in dieser Methode. Anders als in „Geschichte und Klassenbewußtsein" erklärt er jedoch in der „Ontologie des gesellschaftlichen Seins", daß „die Totalität in der Gesellschaft immer bereits unmittelbar gegeben ist" (1972: 34). Lukács scheint geradezu seine frühere dialektische Kritik an der Annahme eines unmittelbar Gegebenen widerrufen zu wollen, wenn er eine „auf die unmittelbar gegebene Wirklichkeit unmittelbar gerichtete Erkenntnis" (1972: 34) annimmt, die den Ausgangspunkt des durch Abstraktion zu den Elementen der Gesamtvorstellung und von diesen zurück zum Begreifen des Ganzen führenden analytischen Verfahrens bildet. Das Ganze als Gegebenes ist hierbei noch nicht begriffen. Der Charakter der Vermittlung eignet erst der begriffenen, nicht der für die Beobachtung gegebenen Wirklichkeit (cf. 1973: 5).

Lukács hat das hypothetische Moment der analytischen Methode ebensowenig berücksichtigt wie die früher behandelten Vertreter der dialektischen Methode, weshalb er glauben konnte, der analytische Erkenntnisweg werde von der jeweiligen Totalität vorgeschrieben. Lukács übersah keineswegs, daß die Elemente der zu erklärenden Totalität, die in der Analyse isoliert werden, nicht einfach, sondern selbst wieder (untergeordnete) Totalitäten sind; nichtsdestoweniger war er überzeugt, daß in der dialektischen Erklärung gewisse Elemente ausgezeichnet seien, nicht aus subjektiven (etwa erklärungspragmatischen) Gründen, sondern wegen ihrer objektiven Zentralstellung. Lukács verweist auf *Marxens* Vorgehen

im „Kapital", wo „Wert" den ausgezeichneten Ausgangspunkt darstellt: „Diese Zentralstelle der Wertkategorie ist eine ontologische
Tatsache", meint Lukács (1972: 46); doch zeigt gerade dieses Beispiel, daß die These von der Objektbedingtheit der Erklärungs-
struktur und namentlich der Wahl des Ausgangspunktes fragwürdig
ist. Denn offensichtlich ist der Begriff des Wertes Ergebnis der Analyse der Warenwirtschaft als Totalität und selbst analysierbar, wobei vor allem der Begriff der gesellschaftlich notwendigen Arbeit
resultiert. Von einem „ontologischen" Vorrang von „Wert" gegenüber „Ware" oder „Arbeit" kann nicht gesprochen werden; der
von Marx gewählte Ausgangspunkt mochte sich dagegen aus pragmatischen Gründen empfehlen. Lukács selbst hat übrigens an späte-
rer Stelle der „Ontologie" erklärt, daß man bei der Darstellung
der Kategorien des gesellschaftlichen Seins und ihres Zusammenhangs, „mit der Analyse der Arbeit beginnen" müsse (1973: 5; cf.
9).

   Die von Lukács als „ontologisch" bezeichnete realistische Deutung von Begriffen und Beziehungen, die im Zusammenhang wissenschaftlicher Erklärungen verwendet werden, führte Lukács zu
der Auffassung, daß der abstrakte Begriff der gesellschaftlich notwendigen Arbeit eine Wirkung in der sozialen Realität ausübe
(1972: 48), und er betonte sogar: „diese Abstraktion hat dieselbe
ontologische Härte der Faktizität wie etwa ein Auto, das einen
überfährt" (1972: 49).

   Die realistische Deutung von „Verhältnissen und Beziehungen"
ist alles andere als selbstverständlich, da in vielen Fällen Beziehungen lediglich angenommen werden, um gewisse Tatsachen zu erklären. Die Marxsche ökonomische Theorie bietet hierfür Beispiele.
Wenn sich daher Lukács zugunsten der „ontologischen" Auffassung
der in der ökonomischen Theorie formulierten Beziehungen aus-
sprach, so handelt es sich um ein dogmatisches Element seines Denkens, das seine Spätphilosophie vom dialektischen Ansatz seines
Frühwerkes unterscheidet.

   Lukács übernahm ausdrücklich *Marxens* „Methode der zwei
Wege", die offenkundig mit der analytischen bzw. resolutiv-kompositiven Methode der neuzeitlichen klassischen Naturwissenschaft
bzw. genauer: ihrer herkömmlichen, durch unzureichende Berücksichtigung des hypothetischen Momentes gekennzeichneten wis-

senschaftstheoretischen Interpretation identisch ist. „Man muß" – wie Lukács erklärte – „den neuen Seinskomplex zuerst analytisch-abstrahierend zerlegen, um auf einer so gewonnenen Grundlage zum Komplex des gesellschaftlichen Seins als nicht nur Gegebenem und darum bloß Vorgestelltem, sondern auch in seiner realen Totalität Begriffenem zurückkehren (oder vordringen) zu können" (1973: 5).

So wie *Marx* war sich Lukács der Tatsache bewußt, mit einer durch „Abstraktion" gegenüber der Totalität des ökonomisch-gesellschaftlichen Zusammenhanges isolierten Kategorie zu beginnen (1973: 9). Die Kategorie „Arbeit" ist aber, obwohl Ergebnis einer „Abstraktion", ihrerseits komplex; sie enthält eine Reihe weiterer durch sukzessive Analyse zu entfaltender Kategorien, von denen Lukács überzeugt war, daß es sich um die zentralen Kategorien des gesellschaftlichen Seins handle. So entwickelte er, ausgehend vom Begriff der Arbeit als „Verwirklichung einer teleologischen Setzung" (1973: 13), näherhin der Arbeit im engeren Sinn der Produktion von Gebrauchswert, die allgemeine Struktur des gesellschaftlichen Seins, eine Entwicklung, die weder logisch (als Folgeverhältnis von Allgemeinbegriffen), noch mechanisch, sondern dialektisch erfolgen soll (cf. 1973: 107).

Eindringlich arbeitet Lukács den teleologischen Charakter der menschlichen Praxis heraus. In der Praxis sind in Form der Zielsetzung und Mittelbestimmung der kausale und der Zweckgesichtspunkt, die abstrakt einander entgegengesetzt sind, verbunden, wobei in der Arbeit Mittel und Zweck, Theorie und Praxis, im Erkennen widerzuspiegelnde Kausalgesetzlichkeit und aktive Zwecksetzung, für sich selbst heterogene Momente, in ihrer dialektischen Einheit etwas Homogenes ergeben (1973: 24). In der Vermittlung bewußter Ziele auf Grund einer Entscheidung angesichts von Alternativen erweist sich das Bewußtsein als mehr denn als bloßes Epiphänomen materieller Prozesse. Im Alternativcharakter der Praxis ist nach Lukács der „Keim der Freiheit" zu erblicken (1973: 53; cf. 133 sqq.).

Erst in der Praxis tritt ein Objekt im prägnanten Wortsinn einem Subjekt gegenüber, da erst die Arbeit zu jener Distanzierung gegenüber den Erfahrungsinhalten führt, die aus ihnen Objekte macht, die einem Subjekt gegenüberstehen. Erst mit dieser vergegenständli-

chenden Distanzierung entsteht auch die Möglichkeit der Sprache,
die die durch die Arbeit bewirkte Distanzierung voraussetzt (cf.
1973: 120–121). Wenn sich der Mensch in der Arbeit als Subjekt
im prägnanten Wortsinn konstituiert, das der Natur mit der Intention, sie zu beherrschen, gegenübersteht, und das sich selbst, nämlich seine Triebe, Affekte, Gewohnheiten zu kontrollieren vermag
bzw. dazu gezwungen ist, wenn es zur Realisierung der praktischen
Zielsetzungen gelangen will, dann ist klar, daß der Mensch in der
Arbeit nicht nur die Natur bis zu einem gewissen Grade beherrscht,
nicht nur die Naturschranke sukzessive weiter hinausschiebt, sondern sich selbst erschafft. Damit ist, auf der Basis der menschlichen
Praxis, das Grundschema aller Erfahrungsdialektik erreicht: Das
Subjekt ist bedingt durch die gegenständliche Wirklichkeit, die
selbst durch das Subjekt bedingt ist. Das Subjekt bedingt bzw. „erschafft" mittelbar sich selbst. Die Tätigkeit des Subjekts, in der
das geschieht, ist bei Lukács nicht rein spiritueller Art, sondern
(wesentlich gesellschaftliche) *Arbeit* und in diesem Sinne „materiell", sofern nämlich in der Arbeit ein „Stoffwechsel" zwischen
dem Subjekt und der Natur vor sich geht. Die These von der Selbsterschaffung des Subjekts bezieht sich nicht auf das Subjekt im Sinne
der psychophysischen Person, sondern auf das Subjekt im prägnanten Wortsinn, das sich in seiner Beziehung auf Gegenstände und
auf andere Subjekte erfährt. Das so verstandene Subjekt ist keine
Naturtatsache wie das tierische Bewußtsein, sondern von diesem
durch einen qualitativen Sprung unterschieden. „Selbsterschaffung" des Subjekts bedeutet für Lukács „Menschwerdung durch
Arbeit", d.h. die vom animalischen Bewußtsein ausgehende Entwicklung des selbstbewußten, die Natur planmäßig, d.h. in freier
Entscheidung auf Grund der Erkenntnis von Naturgesetzen und
in gesellschaftlichem Zusammenhang mit anderen Subjekten verän-
dernden Subjekts. Damit ist in bezug auf die Subjekt-Objekt-Dialektik das geleistet, was Lukács von der Dialektik im allgemeinen
forderte (und bei *Engels* nicht befriedigend geleistet fand): „jede
dialektische Verflechtung auf die ihr zugrundeliegenden seienden
Tatbestände hin mit unbefangener ontologischer Kritik zu untersu-
chen" (1973: 147). Die Hegelsche Idee eines identischen Subjekt-
Objekts, die, wenn auch in modifizierter Form, noch in „Geschichte
und Klassenbewußtsein" eine wichtige Rolle gespielt hatte, wird

in der Ontologie als „philosophischer Mythos" verworfen (cf. 1971: 34).

Der idealistischen Aufhebung der Entäußerung des Subjekts zum Objekt entspricht bei Lukács die Verwandlung des bewußtseinsunabhängigen Naturablaufs in einen „gesetzten", d.h. vom Subjekt durch seine Zielsetzungen auf Grund der Naturerkenntnis bestimmten. Das gilt, wie Lukács nachdrücklich betonte, nicht nur für die Natur, die Objekt der Naturwissenschaft ist, sondern ebenso für jene „zweite Natur", die wir selbst erzeugen, indem wir über unsere Intentionen hinausgehende gesellschaftliche Prozesse in Gang setzen oder entsprechende Zustände herbeiführen (1973: 152). Die menschliche Praxis erfährt hierdurch in ihrem dialektischen Verhältnis von Determiniertheit und Freiheit eine qualitative Modifikation, sofern die Alternativen, auf die sie bezogen ist, selbst Ergebnis der (gesellschaftlichen) Praxis sind. Die Entwicklung der menschlichen Praxis weist in die Richtung stärker und stärker ausgeprägter Gesellschaftlichkeit.

Sofern nach Lukács die Arbeit als „Urphänomen" des gesellschaftlichen Seins (1973: 9) „ihrem Wesen nach eine Wechselbeziehung zwischen Mensch (Gesellschaft) und Natur" ist (1973: 8), wird die Aufgabe unabweisbar, eine Ontologie zu konzipieren, die auch eine Naturontologie als Teilbereich umfaßt (cf. 1972: 13). Lukács findet eine solche Naturontologie, die es mit den Kategorien der Geschichtlichkeit, Prozeßartigkeit, dialektischen Widersprüchlichkeit der Natur zu tun hat, in *Marxens* Philosophie impliziert (1972: 15). Inwieweit Lukács selbst eine umfassende Ontologie (mit der so heftig umstrittenen Dialektik der Natur) entwickelt hat, kann vor Veröffentlichung der noch unpublizierten Teile seines Alterswerkes nicht entschieden werden. Ebenso muß ein abschließendes Urteil über die Dialektik der Arbeit und namentlich über die Subjekt-Objekt-Dialektik bis zum Erscheinen der Ausführungen zum Thema „Entfremdung" in der „Ontologie des gesellschaftlichen Seins" zurückgestellt werden.

3. Jean-Paul Sartre

a) Der dialektische Ansatz in Sartres ,Das Sein und das Nichts'.
Sartre hat im Verlauf seiner Denkentwicklung den Weg von *Hegel*
zu *Marx* nachvollzogen, selbstverständlich unter den Bedingungen
des 20. Jahrhunderts, was unter anderem heißt: beeinflußt von den
wichtigsten philosophischen Bewegungen der ersten Jahrhunder-
thälfte. Einen ersten Höhepunkt in der Entwicklung von Sartres
dialektischer Philosophie stellt das Werk „Das Sein und das Nichts"
(1943) dar,[18] in dem Sartre, Gedanken *Hegels* (namentlich der
Hegelschen „Phänomenologie des Geistes"), *Fichtes, Husserls* und
des Existentialismus[19] aufnehmend und weiterführend, eine Form
der Dialektik entwickelt hat, die der Tradition der Transzendentalphilosophie (dieses Wort im weitesten Sinne genommen) seit *Descartes* verpflichtet ist. Nach dem Erscheinen von Sartres zweitem
großen Werk, der „Kritik der dialektischen Vernunft", stellt sich
jene frühere Dialektik als Etappe auf einem Wege dar, von dem
nicht feststeht, ob ihn der Philosoph bereits zu Ende gegangen
ist.

Das Problem der Erfahrungstheorie: zu erklären, wie Erfahrung
überhaupt möglich sei, ist auch Sartres Problem; er formuliert es
in dem Werk „Das Sein und das Nichts" durch die beiden wesentlich
miteinander verknüpften Fragen: „1. Welches ist der synthetische
Zusammenhang, den wir In-der-Welt-sein nennen? 2. Was müssen
der Mensch und die Welt sein, damit dieser Zusammenhang zwischen ihnen möglich ist?" (SN 54/38). Mit „In-der-Welt-sein" ist
nach Sartre eine konkrete synthetische Ganzheit bezeichnet, deren
Momente das Bewußtsein und das (gegenständliche) Phänomen
sind (SN 53/38). Die Möglichkeit des In-der-Welt-seins bzw. des
intentionalen Charakters des Bewußtseins (und das heißt: der
Erfahrung als solcher) läßt sich, wie Sartre betont, nur begreifen,
wenn nicht von abstrakten Voraussetzungen *ausgegangen* (wie es
seines Erachtens *Kant* und *Husserl* taten), sondern von der Tatsache
des In-der-Welt-seins zu deren Voraussetzungen bzw. Bedingungen
zurückgegangen wird.

Sartre verfährt nicht nur faktisch in der Weise der analytischen
(resolutiv-kompositiven) Methode, sondern er hat sich ausdrücklich

zu ihr, die er „progressiv-regressive Methode" nennt, bekannt (ME 70 sqq./CRD 60 sqq.).[20] Es wird im folgenden vor allem zu zeigen sein, daß er die Aufgabe, das In-der-Welt-sein begreiflich zu machen, *prinzipiell* (d. h. unter Absehung von der ihm eigentümlichen Art, bestimmte menschliche Verhaltensweisen zum Ausgangspunkt der Analyse zu machen) nicht anders zu lösen versucht hat, als etwa *Kant,* der keineswegs, wie Sartre meinte, abstrakte Prinzipien zum Ausgangspunkt der erfahrungstheoretischen Erklärung gemacht hat, sondern ebenso wie Sartre die Tatsache der gegenständlichen Erfahrung als Ganzes von Momenten.

Die Zergliederung der als Subjekt-Objekt-Beziehung bestimmten Erfahrung zeigt nach Sartre, daß das Phänomen als das zuerst Gegebene zwar immer Gegenstand für ein Subjekt, jedoch nicht nur Gegenstand für ein Subjekt ist. Das Phänomen ist für Sartre nicht Erscheinung eines unerkennbaren Dings an sich, nicht Äußerung eines Wesens usw., sondern es zeigt absolut sich selbst an (SN 22/ 12). Nichtsdestoweniger weist das Phänomen auf einen transphänomenalen Grund zurück. Wenn nämlich das Phänomen ein „gegliedertes Beieinander von Eigenschaften" ist, dann kann sein Sein nicht als eine dieser Eigenschaften verstanden werden, sondern muß vielmehr als „Voraussetzung jeder Enthüllung" gelten (SN 26/15). Ebenso hat das Ich eine transphänomenale Seinsdimension, was nicht heißt, daß es ein transzendentes Ich gäbe, das, wie jedes beliebige Objekt, der phänomenologischen Epoché zu unterwerfen wäre (Ego 17)[21]. Das erscheinende Ich ist ein Phänomen, das ontologisch auf derselben Stufe steht wie die sog. Außenweltsphänomene (cf. Ego 42). Die Erfahrungsrelation ist also als Beziehung zwischen einem erscheinenden Ich und einem erscheinenden Gegenstand aufzufassen, deren beide eine transphänomenale Dimension haben. Weder der Gegenstand noch das Ich sind *bloße* Erscheinung.

Die hier vor allem interessierende Frage lautet: Was veranlaßte Sartre zur Annahme des Transphänomenalen? Im Falle des Gegenstandes erklärt er unmißverständlich, daß diese Annahme der Begründung der Erscheinung dient:

Das Phänomen „fordert ... eine Begründung, die transphänomenal sein muß. Das Seinsphänomen fordert die Transphänomenalität des Seins. Das will nicht besagen, daß das Sein sich verborgen *hinter* den Phänomenen befinde (...), auch nicht, daß das Phänomen eine Erscheinung sei, die auf ein bestimmtes Sein hinweist (...)". Vielmehr ist festzustellen, „daß das Sein des Phänomens ... über die Erkenntnis, die man von ihm gewinnt, hinausgeht und sie stiftet" (SN 27/16).

Hinsichtlich der transphänomenalen Dimension des Ich erklärt Sartre, daß das Wahrgenommenwerden des Phänomens ein Wahrnehmen, das „esse" als „percipi" ein „percipere", voraussetze, dessen Sein nicht wiederum Wahrgenommenwerden sein könne. Deshalb ist das Wahrnehmen auf einen transphänomenalen *Grund* zu beziehen. Offensichtlich wird die transphänomenale Dimension angenommen, um die Erfahrungsrelation von Ich und gegenständlicher Erscheinung begreiflich zu machen. Es handelt sich um den ersten Schritt auf dem Wege zu einer Theorie der Erfahrung, die eine Erklärung des In-der-Welt-seins ermöglichen soll.

Die transphänomenale Seinsdimension des Subjekts ist das transzendentale Bewußtsein, das nicht eine besondere Art von Erkenntnis, kein „innerer Sinn" und kein „Selbstbewußtsein", auch nicht Struktur des Subjekts ist, sondern Grund des Subjekts und der dieses auszeichnenden Intentionalität. Damit wird der Standpunkt des Cartesianischen „Cogito" verlassen: *Descartes'* erstes Prinzip behauptet nach Sartre zuviel. Die ursprüngliche Gewißheit ist nicht „Ich habe Bewußtsein von diesem Stuhl", sondern „Dieser Stuhl ist bewußt" (Ego 17). Das Selbstbewußtsein ist immer Bewußtsein des Selbst, sofern es Bewußtsein von Gegenständen ist.

Mit dem Rückgang zum transzendentalen Bewußtsein meinte Sartre, der Alternative von Idealismus und Realismus entronnen zu sein: Das Ich steht der Welt nicht mehr in der Weise einer grundsätzlichen Subjekt-Objekt-Dualität gegenüber (Ego 42), sondern Ich und Welt sind lediglich Momente des In-der-Welt-seins, das durch das transzendentale Bewußtsein begründet ist. Zwischen dem Sein des Phänomens und dem Bewußtsein kann es keine Wechselwirkung geben (SN 46/31). Das transzendentale Bewußtsein selbst ist durch nichts außer ihm begründet, sondern existiert durch sich selbst (SN 35/22). Als Selbstschöpfung, als „creatio ex nihilo" (Ego 39), als ursprüngliche Spontaneität ist es ein Absolutes an Existenz.

Sartre verwahrt sich gegen eine Deutung, derzufolge das transphänomenale Sein des Phänomens durch das transphänomenale

Sein des Bewußtseins konstituiert ist; es verhält sich vielmehr so, daß das Bewußtsein, als Bewußtsein von etwas, durch Transzendenz charakterisiert ist: es richtet sich auf ein Sein, das nicht es selbst ist (SN 43/28). Als Gegensatz zum Sein ist das Bewußtsein „Nichts". Indem es aber sich selbst gegenwärtig ist („présence à soi"), ist es Fürsichsein. Es kann sich aber nicht selbst gegenwärtig sein, ohne primär intentional auf ein Ansich gerichtet zu sein. Das Fürsich ist also beides zugleich: Beziehung auf ein Ansich und Beziehung des Bewußtseins auf sich selbst.

Die zentrale Aufgabe der Sartreschen Erfahrungstheorie besteht darin, die Voraussetzungen anzugeben, unter denen die Intentionalitätsbeziehung, mithin gegenständliche Erfahrung überhaupt, begreiflich wird. Wäre das Ich durch Identität mit sich selbst bestimmt (im Sinne des „Ich = Ich"), so könnte es weder Gegenstands- noch Selbstbewußtsein geben: Die reine Identität, die das Ansichsein kennzeichnet, schließt die Möglichkeit des Bewußtseins aus. Es kann aber auch nicht reine Dualität ohne das Moment der Einheit sein, weil in diesem Falle das Fürsichsein als „présence à soi" schlechthin unbegreiflich wäre. Nach Sartre muß daher angenommen werden, daß sich das Selbst in der Immanenz des Bewußtseins von sich selbst unterscheidet, wobei die Unterschiedenen den Charakter von Momenten eines Ganzen haben. Sartres Grundgedanke kommt deutlich zum Ausdruck, wenn er sagt:

„Das Sein des Bewußtseins als Bewußtsein besteht darin, in Distanz zu sich selbst als Selbstgegenwärtigkeit zu existieren, und diese nichtige Distanz, die das Sein in sein Sein bringt, ist das Nichts. So muß, damit ein *Selbst* existiere, die Einheit dieses Seins ihr eigenes Nichts als Nichten des Identischen zulassen" (EN 120).

Historische Beziehungen drängen sich auf: Man wird an *Fichtes* Grundsatz erinnert, demzufolge sich das Ich im Ich ein Nicht-Ich entgegensetzt; man denkt aber auch an das Verhältnis von denkendem und gedachtem Denken, das in *Gentiles* Philosophie erörtert wird. Bei Sartre stellt sich die Dialektik der Erfahrung als Dialektik von Fürsichsein und Ansichsein dar: Das Fürsichsein ist durch das Ansichsein bedingt und gleichzeitig Negation des Ansichseins, somit durch die Bestimmung des „Mangels" charakterisiert. Jeder Mangel verweist aber auf ein Ganzes, so wie nach *Descartes* Begriffe endlicher Dinge durch Einschränkung der Idee des vollkommenen Seins entstehen oder nach *Kant* durch Einschränkung des Inbegriffs der Realität. Die Idee der Totalität als Bedingung für die Erfahrung des Mangels des Fürsichseins ist die Einheit des Seins als Koinzidenz von Ansich und Fürsich. Diese Totalität wird einerseits aufgehoben, indem das Bewußtsein in eine ideale Distanz zu sich selbst tritt und ein „Riß" im Bewußtsein („une fissure intra-conscientielle") entsteht, andererseits bleibt sie bewahrt, weil sie Bedingung der dialektischen Beziehung von Fürsich und Ansich ist. Es handelt sich bei Sartre um die Dialektik des Einen (des Absoluten), das sich in sich entzweit, ohne seine Einheit aufzuheben. Als Einheit des Mannigfaltigen ist sie vielmehr Möglichkeitsbedingung aller Beziehungen innerhalb dieses Mannigfaltigen, mithin auch Bedingung der Beziehungserfassung. Diese Dialektik ergibt sich aus Annahmen im Kontext der Erfahrungstheorie, die, ausgehend von der Erfahrung gegenständlicher Phänomene, den Intentionalitätscharakter des Bewußtseins hervorhebt und, um diesen begreiflich machen zu können, ein transzendentales Bewußtsein annimmt, das die Funktion des sich in sich selbst entzweienden und die entzweiten Momente vereinigenden Absoluten erhält. Es handelt sich um „eine Einheit, in der Eines auf ein Anderes so bezogen ist, daß es dieses selbst ist", wie *K. Hartmann* es formuliert hat.[22]

b) Der dialektische Ansatz in der ‚Kritik der dialektischen Vernunft'.
In Sartres zweitem großen Werk, der „Kritik der dialektischen Vernunft", wird die Dialektik zur Methode der Erklärung der Sozialität, d. h. des Verhältnisses Einzelner zu sozialen Einheitsgebilden: Die „Totalisierung", durch die Einzelne sich in einem sozialen Ganzen zusammenschließen, soll auf ihre Möglichkeitsbedingungen zurückgeführt werden. Indem Sartre eine Dialektik der Totalisierung konzipiert, die inhaltlich auf einer strukturalen Anthropologie basiert, will er den historischen Materialismus in neuer Weise begründen und damit begreiflich machen. Inhaltlich steht der historische Materialismus für ihn nicht in Frage; er ist, wie Sartre schon in der Schrift über „Die Transzendenz des Ego" eingeräumt hatte, eine fruchtbare Arbeitshypothese; er hielt es aber für sehr bedenklich, sie mit einer solchen „Absurdität" wie dem metaphysischen Materialismus zu belasten (Ego 42). In der „Kritik der dialektischen Vernunft" hat Sartre demgemäß versucht, eine vom dialektischen

Materialismus unabhängige Fundierung des historischen Materialismus vorzunehmen.

Der entscheidende Vorwurf, den Sartre gegen die materialistische Dialektik richtet, besagt, daß sie außerstande sei, das Verhältnis von Dialektik des Denkens und Dialektik des Seins zu bestimmen und daher die erstere zugunsten der letzteren opfere: „Es gibt [im dialektischen Materialismus] keine *Erkenntnis* im eigentlichen Sinne mehr; das Sein *manifestiert sich nicht mehr*, auf welche Weise auch immer: es entwickelt sich nach seinen eigenen Gesetzen. Die Dialektik der Natur ist die Natur ohne den Menschen" (KDV 25/123–124). Eine Dialektik der Natur (als des Inbegriffs der Tatsachen) läßt sich nach Sartre nicht rechtfertigen, ihre Gesetze stellen dogmatische Behauptungen dar. Der entscheidende Mangel der Naturdialektik (vom Typus der Engelsschen), nämlich ihr Objektivismus, der eine aktive Dialektik des erkennenden Subjekts ausschließt, zwingt ihre Vertreter zum Versuch, Erkennen als bloßes Widerspiegeln objektiver Zusammenhänge zu deuten, – ein notwendig zum Scheitern verurteiltes Unterfangen, da ein bloß widerspiegelndes Subjekt rein passiv, daher einer Synthesis unfähig wäre.

Sartre geht nicht so weit, eine Naturdialektik als schlechthin unmöglich zu bezeichnen; er stellt nur fest, daß sie unter den gegebenen Umständen unbeweisbar ist, daher nur geglaubt werden kann. „In jedem Fall ist die Behauptung der Dialektik im Bereich der Fakten der anorganischen Natur eine außerwissenschaftliche Behauptung" (KDV 33/129). So gesehen, kann die These, daß es eine Dialektik der Natur gebe, nur als metaphysische Hypothese bezeichnet werden. Sartre vermutet, daß es sich bei der Idee der Naturdialektik um das Ergebnis einer Hypostasierung dialektischer Beziehungen im Bereich der menschlichen gesellschaftlichen Praxis handle; wenn das der Fall ist, dann muß der Versuch, die letzteren aus vermeintlichen dialektischen Beziehungen der Natur abzuleiten, in der Tat als vollkommen abwegig gelten. Dialektische Beziehungen der Praxis lassen sich nur von einem Wesen begreifen, das, wie der Mensch, nicht ein rein kontemplatives Subjekt, sondern ein in historischen Situationen handelndes Individuum ist, und zwar ein solches, das unter Bedingungen des Mangels in Beziehungen zu anderen steht. Die Dialektik ist weder ein apriorisches Schema, mit dessen Hilfe

Tatsachen geordnet werden, noch die Selbstbewegung einer Vernunft hinter den Dingen; sie wirkt in den Dingen, sofern diese als Objekte der menschlichen Praxis „vermenschlicht" sind, so wie sich die praktische Aktivität in der Arbeit verdinglicht. Wir erleiden dialektische Gesetzmäßigkeiten, sofern wir sie schaffen; wir sind abhängig und selbständig zugleich, weil die menschliche Praxis gesellschaftliche Praxis ist: Als Akteur der Dialektik erlebt sich das Individuum als selbständig und die dialektischen Beziehungen als rational durchschaubar; sofern die Anderen als Urheber der dialektischen Beziehungen betrachtet werden, erfährt es sich dagegen als der dialektischen Notwendigkeit unterworfen.

Sartre stellt der Idee einer Naturdialektik seine Konzeption einer menschlichen Dialektik entgegen, für die nicht äußerliche Beziehungen zwischen Individuen sowie zwischen Individuen und Natur, so unaufhebbar sie auch sind, sondern Interioritätsbeziehungen zwischen Mensch und Mensch wie zwischen Mensch und Ding grundlegend sind, wenn auch oft in verschleierter Weise (KDV 38/ 132). Auszugehen ist von den Individuen, da nach Sartre die Dialektik nur „die Totalisierung der konkreten Totalisierungen" sein kann, die ihrerseits von den Individuen erzeugt werden (KDV 39/ 132). Die Erkenntnis dialektischer Verhältnisse setzt voraus, daß der Erkennende dem zu erkennenden dialektischen Ganzen angehört. Da die Totalisierung wesentlich praktischen Charakter hat, heißt das: „Die Dialektik als lebendige Logik der Aktion kann sich keiner kontemplativen Vernunft erschließen" (KDV 39/133). Die Aufgabe, die sich Sartre stellte, besteht darin, „das komplexe Spiel von Praxis und Totalisierung aufzudecken" (KDV 41/134); das Schema der Lösung ist durch *Hegels* Gedanken vorgezeichnet, daß sich das Bewußtsein im Anderen und das Andere als sich selbst erfaßt. Dieses Schema will Sartre, der sich klar zum Materialismus bekennt, von der idealistischen Deutung lösen, die es in der Hegelschen Philosophie erfahren hatte, um zeigen zu können, „daß die Praxis aller, als dialektische Bewegung, sich jedem einzelnen als die Notwendigkeit seiner eigenen Praxis enthüllen muß, und umgekehrt, daß eines jeden Freiheit seiner besonderen Praxis in allen wiederentdeckt werden muß, um ihm eine Dialektik zu enthüllen, die sich schafft und ihn schafft, insofern sie selbst geschaffen ist" (KDV 39/133).

Das Schema dialektischer Beziehungen im Sinne der Totalisierung läßt sich rational durchsichtig machen durch Rekonstruktion aus unserer Erfahrung und den allgemeinen materiellen Bedingungen derselben (KDV 41/134). Die Theorie der Totalisierung, die Sartre zu entwickeln sucht, ist daher zugleich *Theorie der Erfahrung* als Erfahrung in der gesellschaftlichen Praxis. Sartre geht es darum,

„*in der Geschichte* und in diesem Augenblick in der Entwicklung der menschlichen Gesellschaften die Instrumente des Denkens, durch die die Geschichte sich denkt, als gleichzeitig praktische Instrumente, durch die sie sich schafft, zu prüfen, zu kritisieren und zu begründen" (KDV 42/135).

Es handelt sich, anders ausgedrückt, darum, die Einheit der Dialektik als Gesetz der geschichtlichen Entwicklung und der Dialektik als fortschreitender Erkenntnis dieser Entwicklung zu erfassen (KDV 36/131), – und zwar nicht im Sinne der Auffindung von etwas Gegebenem (in welchem Falle die dialektischen Beziehungen unbegriffen blieben), noch im Sinne von Bedingungen der Möglichkeit von Erfahrung (in welchem Falle die Tatsache der Erfahrung als bloßes Faktum hingenommen werden, d. h. unerklärt bleiben müßte), sondern im Sinne unmittelbarer Einsicht. Die Annahme einer solchen Einsicht (einer dialektischen Evidenz: cf. KDV 66 Anm./152 Anm.) scheint unter Sartres Voraussetzungen unvermeidlich zu sein, wenn dialektische Beziehungen nicht als kontingente behauptet, sondern intelligibel gemacht werden sollen. Von unmittelbarer Erkenntnis dialektischer Beziehungen kann aber nur dann sinnvoll die Rede sein, wenn diese Beziehungen dem Subjekt nicht fremd gegenüber stehen, sondern Beziehungen innerhalb eines Ganzen sind, das durch das Subjekt ebenso konstituiert wird, wie das Subjekt durch jenes Ganze. Die Intelligibilität dialektischer Beziehungen läßt sich mit einem Wort nur behaupten, wenn dieselben als Beziehungen aufgefaßt werden, die im Akt der Totalisierung entstehen. So kann Sartre sagen:

„es gibt Dialektik, wenn mindestens in einem ontologischen Sektor eine Totalisierung abläuft, die einem Denken unmittelbar zugänglich ist, das sich eben durch sein Verständnis der Totalisierung, von der es herrührt, ständig totalisiert und das sich selbst zu seinem Gegenstand macht" (KDV 45–46/137).

Hier kehrt unter den veränderten Bedingungen der neuen Frage-
stellung das für die Dialektik von Sartres früheren Positionen charakteristische Verhältnis von Ansich und Fürsich wieder, wobei sich
das Ansich nunmehr als „inerte" Totalität, das Fürsich als totalisierende Aktion darstellt. Die Intelligibilität der dialektischen Beziehungen beruht darauf, daß das Subjekt nicht nur praktisch durch
seine Aktion an ihrer Entstehung beteiligt ist, sondern auch erkennend. Die totalisierende Erkenntnis kommt nicht sekundär zur ontologischen Totalisierung hinzu, sondern ist ein Moment der Totalisierung als solcher (KDV 48/139). Die Quintessenz von Sartres
Gedankengang scheint in folgenden Sätzen enthalten:

„So ist also die Dialektik totalisierende Aktivität. Sie hat keine
anderen Gesetze als die von der ablaufenden Totalisierung hervor-
gebrachten Regeln, und diese betreffen natürlich die Beziehungen
der Vereinigung zum Vereinigten, das heißt die Arten *wirksamer*
Anwesenheit des totalisierenden Werdens in den totalisierten Tei-
len. Und die Erkenntnis, selbst totalisierend, ist die Totalisierung
selbst, wie diese in ganz bestimmten partiellen Strukturen anwesend
ist. Mit anderen Worten, wenn es ein bewußtes Beisichselbstsein
der Totalisierung gibt, kann das nur insofern möglich sein, als diese
die noch formale und gestaltlose Aktivität ist, die synthetisch vereinigt" (KDV 48–50/139–140).

Die Dialektik der Totalisierung, die Sartre skizziert, unterscheidet
sich von einer Dialektik vom Typ der Engelsschen wesentlich dadurch, daß von Individuen ausgegangen wird, die untereinander
nicht bloß in äußeren Beziehungen stehen, sondern diese Beziehungen zu verinnerlichen und auf dieselben zu reflektieren vermögen.
Die sozialen Zusammenhänge, die durch Exterioritäts- und Interioritätsbeziehungen charakterisiert sind, sind nicht eine vorfindbare
Totalität, sondern Ergebnis der Totalisierung, „*in der* wir sind und
die wir sind" (KDV 59/147). Daher können dialektische Beziehungen intelligibel sein, da sie zwar in der Wirklichkeit erfaßt, zugleich
aber als erzeugt in der Totalisierung verstanden werden, in der jeder
von uns jene Beziehungen schafft und sie zugleich erleidet, indem
er sie schafft (KDV 59/147). Dialektische Vernunft ist nach Sartre
nicht ein rezeptives Vermögen der Konstatierung dialektischer
Beziehungen, sondern ein konstitutives Vermögen; sie ist auch kein
außer- oder überzeitliches, sondern ein durch und durch historisches

Vermögen, wie es denn nach Sartre eine ungeschichtliche Dialektik nicht geben kann.

Für Sartre ist die Praxis immer primär Praxis des einzelnen, der unter materiellen Bedingungen steht, jedoch auf Grund eines freien Entwurfs handelt. Die Annahme der ursprünglichen Selbständigkeit des Individuums liegt Sartres „dialektischem Nominalismus" zugrunde (KDV 39/132), demzufolge nicht die dialektischen Universalien, die in der Totalisierung erzeugt werden, sondern die Individuen in ihrer totalisierenden Aktivität das im eigentlichen Sinne Reale sind. Während der Marxismus die gesellschaftlichen Zusammenhänge aus den die ökonomischen Basis-Strukturen beherrschenden Gesetzmäßigkeiten zu erklären sucht, will Sartre tiefer ansetzen und eine Erklärung der Möglichkeit gesellschaftlicher Ensembles überhaupt geben. Die Eigentümlichkeit seiner Dialektik besteht nicht zuletzt darin, daß sie mit der Absicht entwickelt wurde, eine kritische Begründung des Marxismus, dessen inhaltliche Hauptthesen Sartre akzeptiert, zu ermöglichen.[23]

Man muß anerkennen, daß Sartres Versuch einer dialektischen Fundierung des Marxismus zu einschneidenden Modifikationen der marxistischen Theorie führt. Um der marxistischen Dialektik der Gesellschaft den Charakter objektiver, nur konstatierbarer, nicht evident einsichtiger Beziehungen zu nehmen, ging Sartre von den objektiven Zusammenhängen zur Praxis, in der sie begründet sind, und von dieser zum Subjekt der Praxis, dem Menschen, zurück. Deshalb konnte er sein Ziel auch als Formulierung von „Prolegomena einer jeden künftigen Anthropologie" kennzeichnen (KDV 68/153), in denen die Bedingungen der Möglichkeit von Totalisierung aufgezeigt werden sollen.

Nach Sartre ist die Natur des Menschen als geschichtlich geprägte durch die Notwendigkeit, unter Bedingungen des Mangels aktiv zu sein, charakterisiert. Das durch den Mangel bedingte Bedürfnis und die Struktur der Gemeinschaften, die die Bedürfnisbefriedigung in einem einheitlichen Feld der Praxis ermöglichen, sind bei Sartre immanent dialektisch. Jede Praxis unterliegt der Entfremdung, indem sie, vollzogen, eine andere wird. Aus diesem ursprünglichen Entfremdungstyp gehen nach Sartre alle anderen Formen der Entfremdung hervor. Der Finalität der menschlichen Praxis entspricht eine Gegen-Finalität, der Praxis eine Gegen-Praxis (KDV 132/202).

Namentlich ist die bearbeitete Materie entfremdete individuelle und kollektive Praxis. Damit vereinigen sich in der bearbeiteten Materie einerseits die Aktionen der Individuen, andererseits entzieht sie sich ihnen bis zu einem bestimmten Grade. Das Entscheidende ist, daß die Entfremdung, wie Sartre sie versteht, nicht aufhebbar ist. Die vom Menschen bearbeitete Materie bildet (zusammen mit den Menschen, sofern sie Objekte sind), das praktisch-inerte Feld, auf das die freie Praxis stößt und durch das sie unausweichlich beeinflußt wird. Das praktisch-Inerte, in dessen Bereich die „Reihen" (séries) gehören, soll durch die Aktion der „Gruppe" transzendiert werden können. Die „Gruppe", definiert durch die Tendenz zur vollständigen Integration und zur reinen Praxis in Unabhängigkeit vom Inerten, stellt einen Versuch der aktiven Überwindung der Serialität als „praktisch-inerter Aktualisierung einer Beziehung zu den Anderen" (KDV 283/316) dar. Die Gruppe ist durch die Tendenz zur Negation der Entfremdung, der Abhängigkeit vom Praktisch-Inerten, mithin zur Wiederherstellung der Freiheit des Individuums gekennzeichnet. Die Dialektik der Gruppe ist der zweite eigentliche Typus einer Dialektik neben der Dialektik der individuellen Praxis, während das praktisch-inerte Feld als anti-dialektisch bestimmt ist (KDV 341/359). Die beiden Typen der Dialektik sind dadurch unterschieden, daß die Dialektik der individuellen Praxis konstituierende, die Dialektik der Gruppe konstituierte Dialektik ist. In der Gruppe besteht nach Sartre ein Konflikt von Individuellem und Gemeinsamem, indem beide Momente einander entgegengesetzt sind und sich gleichzeitig gegenseitig bestimmen (KDV 617/567). Die gemeinsame Aktivität der Gruppe wirkt integrierend im praktisch-inerten Feld, entgeht aber nicht der Entfremdung, sei es im Sinne der Objektivierung, sei es im Sinne der Verhärtung ihrer Strukturen, die sie wieder auf die Ebene inerter Kollektive herabsinken läßt.

Mit der Dialektik, wie sie im Werk von 1960 entwickelt wurde, scheint die Dialektik von 1943 nicht schlechthin außer Geltung gesetzt, sondern lediglich im Hegelschen Doppelsinn „aufgehoben" zu sein. Die Dialektik der Praxis, wie sie Sartre in der „Kritik der dialektischen Vernunft" charakterisiert, kann in die Nähe der Marxschen Dialektik der „Philosophisch-ökonomischen Manuskripte" von 1844 gerückt und ihre (bald positiv, bald negativ be-

158 III. Ansätze zur Rekonstruktion der Marxschen Dialektik

wertete) „idealistische" Komponente als die „aufgehobene" Dialektik des Bewußtseins gedeutet werden.

Diese wenigen Hinweise auf die inhaltlichen Zusammenhänge der Sartreschen Sozialphilosophie dienen nur der Konkretisierung der Erörterung der dialektischen Methode, die Sartre besonders ausführlich in „Marxismus und Existentialismus" (Question de méthode) und in gelegentlichen Exkursen in der „Kritik der dialektischen Vernunft" dargelegt hat.

c) Dialektik und analytische Methode. Sartres dialektische Methode läßt sich als Verbindung von analytischer Methode der Erklärung und hermeneutischer Methode des Verstehens charakterisieren. Daß sie darüber hinaus mit der Methode der Transzendentalphilosophie in Zusammenhang gebracht werden kann, widerspricht dem Gesagten nicht, da, wie früher ausgeführt, die Transzendentalphilosophie als Versuch zu begreifen ist, eine Theorie der Erfahrung mit den Mitteln der analytischen Methode zu entwickeln.

In „Marxismus und Existentialismus" (Question de méthode) hat Sartre die Methode im Hinblick auf einen bestimmten Anwendungsbereich, nämlich als Mittel der Interpretation literarischer Kunstwerke, dargestellt. Um Tatsachen des kulturellen Bereichs, namentlich literarische Kunstwerke, verstehen zu können, muß regressiv verfahren, d. h. auf deren Bedingungen, z. B. auf die psychische Struktur des Autors, zurückgegangen werden. Es ist zu zeigen, wie die Persönlichkeitsstruktur des Autors geartet sein mußte, damit sein Werk in dieser bestimmten Weise als ihre Objektivation bzw. Entfremdung gedeutet werden kann. Nach Sartre erfolgt der Regressus „in Form eines Hinabsteigens vom absolut Konkreten" zu dessen „abstraktesten Bedingungen" (ME 116/CRD 92). Um das Erklärungsziel zu erreichen, muß eine „Totalisation" der abstrakten Bedingungen vorgenommen werden, d. h. sie sind in die allgemeinen (kulturellen, politischen, sozialen, ökonomischen) Zusammenhänge der fraglichen Epoche einzubeziehen, worauf die Erklärung der Tatsache, von der ausgegangen worden war, im Lichte der Erkenntnis jener allgemeinen Zusammenhänge erfolgen kann. Mit diesem „Progressus" findet der Erklärungsversuch seinen (vorläufigen) Abschluß

Sartre stößt hierbei auf eine Dialektik, die weitgehend dem entspricht, was gewöhnlich „hermeneutischer Zirkel" genannt wird. Die Ausdrücke „Regressus" und „Progressus" verweisen dagegen ebenso wie die Charakterisierung der Methode auf die Analyse in der herkömmlichen Bedeutung mit ihren beiden als „Resolution" und „Komposition" bezeichneten Aspekten. Sartres „Totalisation" wird auf das Moment der Hypothesenbildung zu beziehen sein, das für die analytische Erklärungsmethode wesentlich ist. Gemäß der allgemeinen Tendenz seiner Philosophie hat Sartre die methodologischen Zusammenhänge nicht als rein theoretische aufgefaßt, sondern eine Beziehung zur Praxis herzustellen versucht, indem er unter „Regressus" den Entwurf eines Feldes der Möglichkeit verstand, die Totalisation als Überschreitung des individuellen Bereichs durch Berücksichtigung der sozio-ökonomischen Bedingungen deutete und den Progressus als Erklärung individueller Handlungen auf Grund der Erkenntnis der Struktur des sozialen Ganzen auffaßte. Innerhalb dieser Deutung stellt sich die Dialektik als Wechselverhältnis von Individuum und sozialem Ganzen dar, sofern die Individuen das soziale Ganze hervorbringen und handelnd seine Struktur bestimmen, während sie gleichzeitig durch diese Struktur in ihrem Handeln bestimmt werden.

Auch bei Sartre läßt sich das angedeutete dialektische Verhältnis als Ergebnis einer bestimmten Auffassung der Erklärung begreifen. Zwischen den allgemeinen Prämissen von (regressiv-progressiven) Erklärungen und den abzuleitenden Aussagen über die erklärungsbedürftige Tatsache (dem Explanandum) besteht in gewissem Sinne ein doppeltes Bedingungsverhältnis: Die Prämissen sind insofern durch das Explanandum bedingt, als sie zum Zweck seiner Ableitung aufgestellt werden; das Explanandum ist durch die Prämissen bedingt, sofern es aus ihnen (und gewissen Ausgangsdaten) folgt. Wenn man dem Explanandum einen partikulären und den Prämissen einen allgemeinen Sachverhalt (ein „Wesen" oder dergleichen) zuordnet, dann ergibt sich, entsprechend den Beziehungen der Sätze im Erklärungsargument, ein Wechselverhältnis zwischen diesen beiden Arten von Sachverhalten, das als dialektisch charakterisiert ist. Im Sinne dieser metaphysischen Auffassung geht Sartre z.B. nicht davon aus, daß unser Wissen von der Persönlichkeit eines Dichters durch unser Wissen von seinem Werk bereichert, erhellt, korrigiert usw. wird, sondern er erklärt: „Das Leben [des Autors] wird vom Werk erhellt" (ME 114/CRD 90). In ähnlicher Weise betrachtet Sartre die Situation einer Klasse als ein Allgemeines, durch das die konkreten Erlebnisse der dieser Klasse angehörenden Individuen geformt werden.

Diese Methode wird, mit besonderer Betonung ihrer praktischen Dimension, in der „Kritik der dialektischen Vernunft" zur Geltung gebracht. Nach Sartre ist die dialektische Methode sowohl regressiv als auch progressiv. Sie ist regressiv, „weil sie vom Erlebten ausgeht, um nach und nach alle Strukturen der Praxis wiederzufinden" (KDV 40–41/134). Als regressive deckt die Methode jedoch nur die statischen Bedingungen der Möglichkeit von Totalisierungen auf; es ist daher nötig, den progressiven Aspekt der dialektischen Methode als Komplement des regressiven zur Geltung zu bringen, d.h. die historische Wirklichkeit auf der Grundlage der (veränderlichen, widersprüchlichen) Beziehungen (was wohl heißt: mit Hilfe von Sätzen über umfassende historisch-soziale Zusammenhänge) zu „rekonstruieren" (KDV 71/155). So wie die analytisch verfahrenden Philosophen seit *Descartes* immer wieder die analytische der synthetischen Methode (als deren Muster *Euklids* „Elemente" galten) als die fruchtbare, der Erkenntnisgewinnung und nicht nur der Explikation dienende Methode gegenüber stellten, so begreift auch Sartre seine dialektische als Gegensatz zur „synthetischen" Methode des Marxismus, die seiner Ansicht nach in der Erklärung sozialer Strukturen und eventuell individueller Verhaltensweisen aus Annahmen über Produktionsverhältnisse besteht (KDV 53–54/143). Sartre geht dagegen „vom Unmittelbaren, das heißt vom Individuum aus ... dem historischen Menschen" (KDV 54/143), um die Möglichkeit der totalisierenden Aktivität begreiflich machen zu können.

Sofern die dialektische Methode in der „Kritik der dialektischen Vernunft" eine Methode sein soll, die die Möglichkeit der Totalisierung aus deren Bedingungen begreiflich macht, liegt es nahe, sie mit der Methode der Transzendentalphilosophie zu vergleichen. Obwohl die Übereinstimmungen klar zutage treten, ist doch die folgende Differenz zwischen Sartres dialektischer Methode und der Methode der kritischen Philosophie nicht zu übersehen: Während die letztere eine Erfahrungstheorie zu entwickeln sucht, deren Prinzipien hypothetisch eingeführt werden, beansprucht Sartre, die Möglichkeitsbedingungen von Totalisierungen apodiktisch erfah-

ren zu können, weil der Erfahrende, „der innerhalb eines Totalisierungsbereichs lebt, die Interioritäts-Verbindungen begreifen kann,
die ihn mit der totalisierenden Bewegung vereinen" (KDV 52/142).
Hier soll die dialektische Vernunft, die dem „analytischen" bzw.
„positivistischen" Denken der „bürgerlichen" Wissenschaft gegenüber gestellt wird, in ihre Rechte treten. Die Frage kann allerdings nicht unterdrückt werden, ob der Glaube an die Überlegenheit
der Sartreschen Vernunft gegenüber dem Verstand der „bürgerlichen Wissenschaft" nicht vielleicht eine Illusion und die Differenz
zwischen dialektischer und analytisch-bürgerlicher Methode nicht
Schein sei, der verschwindet, sobald man sich von den Ansprüchen
ab und den tatsächlichen Verhältnissen zuwendet.

Sartres Dialektik ist zugute zu halten, daß sie nicht mit der
Annahme von dialektischen Grundgesetzen belastet ist (cf. KDV
45/137). Ebenso spielt die Lehre vom dialektischen Widerspruch
bei Sartre keine Rolle. Sofern er vom Umschlagen der Quantität
in Qualität oder von der Negation der Negation spricht, versteht
er darunter praktisch bedingte Beziehungen. Auch für Sartre gilt
„Omnis determinatio est negatio"; doch er versteht unter „Negation" im Sinne einer Elementarkategorie „eine praktische und einseitige Interioritätsbeziehung" (KDV 356/370–371). Die Praxis
bewirkt innerhalb eines sozialen Ganzen die Bildung von Teilkomplexen, die in ein antagonistisches Verhältnis treten, sofern nicht
in allen von ihnen derselbe Grad sozialer Differenzierung vorhanden
ist. Diese erste „Negation" wird durch eine zweite aufgehoben,
wenn ein Ausgleich der Differenzen herbeigeführt wird, die Antagonismen verschwinden und die ursprüngliche Einheit des sozialen
Ganzen wieder hergestellt wird, nunmehr aber in differenzierterer
Form (KDV 48/139; cf. 90–91/170–171). So wie die Affirmation
als Negation der Negation ist auch das Umschlagen von Quantität
in Qualität nach Sartre nur möglich, wenn die Beziehungen von
Teil und Ganzem Interioritätsbeziehungen sind (KDV 49 N./139
– 140 Anm.).

Sartre wollte dem historischen Materialismus ein dialektisches
Fundament von anderer Art, als es der dialektische Materialismus
zu legen sucht, geben. Eine solche Neufundierung scheint jedoch
ohne tiefgreifende Modifikation der marxistischen Position nicht
möglich zu sein. Vom methodologischen Gesichtspunkt aus gesehen

handelt es sich bei Sartre um den Versuch, die Dialektik aus ihren erfahrungstheoretischen Ursprüngen zu begreifen, wobei unter „Erfahrung" nicht nur ein theoretisches, sondern zugleich ein wesentlich praktisches Verhältnis verstanden wird. Ungeachtet dieses Unterschiedes gegenüber der klassischen Erfahrungstheorie ist der methodologische Zusammenhang zwischen Sartres dialektischer Methode und der analytischen Methode der Erfahrungstheorie, wie sie seit dem 17. Jahrhundert entwickelt wurde, so deutlich, daß Sartres Bemühungen um eine Rekonstruktion der Dialektik als Bestätigung der in diesem Buch vertretenen These von der grundsätzlichen Einheit von analytischer und dialektischer Methode gelten dürfen.

Wenn nach gemeinsamen Zügen der nicht-orthodoxen Versuche, die Dialektik in Anlehnung an *Marx* zu rekonstruieren, gefragt wird, könnte am ehesten auf jenen Zug derselben verwiesen werden, den die Orthodoxie des dialektischen Materialismus als „Idealismus" verdächtig zu machen pflegt. Dieser vorgebliche Idealismus tritt in einigen deutlich voneinander unterschiedenen Varianten auf, nämlich bald als Hinwendung zur idealistischen Tradition der Dialektik (namentlich zu *Hegel*), bald als Übernahme der transzendentalen Methode. In allen Fällen erweist sich aber als der Kern der mit dem Ausdruck „idealistisch" ungenau genug bezeichneten Einstellung die Überzeugung, daß die Dialektik in einer analytischen Theorie der Subjekt-Objekt-Beziehung begründet sei, wobei diese Beziehung im Gegensatz zu der im eigentlichen Sinne idealistischen Dialektik als primär praktische verstanden wird. Hierauf vor allem stützen die Vertreter dieser Richtung des dialektischen Denkens ihren Anspruch, der materialistischen Dialektik zugerechnet zu werden. So wichtig die Konzentration auf den praktischen Aspekt der Subjekt-Objekt-Beziehung aber auch ist, noch charakteristischer scheint für die nicht-orthodoxe Dialektik in der Nachfolge von Marx doch jene Gemeinsamkeit zu sein, die in der Ablehnung einer objektivistischen Dialektik von der Art der Engelsschen Naturdialektik besteht. Die Betonung des unaufhebbaren subjektiven Moments der Dialektik muß also als der entscheidende Grund für den von der marxistischen Orthodoxie gegen die in diesem Kapitel behandelten Autoren gerichteten Vorwurf des Idealismus gelten.

Schlußbemerkung

1. Der Kern der neuzeitlichen Dialektik ist in der analytischen Theorie der Erfahrung zu suchen, die dem Zweck dient, die Möglichkeit der Erfahrung (bzw. der Erkenntnis, des Wissens usw.), und damit der Subjekt-Objekt-Relation begreiflich zu machen. Die Prämissen dieser Theorie bestehen in Annahmen über die Natur des erkennenden Subjekts und des erkannten bzw. erkennbaren Objekts, wobei immer in der einen oder anderen Weise die den Gegensatz von Subjekt und Objekt transzendierende Einheit beider behauptet wird. Die Möglichkeit der Beziehung von Ich und Gegenstand in der Erfahrung bzw. Erkenntnis wird durch die Annahme begreiflich zu machen gesucht, daß der Gegenstand im Grunde von der Art des Ichs sei, da er durch das Ich gesetzt werde. Da es aber keine direkte Erfahrung des Subjekts von sich selbst gibt, das Ich sich vielmehr immer nur in der Gegenstandserfahrung als deren Moment erfassen kann, scheint zu gelten, daß das Ich durch den Gegenstand bedingt ist, der seinerseits durch das Ich gesetzt sein soll. Das Selbstbewußtsein erscheint somit als bedingt durch das Gegenstandsbewußtsein, das seinerseits durch das Ich bedingt ist: Die Gewißheit, die das Ich von sich selbst haben kann, ist somit „in sich vermittelt" und in diesem Sinne dialektisch. Nach dem Modell dieser dialektischen Wechselbeziehung sind alle dialektischen Beziehungen in der Natur und der Gesellschaft konstruiert, was die kritischen Theoretiker der Dialektik veranlaßte, die Naturdialektik als eine Dialektik der vom Menschen determinierten Natur und die Dialektik des gesellschaftlichen Seins als Dialektik der vom Menschen geschaffenen sozialen Wirklichkeit zu bestimmen, weil nur unter dieser Bedingung die Übertragung der in der Erfahrungstheorie gewonnenen dialektischen Beziehungen auf Natur und Gesellschaft möglich erscheinen konnte.

2. Die Methode der Erfahrungstheorie, wie sie in der klassischen neuzeitlichen Philosophie entwickelt wurde, ist die analytische, die der Erklärung von Tatsachen (im vorliegenden Falle der Tatsache, daß wir Gegenstände erfahren bzw. erkennen) mit Hilfe von

Annahmen dient, die durch hypothetische Verknüpfung von resolutiv aus dem Explanandum isolierten Begriffen zustande kommen sollen. Die Forderung, nur durch Resolution von Tatsachenbeschreibungen gewonnene Begriffe zu verwenden, wurde in der Praxis der Erklärung nicht erfüllt und konnte nicht erfüllt werden, da durch sie die Einführung theoretischer Begriffe ausgeschlossen wird.

3. Da eine Philosophie nicht schon durch die Anwendung der analytischen Methode im Bereich der erfahrungstheoretischen Grundlegung zu einer dialektischen wird, muß nach der spezifischen Differenz der dialektischen gegenüber der analytischen Erfahrungstheorie im allgemeinen gefragt werden. Als diese spezifische Differenz haben bestimmte ontologische Voraussetzungen zu gelten, nämlich erstens die Annahme, daß die Prämissen der Erfahrungstheorie (und jeder philosophischen Theorie) Wesensstrukturen der Wirklichkeit widerspiegeln, und zweitens die Annahme, daß diese Strukturen nicht konstant, sondern in permanenter Veränderung begriffen sind. Die Verbindung dieser beiden Voraussetzungen kennzeichnet den dynamischen Essentialismus. Den Vertretern der Dialektik gilt namentlich der Geist bzw. die menschliche Natur als wesentlich veränderlich, d. h. in Entwicklung befindlich. Das idealistisch oder materialistisch aufgefaßte Subjekt *ist* dieser Auffassung zufolge nicht, es *wird*. Dementsprechend gilt die dialektische Beziehung von Subjekt und Objekt als wesentlich dynamisch und mithin auch das Objekt als „beweglich". Nach dialektischer Auffassung gibt es keine „wahren und unveränderlichen Naturen", sondern die Natur der Wirklichkeit besteht in der Veränderung.

4. Mit der These von der wesentlichen „Bewegtheit" des Wirklichen hängt die prinzipiell gegenüber der Erfahrungsdialektik selbständige Dialektik der Bewegung (genauer: des vermeintlich widerspruchsvollen Begriffs der Bewegung) zusammen, die in der materialistischen Dialektik stark in den Vordergrund tritt, allerdings von gewissen neueren Vertretern derselben auch scharf kritisiert wurde. In der Tat beruht die vorgebliche Dialektik der Bewegung auf Voraussetzungen, die im Lichte moderner logischer und mathematischer Einsichten nicht mehr ernstlich verteidigt werden können. Allerdings kann die Dialektik der Bewegung preisgegeben werden, ohne daß gleichzeitig die Erfahrungsdialektik preisgegeben

werden müßte. Die Behauptung, daß die Wirklichkeit, da bewegt, in sich selbst widerspruchsvoll sei, spielt, so oft sie auch als wesentlich bezeichnet wurde, in der modernen Dialektik nur eine periphere Rolle.

5. Die angeführten Voraussetzungen einer dialektischen Interpretation der mit Hilfe der analytischen Methode aufgebauten Erfahrungstheorie sind ontologischer Art. Sie haben den Charakter von Annahmen, die weder notwendig noch unmöglich sind. Wenn man sich entschließt, die Prämissen philosophischer Theorien als Aussagen über das Wesen der Wirklichkeit bzw. als Widerspiegelungen von Wesensgesetzen der Realität zu interpretieren, so ist eine solche Entscheidung möglich, d.h. sie kann nicht widerlegt werden, sie ist aber keineswegs unvermeidlich, d.h. es gibt zu ihr sinnvolle Alternativen. Der hypothetische Charakter ihrer Prinzipien wurde jedoch von den Vertretern der dialektischen Philosophie ebensowenig anerkannt wie von den Anhängern der rationalistischen Philosophie zwischen Descartes und Kant. Dieser Punkt ist entscheidend: Da die Theoretiker der Dialektik ihre Grundsätze als apodiktische Prinzipien darstellten, ist eine Kritik, die sie als metaphysische Hypothesen erweist, bereits durchschlagend. Würde die Dialektik von ihren Vertretern als das aufgefaßt, was sie ist, nämlich als metaphysische Deutung methodologischer bzw. gnoseologischer Zusammenhänge mit Hilfe von Annahmen, für die man sich entscheidet, ohne die Möglichkeit von Alternativen ausschließen zu können, dann ließe sich die Dialektik als Rahmen einer ontologischen Interpretation der Wirklichkeit sinnvoll diskutieren; wird sie dagegen als System apodiktischer Sätze vorgetragen, bleibt sie dem Vorwurf ausgesetzt, von Voraussetzungen auszugehen, die nicht nur nicht erhärtet, sondern nicht einmal als Voraussetzungen erkannt werden. Mit Voraussetzungen operieren zu müssen, die weder verifizierbar noch falsifizierbar sind, ist das Los der Metaphysik; ihre Voraussetzungen als solche kenntlich zu machen, ist nichtsdestoweniger die Pflicht auch des Metaphysikers.

6. Da die vorliegende Arbeit auf das Ziel gerichtet war, die zentralen Voraussetzungen der Dialektik sichtbar zu machen, konnte bzw. mußte sogar auf die Erörterung einer Reihe von Fragen verzichtet werden, die als dialektisch zu kennzeichnen sind, ohne zum Kern der Dialektik zu gehören. Das gilt vor allem für die dialektische

Geschichtsphilosophie, derzufolge historische Entwicklungen dem Schema von These, Antithese und Synthese unterworfen sein sollen. Nicht nur weil die von der dialektischen Philosophie in dieser Weise interpretierten Zusammenhänge sich mindestens ebenso befriedigend als Ergebnis der Anwendung der Methode von Versuch, Irrtum und Irrtumskorrektur deuten lassen, wie K.R. Popper in seiner bekannten Kritik an der (geschichtsphilosophischen) Dialektik gezeigt hat, sondern weil die Dialektik der Geschichte einerseits eine Extrapolation über den Bereich der dialektischen Erfahrungstheorie hinaus darstellt, andererseits preisgegeben werden kann, ohne daß damit die Dialektik überhaupt preisgegeben werden müßte, wurde auf die Erörterung der Versuche dialektischer Geschichtsdeutung verzichtet. Aus ähnlichen Gründen blieben die dialektischen Elemente gewisser sozialphilosophischer Theorien unberücksichtigt, die Gegenstand der aufsehenerregenden Debatte zwischen K.R. Popper und H. Albert einerseits, Th.W. Adorno und J. Habermas andererseits waren. Schließlich blieb auch die Rolle der Dialektik als politischer Rechtfertigungsideologie außer Betracht, die z.B. von E. Topitsch in eindringlicher Weise untersucht worden ist.

7. Die Dialektik stellt sich somit weder in systematischer noch in historischer Sicht als jene vollkommen neuartige Denkweise dar, als die sie häufig ausgegeben wurde. Sie hängt, unter methodologischem ebenso wie unter ontologischem Gesichtspunkt gesehen, engstens mit der klassischen Philosophie der Neuzeit zusammen und ist nicht als Gegensatz zu dieser, sondern als deren Variante zu betrachten, freilich als Variante, die im praktischen Bereich von ungeheurer Bedeutung war und zum Teil noch ist. Eben darum erschien die Aufgabe dringlich, einen Versuch zur Klärung der Voraussetzungen, von denen die Dialektik sei es ausdrücklich, sei es stillschweigend ausgeht, zu unternehmen, um dadurch die kritische Beurteilung ihrer Ansprüche zu erleichtern.

Anmerkungen

Soweit die Werke eines Autors in einer Gesamtausgabe vorliegen, wurde diese den Zitaten zugrunde gelegt. In den Anmerkungen wird auf die jeweilige Ausgabe verwiesen. Die Schreibweise der Zitate ist der modernen Orthographie angepaßt.

I. Die Dialektik bei Marx, Engels und im späteren dialektischen Materialismus

1 Auf die Bedeutung des dialektischen Ansatzes beim jungen Marx ist wiederholt aufmerksam gemacht worden, so von *N. Bobbio:* La dialettica di Marx. In: Studi sulla dialettica (Rivista di Filosofia, 49, 1958, insbes. pp. 341–346). Bobbio lehnt *H. Lefèbvres* Auffassung ab, daß Marx die Dialektik erst spät aufgenommen habe. – Zum Verhältnis des jungen Marx zu Hegel cf. *J. Hyppolite:* Études sur Marx. Paris 1955, sowie *D. Henrich:* Karl Marx als Schüler Hegels. In: Hegel im Kontext. Frankfurt a.M. 1971 (Edition Suhrkamp, 510) pp. 187 sqq..

2 Die Angaben beziehen sich auf K. Marx – Fr. Engels: Werke (hrsg. vom Institut für Marxismus-Leninismus beim ZK der SED). Berlin 1956 sqq.. Der Ergänzungsband I wird mit „XXXIV a" bezeichnet.

3 Hiermit dürfte die Kennzeichnung der gegenständlichen Tätigkeit als „transzendentale Leistung" durch *J. Habermas:* Erkenntnis und Interesse. Frankfurt a.M. 1971, p. 38, zusammenhängen.

4 Gelegentlich unterschied Marx die Analyse von der Abstraktion der Metaphysiker, die er ablehnte: cf. IV, 127.

5 *L. Althusser* und *E. Balibar:* Das Kapital lesen. Reinbek 1972, pp. 65–66. Wenn *L. Goldmann:* Dialektische Untersuchungen. Neuwied und Berlin 1966, pp. 24–25, einen Gegensatz zwischen Cartesianischer Analyse und Dialektik behauptet, so zeigt sich darin ein Mißverstehen von Descartes' Methode.

6 In diesem Sinne hat *Lenin* festgestellt: „Als dialektische Methode bezeichneten Marx und Engels – im Gegensatz zur metaphysischen – nichts anderes als die wissenschaftliche Methode in der Soziologie, die darin besteht, daß die Gesellschaft als ein lebendiger, in ständiger Entwicklung begriffener Organismus betrachtet wird (…), dessen Untersuchung die objektive Analyse der Produktionsverhältnisse erfordert, die die gegebene

Gesellschaftsformation bilden, die Erforschung der Gesetze, nach denen sie funktioniert und sich entwickelt" (Werke I, p. 158).
Hier ist auch an die von *M. Merleau-Ponty:* Die Abenteuer der Dialektik. Frankfurt a. M. 1968, pp. 76–77, vertretene Auffassung zu erinnern, daß Marx·(wie Engels), indem er sich entschloß, die Philosophie „beiseite liegen zu lassen", unter „Dialektik" nicht mehr eine Weise, paradoxal zu denken, oder eine Subjekt-Objekt-Beziehung verstand, sondern die Feststellung gewisser beobachtbarer Verhältnisse in der Geschichte oder gar in der Natur.

7 *J. Hyppolite:* Études sur Marx et Hegel. Paris 1955, p. 143.

8 Ähnlich muß die isolierte Betrachtung des Produktionsprozesses durch die Berücksichtigung des Zirkulationsprozesses ergänzt werden, weil beide in der Wirklichkeit nicht isoliert sind. Nach Marx ist „der kapitalistische Produktionsprozeß, im ganzen betrachtet, Einheit von Produktions- und Zirkulationsprozeß" (XXV, 33). Bezüglich des dialektischen Verhältnisses der drei Teile des „Kapitals" cf. *J. Hyppolite,* op. cit., pp. 142–168.

9 Cf. XXIII, 63: „Relative Wertform und Äquivalentform sind zueinander gehörige, sich wechselseitig bedingende, unzertrennliche Momente, aber zugleich einander ausschließende oder entgegengesetzte Extreme, d. h. Pole desselben Wertausdrucks". – Cf. *Fr. Engels:* Konspekt über das „Kapital" von Karl Marx (XVI, 248).

10 Grundrisse der politischen Ökonomie. Frankfurt a.M. und Wien, o. J. (Photom. Neudruck der Ausgabe: Moskau 1939 und 1941), p. 65.

11 Zum Beispiel liegt nach Marx ein Widerspruch darin, „daß das Arbeitsvermögen selbst zur Ware wird und daß bei dieser spezifischen Ware ihr Gebrauchswert, der also mit ihrem Tauschwert nichts zu tun hat, selbst die den Tauschwert schaffende Energie ist" (XXVI/1, 59).

12 *W. Becker:* Kritik der Marxschen Wertlehre. Hamburg 1972, insbes. pp. 65 sqq..

13 Tatsächlich kann nach Marx ein „sich selbst aufhebender Widerspruch" nicht als Gesetz ausgesprochen werden (XXIII, 558).

14 *Hegel:* Wissenschaft der Logik, I; Jub.-Ausg., Bd. IV, 457.

15 *M.M. Rosental [Rozental]:* Die Dialektik in Marx' ›Kapital‹. Berlin 1957.

16 *Althusser* und *Balibar,* op. cit.; p. 261.

17 Op. cit.; p. 254.

18 Hier ist daran zu erinnern, daß Wissenschaft nach Marx überflüssig wäre, „wenn die Erscheinungsform und das Wesen der Dinge unmittelbar zusammenfielen" (XXV, 825).

19 Cf. *J. Robinson:* Economic Philosophy. Penguin Book A 653 (1966), p. 29.

20 *Althusser* und *Balibar,* op. cit.; p. 258.

21 *H. Korch:* Die wissenschaftliche Hypothese. Berlin 1972, pp. 319–321.

22 Cf. *W. Becker:* Kritik der Marxschen Wertlehre. Hamburg 1972, pp. 44–45, wo die mit der quantifizierenden Betrachtungsweise verbundenen Probleme erörtert werden.

23 Zu Marxens Auffassung des Wesens cf. *J. Zelený:* Die Wissenschaftslogik bei Marx und ›Das Kapital‹. Frankfurt a. M. und Wien 1970.

24 Auch *J. Zelený,* op. cit., spricht passim von Marxens „Theorie der ontologischen Struktur der Wirklichkeit".

25 *Althusser* und *Balibar,* op. cit.; p. 257.

26 Op. cit.; p. 248.

27 Op. cit.; p. 204.

28 Cf. *Th.S. Kuhn:* Die Struktur wissenschaftlicher Revolutionen. Frankfurt a.M. 1967.

29 *Th.S. Kuhn,* op. cit.; pp. 80 sqq..

30 Seitenangaben ohne Bandzahl beziehen sich auf Karl Marx/Friedrich Engels: Werke, Bd. XX (= Anti-Dühring und Dialektik der Natur). Bei anderen Werken wird Band- und Seitenzahl von MEW angegeben.

31 Cf. *A. Schmidt:* Der Begriff der Natur in der Lehre von Marx. Frankfurt a.M., 2. A. 1971, p. 46.

32 In der Auffassung, daß alle Naturgesetze Hypothesen seien, glaubte Engels „Seichtigkeit des Denkens" zu finden (499).

33 *R. Netzsch:* Dialektik und Naturwissenschaft. In: Debatte um Engels, I, Reinbek 1973, hat Engels' zwiespältige Haltung darauf zurückgeführt, daß Engels einerseits dem Hegelschen „Mystizismus", andererseits dem Induktivismus des älteren Materialismus entgegentreten wollte (cf. insbes. p. 54).

34 Engels' Beispiele (507–508) sind allerdings völlig verfehlt; sie lassen erkennen, wie gering Engels' Kant-Verständnis war.

35 Cf. *R. Netzsch,* op. cit., p. 62.

36 Cf. *A. Schmidt,* op. cit., p. 194.

37 *A. Schmidt,* op. cit., p. 195.

38 Eine Kritik derselben vom marxistischen Standpunkt gibt *A. Pannekoek:* Lenin als Philosoph (ed. A. Schmidt). Frankfurt a.M. und Wien 1969.

39 Lenin wird zitiert nach der deutschen Ausgabe seiner Werke (hrsg. vom Institut für Marxismus-Leninismus beim ZK der SED), Berlin 1961 sqq.. Seitenangaben ohne Bandzahl beziehen sich auf Bd. XXXVIII (= Philosophische Hefte). – Eine umfassende Darstellung von Lenins Denken bietet *P. V. Kopnin:* Dialektik – Logik – Erkenntnistheorie. Lenins philosophisches Denken. Berlin 1970 [russ. 1969].

40 Auf die Bedeutung dieses Prinzips bei Hegel und Lenin wies hin *T.I. Oisermann:* W.I. Lenin über die Dialektik Hegels. In: Deutsche Zeitschrift für Philosophie, VI, (1958), 273–286.

41 Cf. *Th. Meyer:* Einleitung zu Lenin: „Hefte zu Hegels Dialektik". München 1969, p. 67.

42 *M. Merleau-Ponty:* Die Abenteuer der Dialektik. Frankfurt a.M. 1968, p. 75, vertritt die Auffassung, Lenins Hinwendung zu Hegel hätte folgerichtig zu einer Modifikation des erkenntnistheoretischen Dogmatismus führen müssen, der „Materialismus und Empiriokritizismus" geprägt habe.

43 Hierzu und über den Widerstand, den Gramsci, Lukács und Marcuse dieser Auffassung entgegensetzten cf. *O. Negts* Einleitung zu *Deborin-Bucharin:* Kontroversen über dialektischen und mechanistischen Materialismus. Frankfurt a.M. 1969.

44 Grundprobleme des Marxismus, Berlin 1958, p. 39.

45 Op. cit., p. 40.

46 Op. cit., p. 122.

47 Op. cit., p. 124 (im Original hervorgehoben).

48 Op. cit., pp. 126–127.

49 Op. cit., p. 127.

50 Op. cit., p. 127.

51 *A.M. Deborin:* Studien zur Geschichte der Dialektik. In: Marx-Engels-Archiv, Bd. I und II.

52 Cf. *M. Mitin:* Über die Ergebnisse der philosophischen Diskussion. In: *Deborin-Bucharin* (siehe Anm. 43).

53 *M. Mitin,* op. cit., 341–343.

54 *J.W. Stalin:* Über dialektischen und historischen Materialismus (Vollständiger Text und kritischer Kommentar von *I. Fetscher*). Frankfurt a.M. etc. 1956.

55 Cf. *A. Wetter:* Der dialektische Materialismus. Wien und Freiburg, 5. A. 1960, p. 396, cf. p. 435.

56 *I. Fetscher:* Von Marx zur Sowjetideologie. Frankfurt a.M. etc., 17. A. 1972, p. 154.

57 *E. Huber:* Um eine dialektische Logik. München u. Salzburg 1966, pp. 78–79.

58 *H. Lefèbre:* Logique formelle, logique dialectique, Paris, 2. A. 1969, p. 52. Zur Beurteilung Lefèbvres cf. *I. Fetscher:* Der Marxismus im Spiegel der französischen Philosophie. Marxismusstudien I (Tübingen 1954), pp. 173–213, insb. über Lefèbvre pp. 176–182.

59 *H. Lefèbvre:* Der dialektische Materialismus. Frankfurt a.M., 5. A. 1971 (französische Erstausgabe 1940).

60 Logique formelle, pp. 147–148.

61 Logique formelle, p. 151 (Übers. vom Vf.).

62 Der dialektische Materialismus, p. 27, cf. Logique formelle, pp. 162 – 163.

63 Logique formelle, p. 173 (Übers. vom Vf.).

64 Logique formelle, p. 174.

65 *G. Stiehler:* Der dialektische Widerspruch. Formen und Funktionen. Berlin 1966, gibt eine Übersicht über die möglichen Bedeutungen von „Widerspruch". Zur Kritik der Lehre vom Widerspruch im dialektischen Materialismus cf. *H. Ogiermann:* Materialistische Dialektik. München 1958.

66 *H. Lefèbvre:* Der dialektische Materialismus, p. 30.

67 Logique formelle, pp. XXIV sqq..

68 Logique formelle, p. 63.

69 Logique formelle, p. 220.

70 Logique formelle, pp. 220–221.

71 Logique formelle, p. 224.

72 Der dialektische Materialismus, p. 29.

73 Logique formelle, pp. 89–92.

74 Logique formelle, p. 93.

75 Logique formelle, p. 202.

76 Logique formelle, p. 216.

77 Logique formelle, pp. 216–217.

78 *B. Fogarasi:* Dialektische Logik. s'Gravenhage 1971, (1. Ausg. Berlin 1954).

79 *H. Baumann:* Über Fragen der Logik. In: Deutsche Zeitschrift für Philosophie, IV (1956), p. 218.

80 So auch *A. Schaff:* Über Fragen der Logik. In: Deutsche Zeitschrift für Philosophie, IV (1956), p. 338. – Zur Kritik an der materialistischen Lehre vom Widerspruch cf. *H. Ogiermann:* Materialistische Dialektik. München etc. 1958.

81 *K. Ajdukiewicz:* Über Fragen der Logik. In: Deutsche Zeitschrift für Philosophie, IV (1956), pp. 318–338.

82 Cf. *N. Lobkowicz:* Einleitung zu dem von ihm herausgegebenen Sammelband: Das Widerspruchsprinzip in der neueren sowjetischen Philosophie. Dordrecht 1959, p. 6.

83 *A. A. Zinowjew:* Über die logische Widerspruchsfreiheit der wahren Urteile über Veränderungen usw.. In: *N. Lobkowicz* (ed.): Op. cit., pp. 65–76.

84 *R. Havemann:* Dialektik ohne Dogma? Reinbek 1964, p. 165.

85 *I.S. Narskij:* Dialektischer Widerspruch und Erkenntnislogik. Berlin 1973.

86 *B. Kedrov:* Dialectique, logique, gnoséologie. Moscou 1970 (russisch zuerst 1963) (Übers. vom Vf.).

87 Op. cit., p. 393.

88 *I.S. Narskij,* op. cit., p. 77.

89 *M.M. Rosental* und *G.M. Straks:* Kategorien der materialistischen Dialektik. Berlin 1960, p. 17.

90 Op.cit., p. 41.

91 Op. cit., p. 16.

92 Op. cit., pp. 60–61; cf. p. 70.

II. Die Dialektik der Neuhegelianer

1 Cf. *E. Cione:* Benedetto Croce. Mailand, 2. A., 1953.

2 Im folgenden durch Angabe der Seitenzahl zitiert nach der Erstausgabe bei Laterza, Bari 1907 (Eine deutsche Übersetzung ist 1909 in Heidelberg erschienen).

3 *E.P. Lamanna* und *V. Mathieu:* Storia della filosofia italiana, VII/1 (Florenz 1971), p. 333.

4 „La riforma della dialettica hegeliana" (1913) (im folgenden: „R"). Opere, vol. XXVII (Florenz 1954). „Teoria generale dello spirito come atto puro" (1916) (im folgenden: „T"). Opere, vol. III (Florenz 1944). „Sistema di logica come teoria del conoscere", I–II (1917; Ausgabe in 2 Bden. 1922–23) (Im folgenden: „L I" und „L II"). Opere, vol. V–VI (Florenz 1955 und 1959). Alle Übersetzungen stammen vom Vf..

5 *E.P. Lamanna* und *V. Mathieu,* op. cit., p. 336.

6 *J. G. Fichte:* System der Sittlichkeit, Werke (ed. I. H. Fichte) I, 17.

7 Zu den Schwierigkeiten dieses Gedankens cf. *C. Vigna:* La dialettica gentiliana. In: Giornale critico della filosofia italiana. 3a serie, vol. XVIII (1964), pp. 362 – 392.

8 Ähnlich L II, 139: „Das denkende Denken, mit dem wir die Kategorie als kategorisierenden Akt des Denkens in seiner Erfahrung identifiziert haben, differenziert sich, indem es sich denkt, in sich selbst als Ich = Nicht-Ich. Das Nicht-Ich ist (in seiner unsterblichen Einheit mit dem Ich) jeder Gedanke" (Übers. v. Vf.).

9 Ähnlich schon Fichte, Werke I, 526.

10 Im folgenden werden berücksichtigt:
„The Principles of Logic". London, 2. A., 1922 (abgekürzt „L");
„Appearance and Reality". London, 2. A., 1897, 7th impr. 1920 (abgekürzt „AR");

„Essays on Truth and Reality". Oxford 1914 (abgekürzt „E") (Übersetzung der Zitate vom Vf.).

11 Zur philosophischen Situation im England des ausgehenden 19. Jhdts. im Hinblick auf Bradley cf. *M.T. Antonelli:* La metafisica di F.H. Bradley. Mailand 1953, pp. 7 sqq..

12 Cf. hierzu *S.K. Saxena:* Studies in the Metaphysics of Bradley. London und New York 1967, pp. 112 sqq..

13 Nach *B. Russell:* Human Knowledge. London 1961, p. 173, ist die Kohärenztheorie als Theorie der Wahrheit unhaltbar, kann aber als Theorie des Erkennens sinnvoll vertreten werden. Cf. *N. Rescher:* The Coherence Theory of Truth. Oxford 1973, wo die Kohärenz als Kriterium, nicht aber als Definitionsmerkmal der Wahrheit bestimmt wird.

14 Cf. *R.D. Mack:* The Appeal to Immediate Experience. Freeport 1968, pp. 9–26.

15 Zum Problem des Widerspruchs cf. *R. Wollheim:* F.H. Bradley. Harmondsworth 1959 (Penguin Book A 352), pp. 143 sqq..

16 Auf die an Bradleys Dialektik geübte Kritik (*C.B. Campell, G.E. Moore, B. Russell, C.R.G. Moore*) geht ausführlich ein: *H.-J. Schüring:* Studie zur Philosophie von F.H. Bradley. Meisenheim 1963 (Monogr. z. philos. Forschung, 30).

17 *J. Cohn:* Theorie der Dialektik. Leipzig 1923.

A. Liebert: Geist und Welt der Dialektik. Breslau 1929.

Auf dialektische Ansätze im Neukantianismus und in verwandten Richtungen geht ein *S. Marck:* Die Dialektik in der Philosophie der Gegenwart. Tübingen 1929 und 1931. Dialektische Ansätze in der jüngeren französischen Philosophie erörtert *J. Kopper:* Die Dialektik im französischen Denken der Gegenwart. In: Zeitschr. f. philos. Forschung 11 (1957), pp. 80–91.

III. Ansätze zur Rekonstruktion der Marxschen Dialektik

1 *M. Adler:* Marx und Engels als Denker (Eingel. von Th. Meyer). Frankfurt a.M. 1972, p. 33.

2 *M. Adler,* op. cit., p. 204.

3 Zu Adler cf. *P. Heintel:* System und Ideologie. Der Austromarxismus im Spiegel der Philosophie Max Adlers. München 1967.

4 *K. Korsch:* Marxismus und Philosophie (ed. E. Gerlach). Frankfurt a.M. und Wien 1966, p. 128.

5 Cf. *K.R. Popper:* What is Dialectic? In: Conjectures and Refutations. London, 2. A. 1965, pp. 312 – 335.

6 *K. Korsch,* l. c., p. 176.

7 Zitiert in *E. Gerlachs* Einleitung zu *K. Korsch*, op. cit., p. 21 Anm..

8 Zitiert bei *E. Gerlach*, l. c., pp. 22–23.

9/*K. Korsch:* Karl Marx. Frankfurt a. M. und Wien 1967.

10 *H. Marcuse:* Zum Problem der Dialektik. In: Die Gesellschaft, VII (1930), p. 27. Die Geschichtlichkeit, die für die dialektische Seinsart nach Marcuse wesentlich ist, ist auch leitender Gesichtspunkt seines Werkes „Hegels Ontologie und die Grundlegung einer Theorie der Geschichtlichkeit". Frankfurt a. M. 1932.

11 Im folgenden zitiert nach der Sonderausgabe der Sammlung Luchterhand, Neuwied und Berlin 1970. Zu Marcuse und Adorno cf. *G. Rohrmoser:* Das Elend der kritischen Theorie. Freiburg 1970.

12 Hier und im folgenden zitiert nach der wissenschaftlichen Sonderausgabe des Suhrkamp-Verlags, Frankfurt a. M. 1970.

13 Die Seitenangaben beziehen sich im folgenden auf: *M. Marković:* Dialektik der Praxis. Frankfurt a. M. 1968 (Edition Suhrkamp, 285).

14 Zu Lukács' philosophischer und politischer Entwicklung cf. *G.H.R. Parkinson:* „Introduction" zu: G. Lukács. The Man, His Work, His Ideas (ed. Parkinson). London 1970. Ferner: *V. Zitta:* Georg Lukács' Marxism. Den Haag 1964, sowie *G. Lichtheim:* Georg Lukács. München 1971 (dtv 748).

15 Im folgenden wird durch Angabe von Band und Seite nach der bei Luchterhand erscheinenden Gesamtausgabe von Lukács' Werken zitiert. Zahlenangaben ohne Bandzahl beziehen sich auf Bd. II [= Frühschriften II] Neuwied und Berlin 1968.

16 Cf. *I. Mészáros:* Lukács' Concept of Dialectic. In: *C.H.R. Parkinson* (ed.): Georg Lukács. London 1970, p. 77.

17 „Die Ontologie des gesellschaftlichen Seins" wird, da in der Gesamtausgabe noch nicht erschienen, nach den folgenden Teilveröffentlichungen in der Sammlung Luchterhand mit Angabe von Erscheinungsjahr und Seite zitiert:
„Hegels falsche und echte Ontologie" (1971);
„Ontologie – Marx" (1972);
„Ontologie – Arbeit" (1973).

18 Im folgenden zitiert als „SN" mit Angabe der deutschen Übersetzung von J. Streller, Hamburg 1952, und, durch Schrägstrich getrennt, der Seitenzahl des Originals. Wo eine Übersetzung des Vfs. aus dem Original vorliegt, wird auf diese mit „EN" verwiesen.

19 Cf. *G. Seel:* Sartres Dialektik. Bonn 1971 (Abh. z. Phil., Psych. u. Päd., 68). Ferner *K. Hartmann:* Grundzüge der Ontologie Sartres in ihrem Verhältnis zu Hegels Logik. Berlin 1963.

20 Mit „ME" wird auf „Marxismus und Existenzialismus" (Reinbek 1964) verwiesen; auf die entsprechende Stelle in „Question de Méthode" (= Einleitung zur „Critique de la Raison dialectique") verweist die das letztgenannte Werk abkürzende Sigel „CRD", dessen (von T. König) ins deutsche übersetzter Hauptteil mit „KDV" zitiert wird (Reinbek 1967).

21 Die Abkürzung „Ego" steht für: „Die Transzendenz des Ego". Reinbek 1964.

22 *K. Hartmann:* Sartres Sozialphilosophie. Berlin 1966, p. 15. Zur Kritik cf. *R. Aron:* Die heiligen Familien des Marxismus. Hamburg 1970, pp. 105 sqq. Auf Grund einer Konzeption der Dialektik, die primär im Hinblick auf die Soziologie entworfen ist, setzt sich mit Sartre auseinander *G. Gurvitch:* Dialectique et Sociologie. Paris 1962.

23 Sartres Zugehörigkeit zur Tradition des transzendentalphilosophischen Denkens, auf die *K. Hartmann* nachdrücklich hingewiesen hat, veranlaßte die Vertreter des orthodoxen Marxismus, Sartre Subjektivismus und Idealismus vorzuwerfen. So z. B. *Th. Schwarz:* J.-P. Sartres „Kritik der dialektischen Vernunft". Berlin 1967.

Personenregister

Wolfgang Röd, Dialektische Philosophie der Neuzeit

Erster Band

(Beck'sche Schwarze Reihe, Bd. 120)

Inhalt

Buchanzeigen

Beck'sche Schwarze Reihe

Die lieferbaren Bände

Sonderprospekt vom Verlag

Verlag C. H. Beck München